AF634099

Weihnachtliche Papiersterne

Klassiker und neue Varianten zum
Falten, Stecken und Kleben

Susanne Pypke

Inhalt

Klein, aber oho!

Klassiker und Shootingstars

Leuchtende Sterne

Ein Stern für dich

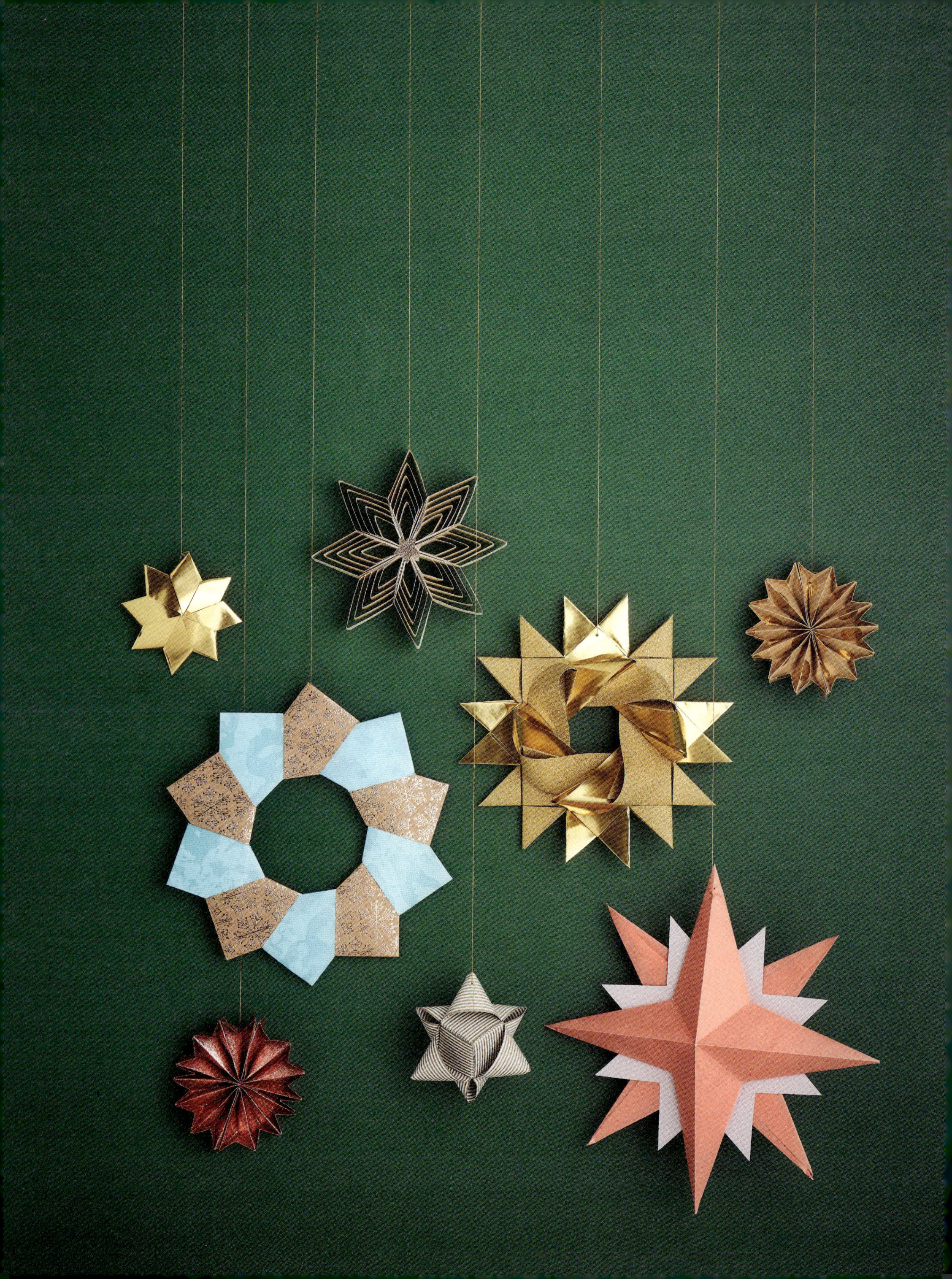

Vorwort

Der Abendhimmel mit seinen funkelnden Sternen hat eine ganz besondere Magie. Die vielen kleinen Lichter leuchten aus weiter Ferne und sind uns doch so vertraut und nah. Besonders in der kalten Jahreszeit, wenn die Tage kurz und die Nächte lang und dunkel sind, erfreuen wir uns an ihnen. Wen wundert es da, dass wir auch unsere Fenster und Zimmer gerne mit ihnen schmücken? Sterne sind zu Weihnachten ein echter Klassiker und werden in zahlreichen Liedern besungen.

Aus Papier können Sie ganz einfach Ihren eigenen Sternenhimmel erschaffen. In diesem Buch habe ich zahlreiche Sterne zusammengetragen – einfache und aufwändige, kleine und große, neue und bekannte, kunterbunte und elegante. Bei dieser Mischung ist bestimmt für jeden Geschmack und jeden Anlass etwas dabei.
Ich bin mir sicher, dass Sie viel Freude beim Basteln und Falten haben werden. Die zahlreichen Schrittfotos und Illustrationen helfen Ihnen dabei und garantieren schöne Ergebnisse.

Susanne Pypke

Material und Werkzeug

PAPIERE in verschiedenen Stärken und Designs – vom Faltpapier über Geschenkpapier bis hin zu Fotokarton – werden für die Sterne in diesem Buch verwendet. Fertig zugeschnittene Fröbelsternstreifen gibt es im Handel zu kaufen. Für Faltsterne sollten Sie kein zu festes Papier verwenden, damit die Kanten nicht aufreißen.

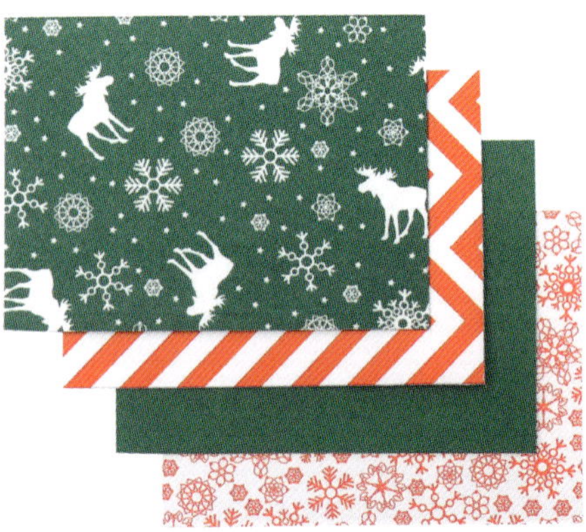

Mit einer **SCHERE** und einem **CUTTER** mit geeigneter Schneideunterlage werden die Papiere zugeschnitten.

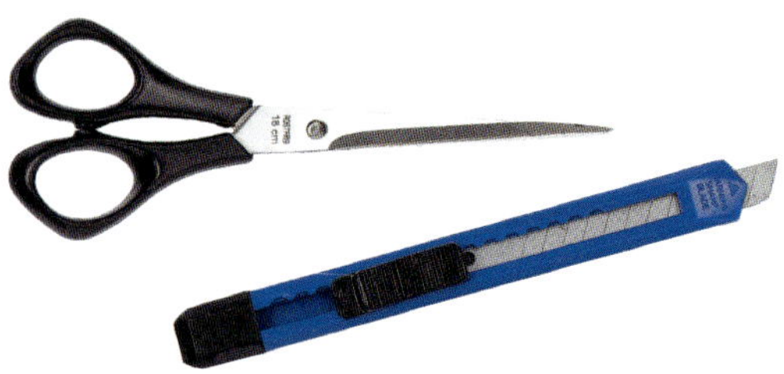

UHU ALLESKLEBER verbindet die Papiere schnell und zuverlässig. Lösemittelfreie Klebstoffe sind für die Sterne nicht zu empfehlen, da sie das Papier wellen und das Ergebnis dann nicht so schön wird.

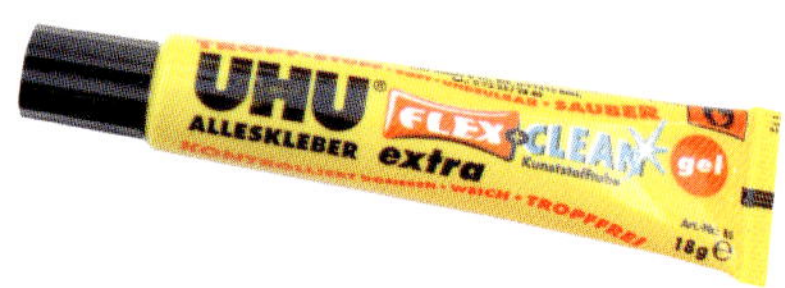

Mit **UHU PATAFIX** (wiederablösbarer Knetkleber), transparentem **KLEBEFILM** oder reißfestem GARN lassen sich die Sterne im Nu aufhängen.

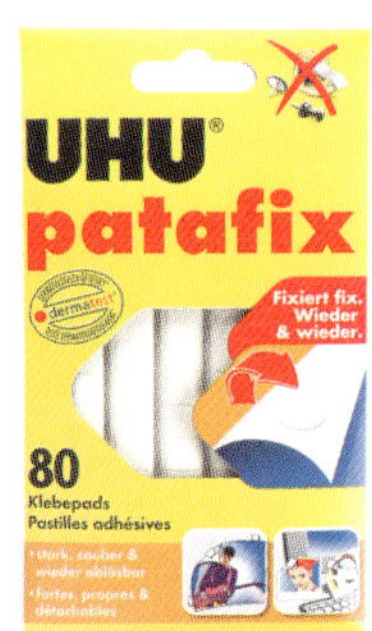

Faltkanten werden sauber, wenn sie mit dem **FALZBEIN** vorgefalzt und anschließend glattgestrichen werden. Alternativ können Sie auch eine dicke, stumpfe Sticknadel oder eine Stricknadel verwenden.

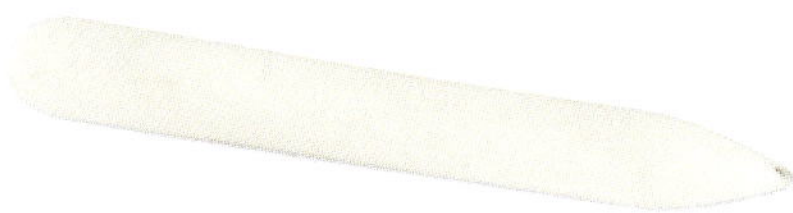

LINEAL, BLEISTIFT, ANSPITZER und **RADIERGUMMI** sollten Sie immer zur Hand haben.

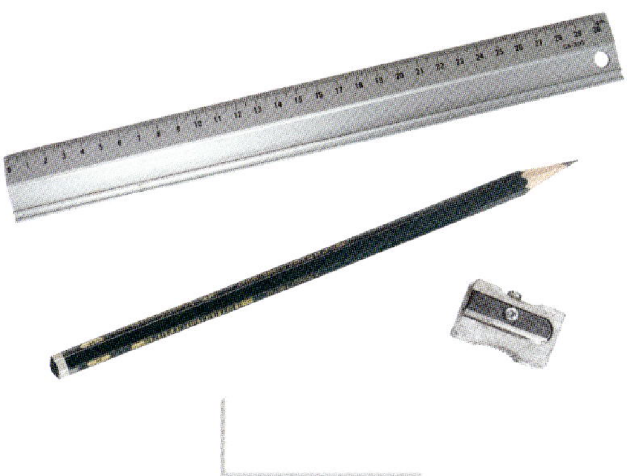

Mit einem **SCHASCHLIKSTÄBCHEN** oder **ZAHNSTOCHER** lassen sich beim Arbeiten mit Papierstreifen die Enden leichter unter Schlaufen durchziehen.

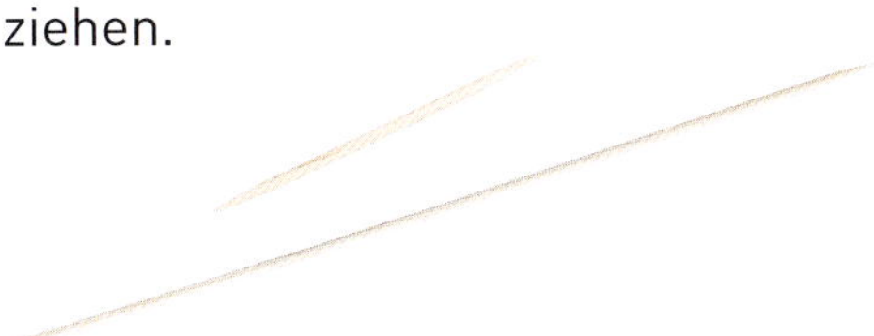

Fixieren Sie Papiere und Vorlagen mit dem **TACKER** aufeinander, um Motive durch mehrere Lagen gleichzeitig auszuschneiden.

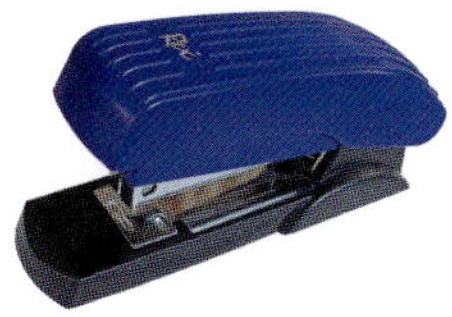

Mit **WÄSCHEKLAMMERN, FOLDBACK-KLAMMERN** oder **BÜROKLAMMERN** können Sie Klebeverbindungen beim Trocknen fixieren.

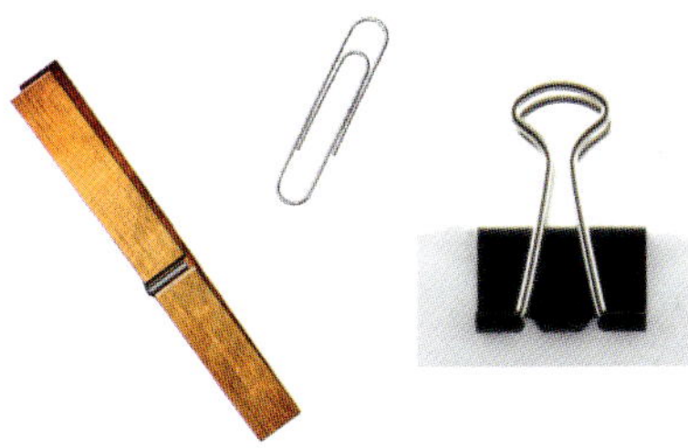

Mit **DÜNNER PAPPE** können Sie eine Schablone von der Vorlage anfertigen. Das ist besonders bei Sternen aus vielen gleichen Segmenten sehr empfehlenswert.

Grundanleitung

Vorlagen übertragen

Bei einigen Sternen in diesem Buch werden Vorlagen verwendet, um das Papier zuzuschneiden. Am einfachsten lassen sich diese übertragen, indem eine Kopie der Vorlage gemacht und anschließend sauber ausgeschnitten wird. Die Vorlage kann dann als Schablone aufgelegt und mit einem Bleistift umfahren werden. Danach das Papier an den angezeichneten Linien entlang ausschneiden.

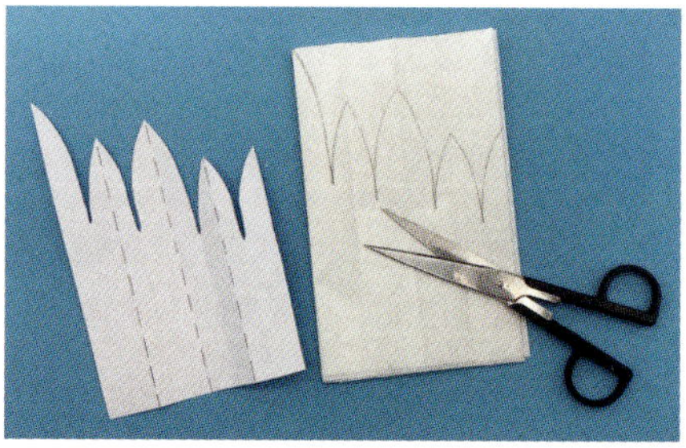

Tipp

Wird die Vorlage öfter benötigt, zum Beispiel weil der Stern wie beim Venezia-Stern auf Seite 90 aus vielen einzelnen Teilen zusammengesetzt wird, empfiehlt es sich, die Kopie zuvor auf dünne Pappe aufzukleben, sodass die Schablone stabiler wird.

Auch den Anfang und das Ende von Faltlinien können Sie leicht mit Schablonen übertragen. Schneiden Sie kleine Zacken in den Rand der Schablone und verbinden Sie die Markierungen anschließend miteinander.

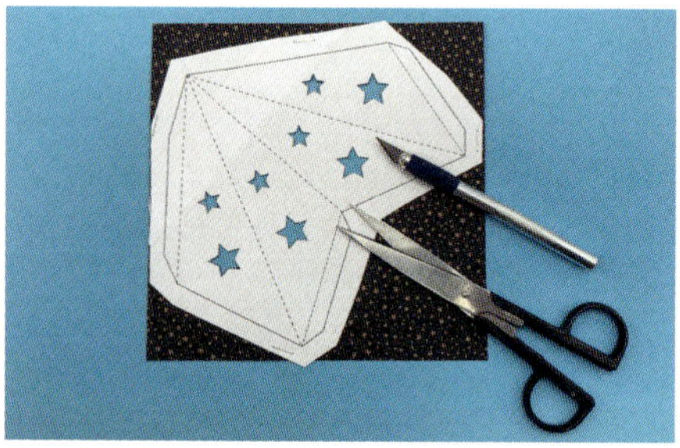

Sternsegmente zuschneiden

Wird ein Teil mehrfach benötigt, können Sie sich Zeit und Arbeit sparen, wenn Sie beim Ausschneiden mehrere Papierlagen übereinanderlegen. Damit die Papierlagen nicht verrutschen, tackern Sie sie rings um das Motiv herum zusammen. Dabei kann die Kopie der Vorlage gleich mit fixiert werden.

Tipp

Immer zuerst die Innenschnitte machen und dann die Kontur ausschneiden.

Gerade Linien lassen sich am besten mit dem Cutter schneiden, da sich dabei die Papierkanten weniger verschieben als beim Schneiden mit der Schere.

Papiertreifen durchziehen

Damit sich Papierstreifen leichter durchziehen lassen, sollten die Enden schräg angeschnitten werden. Auch ein Schaschlikstäbchen leistet hervorragende Dienste. Einfach das Stäbchen durch eine Lasche schieben und dann den Streifen über dem Stäbchen einstecken und durchziehen.

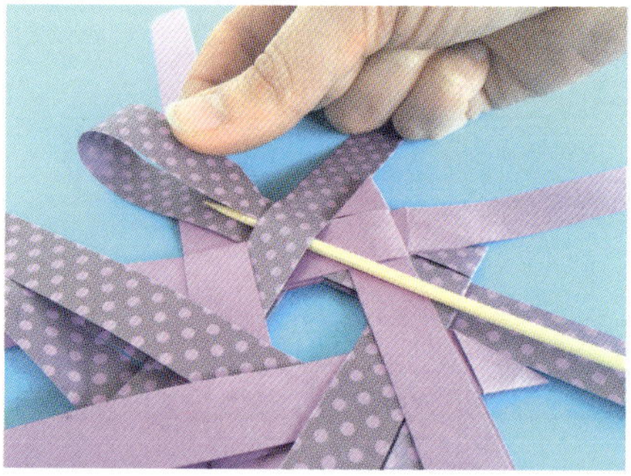

Papier falten

Beim Falten der Sterne gibt es zwei Grundfaltungen, die beachtet werden müssen: Bergfalte und Talfalte. Eine Bergfalte ist daran zu erkennen, dass sie sich wie ein Bergrücken nach oben wölbt. Eine Talfalte bildet im Papier dagegen eine Rinne. In den Faltskizzen ist die Bergfalte mit einer Strich-Punkt-Linie dargestellt. Die Talfalte wird als gestrichelte Linie dargestellt.

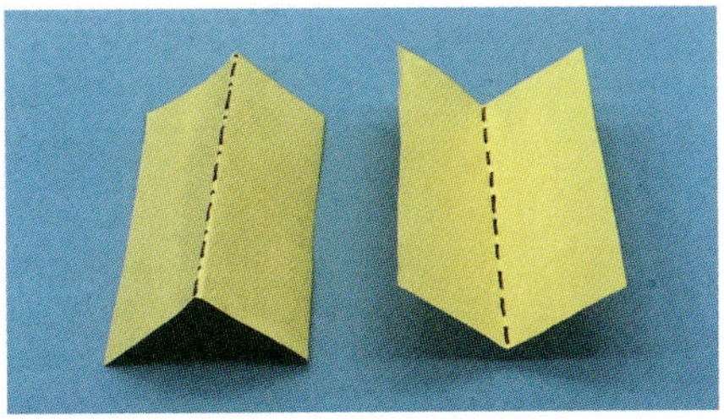

Tipp

Bei festerem Papier sollten die Faltlinien immer vorgeprägt werden. Dazu ein Lineal an der Linie anlegen und die Linie mit Druck mit dem Falzbein nachziehen. Danach lässt sich das Papier an der eingedrückten Linie ganz einfach und sauber falten.
Nach dem Falten sollten die Faltkanten immer glatt ausgestrichen werden. Dazu am besten mit dem Falzbein flach über die Kante streichen. Wenn Sie kein Falzbein haben, können Sie auch eine Stricknadel oder eine dicke, stumpfe Sticknadel verwenden.

Sterne aufhängen

Flache, durchscheinende Sterne können mit transparentem Klebefilm unauffällig am Fenster aufgehängt werden. Dazu am besten einen kleinen Ring aus dem Klebefilm formen und auf der Rückseite anbringen. Auch ein wiederablösbarer Knetkleber wie zum Beispiel UHU Patafix eignet sich sehr gut, um Sterne aufzuhängen.

Plastische Sterne werden am besten an einer reißfesten Schnur aufgehängt. Der Faden kann wie bei Ostereiern an ein Stück eines Streichholzes geknotet und dann von innen durch eine Sternspitze gezogen werden. Sie können ihn aber auch mit einer Nadel durch eine Sternspitze nähen oder beim Schließen der Sternzacken miteinkleben.

Tipp

Bei beleuchteten Sternen können Sie auch das Kabel für die Aufhängung verwenden, wenn das Leuchtmittel fest im Stern sitzt.

Sterne beleuchten

Zum Beleuchten der Sterne bieten sich Lichterketten an. Sie lassen sich klein zusammenlegen und durch eine kleine Öffnung in die Sterne einführen. LED-Leuchtmittel sind besonders empfehlenswert, da sie kaum Wärme entwickeln und somit im Zusammenspiel mit Papier keine Gefahr darstellen. Auch Windlichter aus Papier lassen sich prima mit einem LED-Teelicht beleuchten. Sollten Sie eine Kerze mit offener Flamme verwenden, sollten Sie das Licht niemals unbeaufsichtigt brennen lassen.

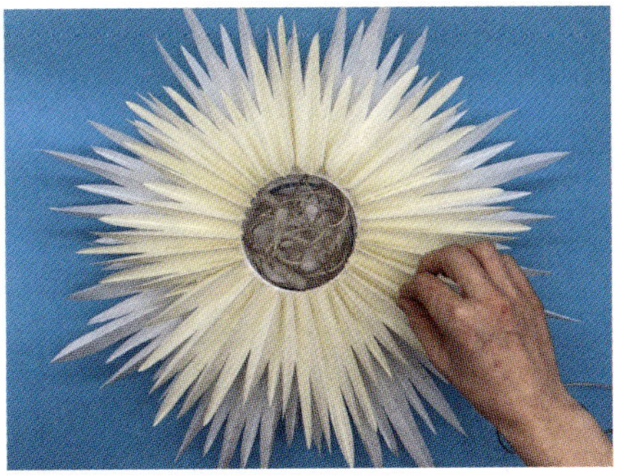

Sterne aufbewahren

Flache Sterne können einfach im Liegen aufbewahrt werden. Plastische Sterne sind etwas heikler. Am besten überstehen sie die Zeit bis zur nächsten Saison, wenn sie in einer Kiste mit Deckel gelagert werden. Dadurch wird sichergestellt, dass sie keine Knicke oder gestauchte Spitzen bekommen. Einige plastische Sterne lassen sich auch flach zusammenlegen, wie etwa der Butterbrottüten-Stern (Seite 54) oder der Messina-Stern (Seite 72).

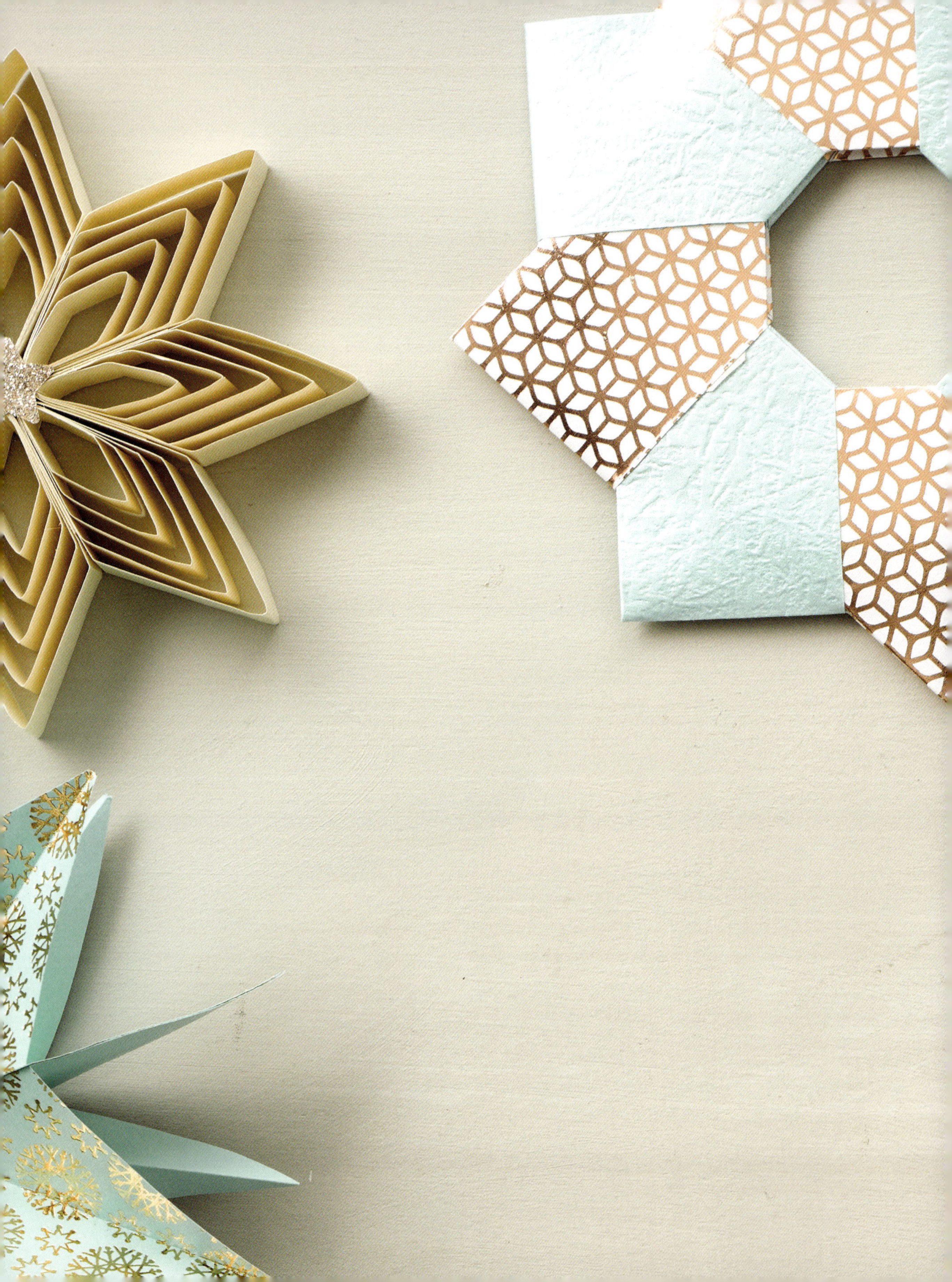

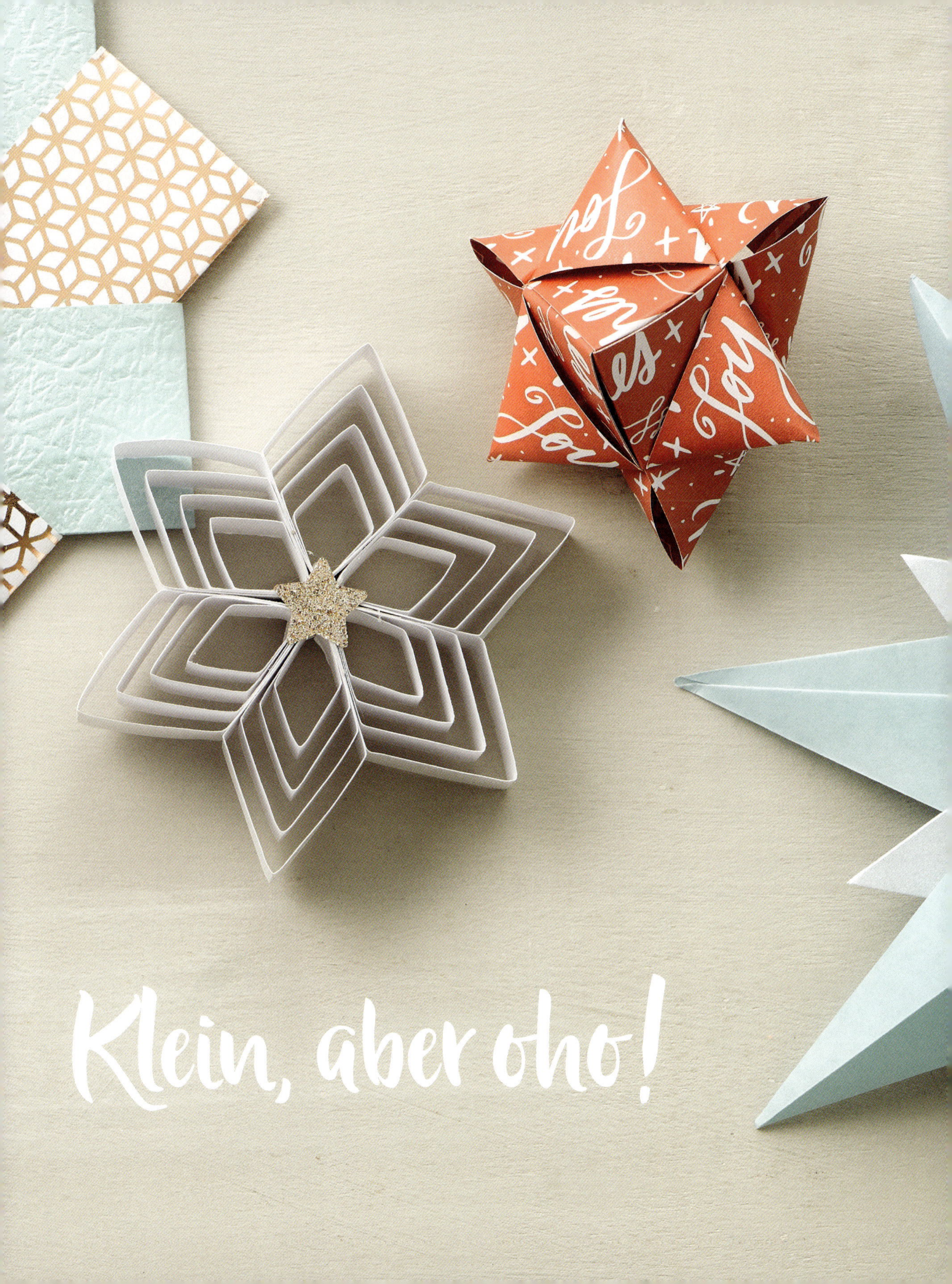

Klein, aber oho!

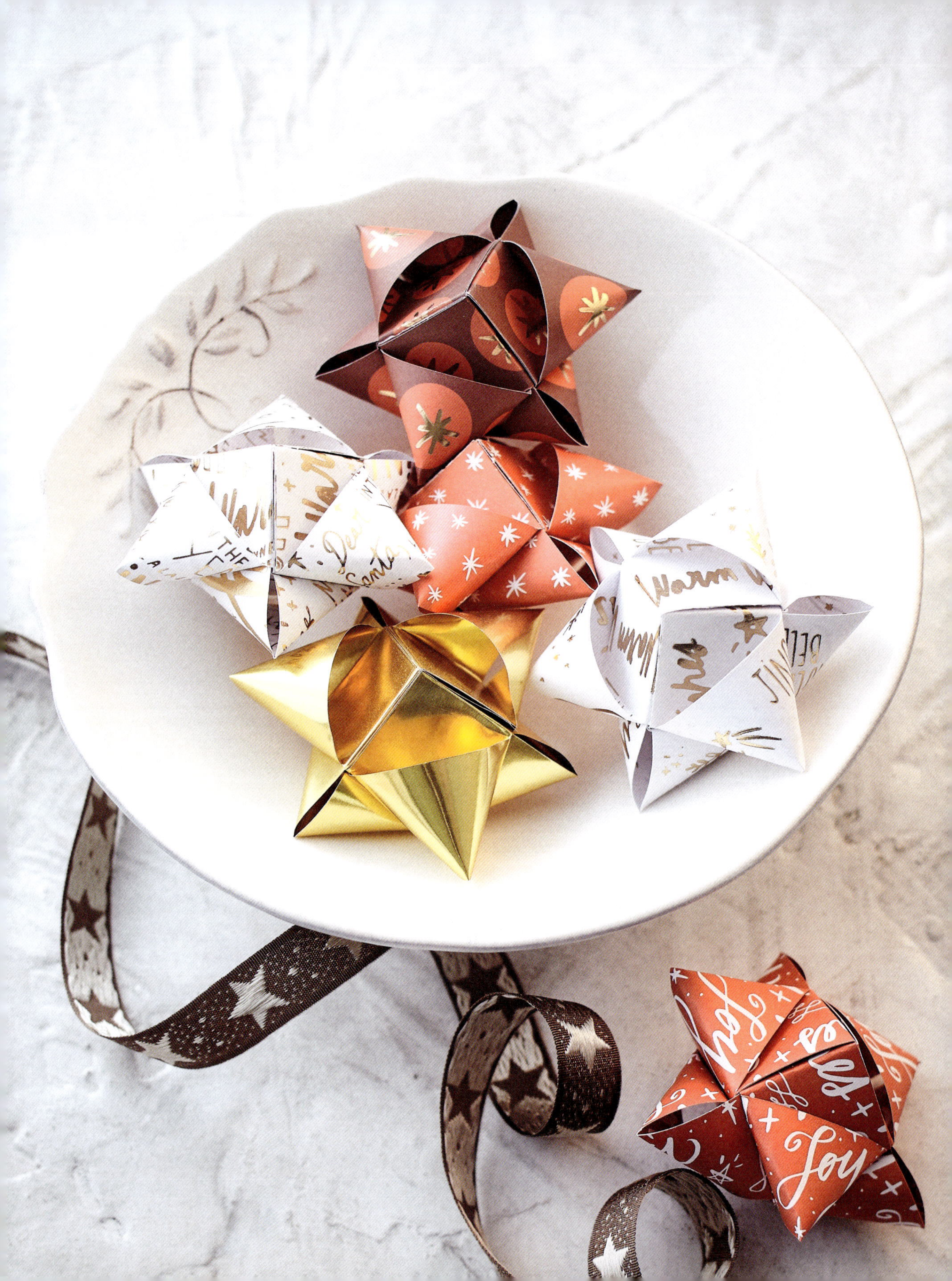
Warm
Joy

Raffinierte Würfelsterne

aus Papierstreifen gewebt

Schwierigkeitsgrad ★★

Modellgröße ca. ø 7 cm

Material

* 3 Papier- oder Metallfolienstreifen in Gold, Rot-Gold oder Weiß-Gold gemustert, 2,5 cm x 40–45 cm

1 Die Papierstreifen mittig doppelt legen und am geschlossenen Ende im Abstand von 2,5 cm drei Knicke machen.

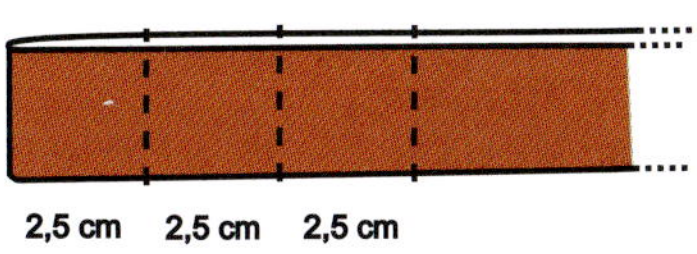

2 Zwei Streifen nehmen. Den zweiten Streifen (rot) über den ersten hängen.

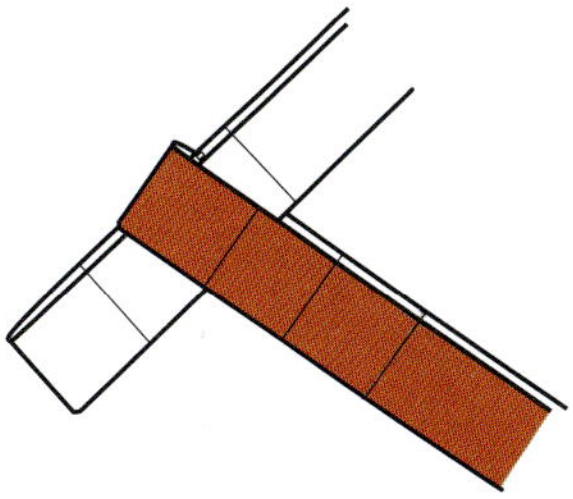

3 Dann den dritten Streifen (rot) über den zweiten hängen und durch den ersten ziehen.

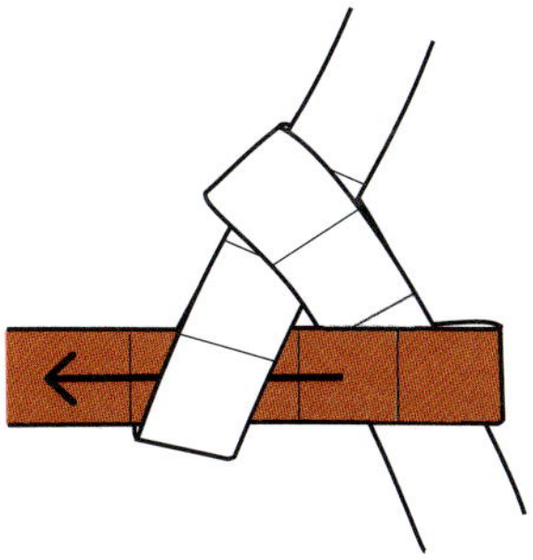

4 Die Streifen eng zusammenziehen, bis sie sich an den Knicken aus Step 1 zu einem halben Würfel (rot) zusammenfügen. Die Würfelecke zeigt nach hinten, die Öffnung nach vorn.

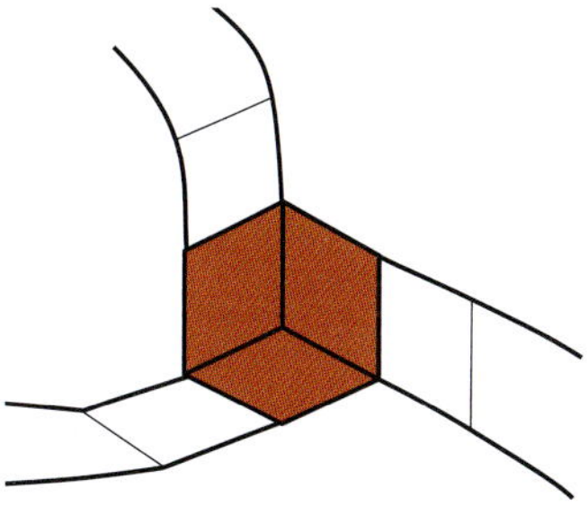

5 Die rechten Streifen nach links um den Würfel legen, sodass zwei weitere Flächen gebildet werden.

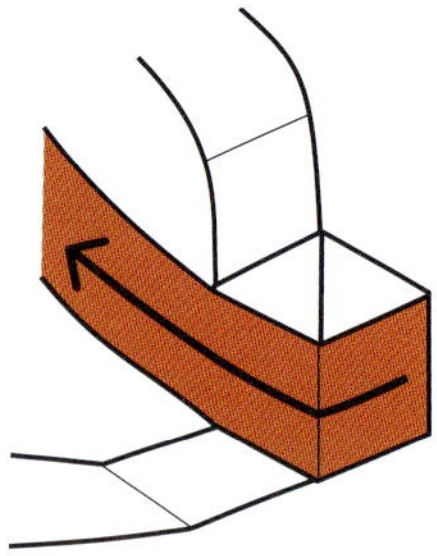

6 Die linken Streifen nach oben und dann nach rechts legen, sodass der Würfel auch oben geschlossen wird.

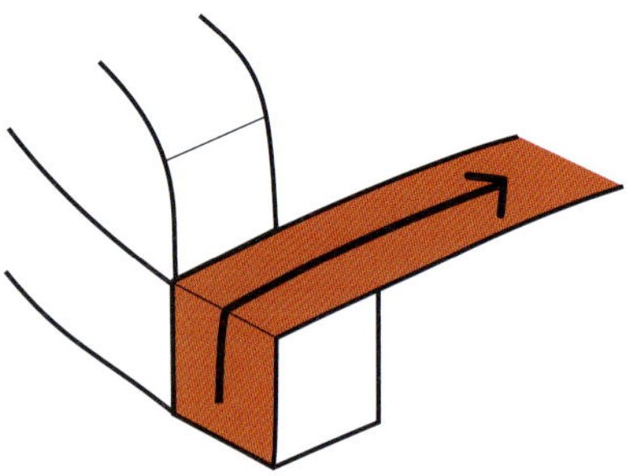

7 Zuletzt die oberen Streifen nach unten legen – über die erste Fläche und unter der zweiten Fläche hindurch. Der Würfel ist damit fertig.

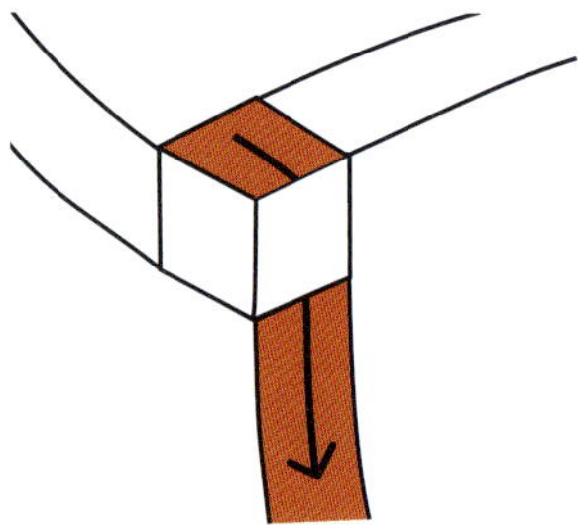

8 Den oberen rechten Streifen im Bogen nach links führen, unter der rückwärtigen Fläche einstecken und nach unten durchziehen, sodass eine Sternspitze entsteht. Das überstehende Ende abschneiden.

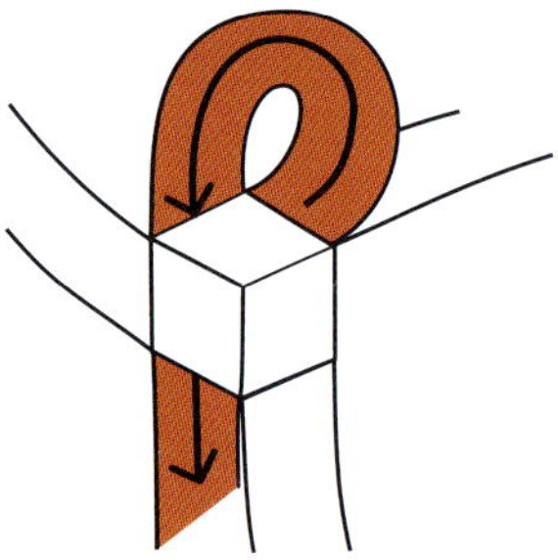

9 Die erste Sternspitze ist fertig (grau). Nun den oberen rechten Streifen (rot) an der Seite einstecken, nach hinten durchziehen und das überstehende Ende abschneiden.

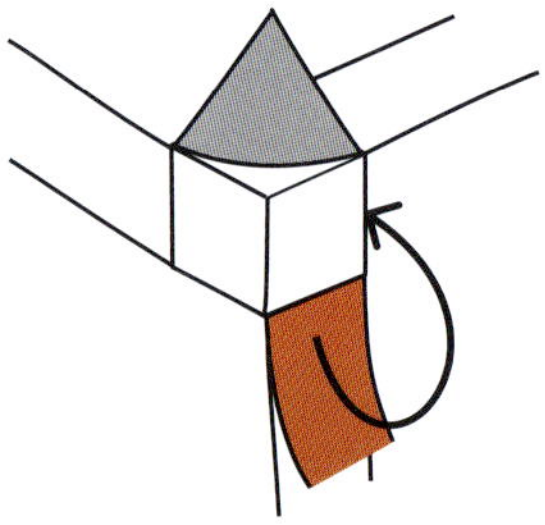

10 Die zweite Sternspitze ist fertig (grau). Mit dem dritten Streifen wiederholen.

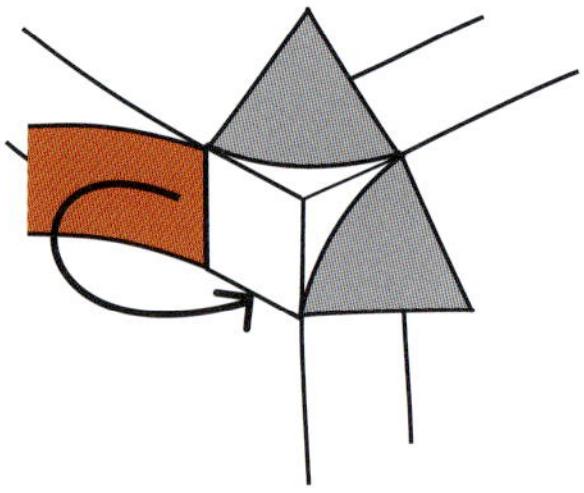

11 Die drei Sternspitzen bilden ein Dreieck, aus dessen Mitte eine Würfelspitze ragt. Den Stern wenden.

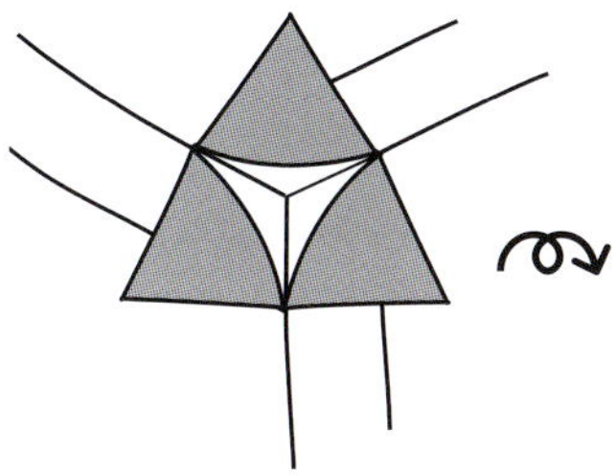

12 Die erste Sternspitze ist fertig (grau). Nun den oberen rechten Streifen (rot) an der Seite einstecken, nach hinten durchziehen und das überstehende Ende abschneiden.

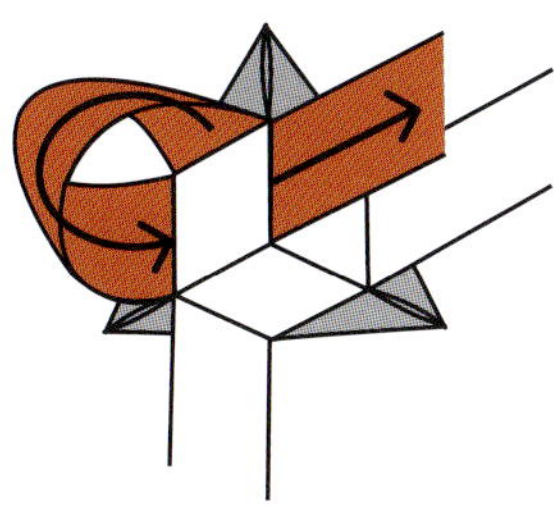

13 Die erste Sternspitze der zweiten Seite ist fertig (grau). Nun den unteren Streifen im Bogen nach rechts führen, unter der Fläche einstecken, nach links durchziehen und das Ende abschneiden.

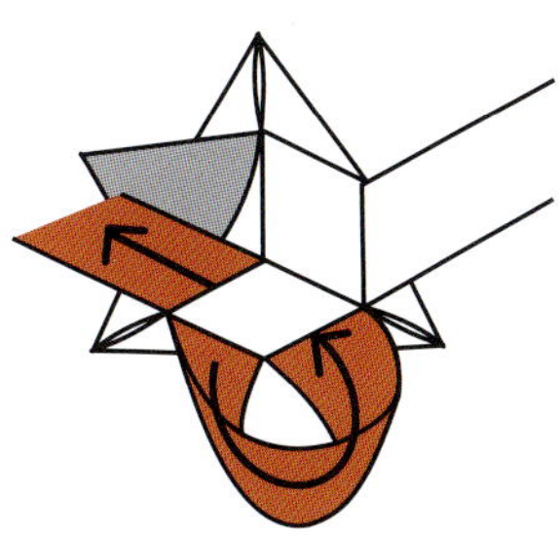

14 Die zweite Sternspitze ist fertig (grau). Mit dem dritten Streifen wiederholen.

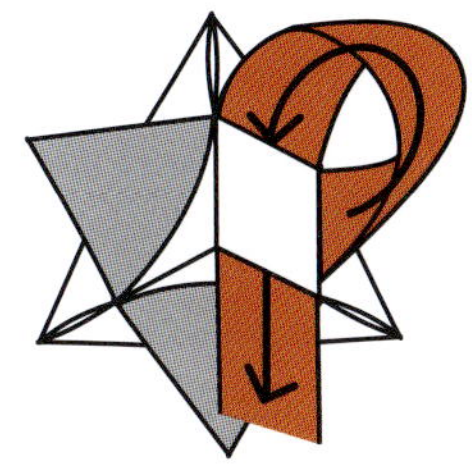

15 Der fertige Stern hat auf jeder Seite drei Sternspitzen, aus deren Mitte eine Würfelecke ragt.

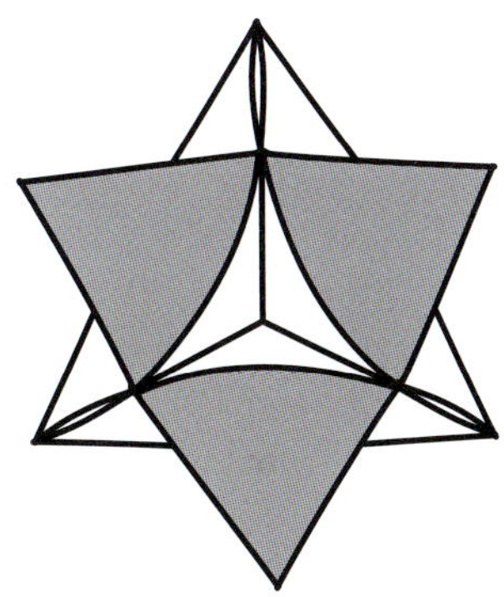

Tipp

Für diese Sterne sind Fröbelsternstreifen sehr gut geeignet. Einfach in der Mitte durchschneiden und dann wie in Step 1 beschrieben doppelt legen.

Eine runde Sache

Sternenkränze aus gefalteten Modulen

Schwierigkeitsgrad ★

Modellgröße

ø 15 cm und 17,5 cm

Material

* 3 Earth-Crack-Faltblätter in Azurblau, 15 cm x 15 cm
* 3 Faltblätter in Kraftpapier-Kupfer, 15 cm x 15 cm
* 2 Crush-Paper-Faltblätter in Mint, 15 cm x 15 cm
* 2 Faltblätter in Weiß-Gold gemustert, 15 cm x 15 cm
* UHU Alleskleber
* Schere

1 Die Faltblätter einmal mittig teilen. Es werden jeweils acht bzw. zehn Rechtecke mit 7,5 cm x 15 cm benötigt. Anschließend die Rechtecke der Länge nach falten.

2 Die obere und die untere Ecke nach links zur Faltkante legen und glatt ausstreichen.

3 Die obere Spitze auf die untere falten. Fertig sind die Sternmodule.

4 Für den kleinen Stern acht, für den großen Stern zehn Module ineinanderstecken. Dazu an der kurzen geraden Kante die Papierlagen auffächern und das nächste Modul mit den beiden Spitzen in die Taschen einstecken. Alle Module gleichmäßig ausrichten und mit etwas Klebstoff fixieren.

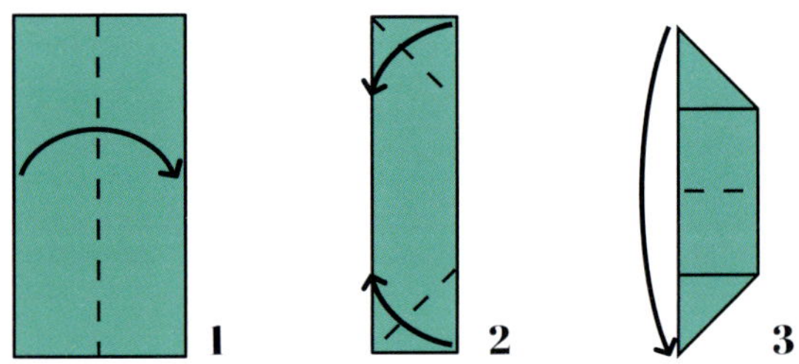

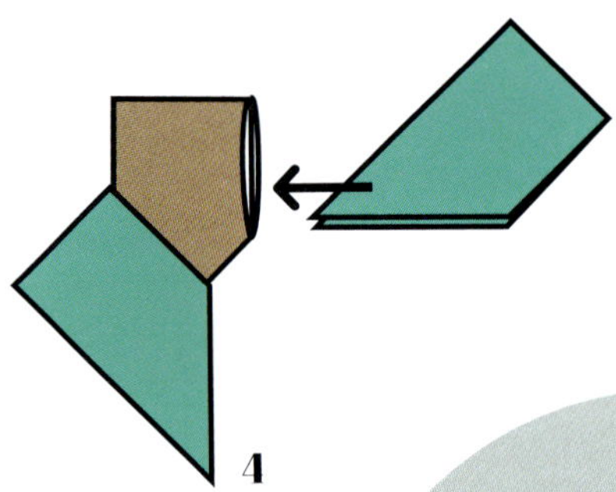

Tipp

Aus den Modulen kann auch ein Sternenkranz mit zwölf Zacken gemacht werden.

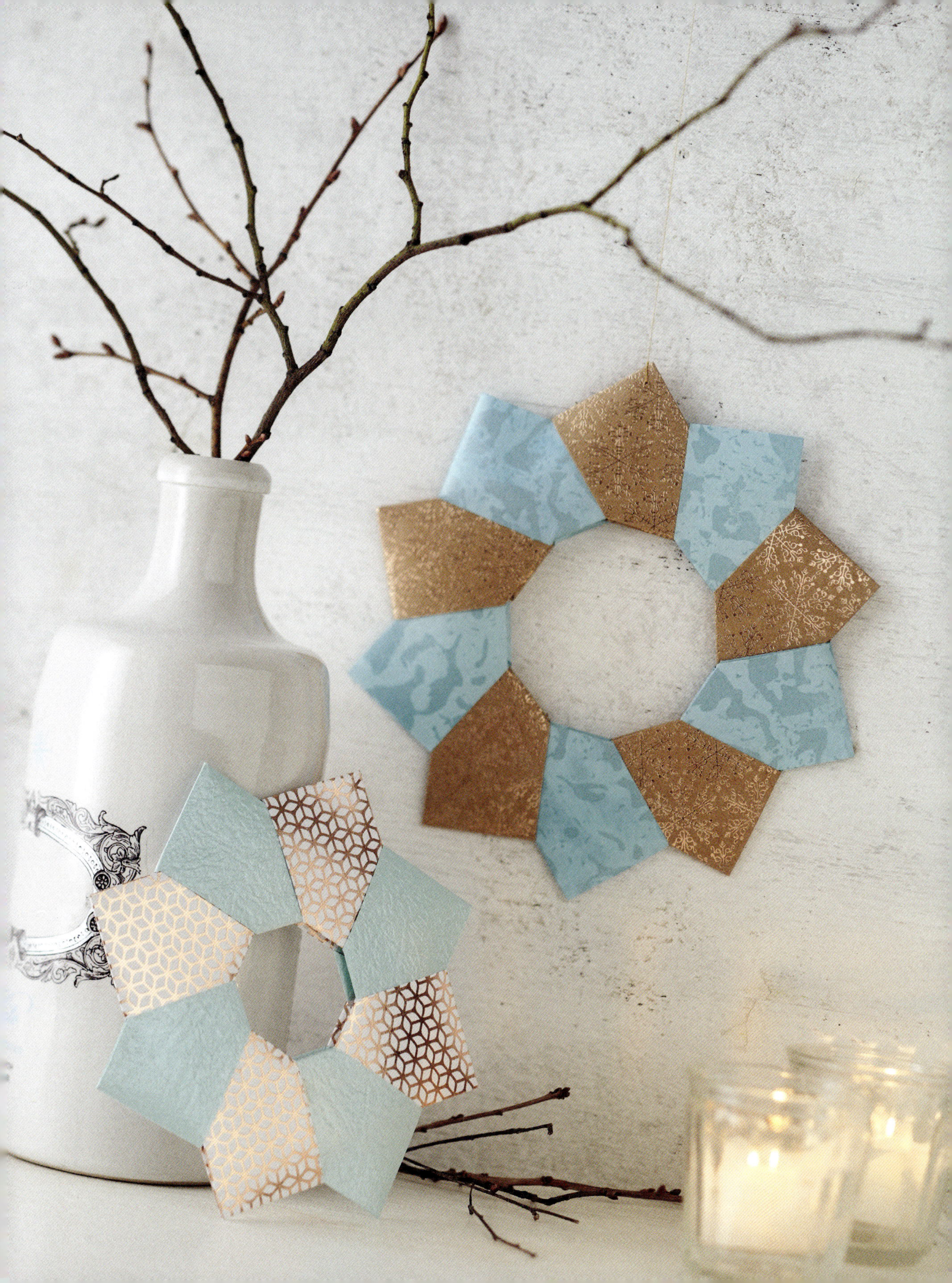

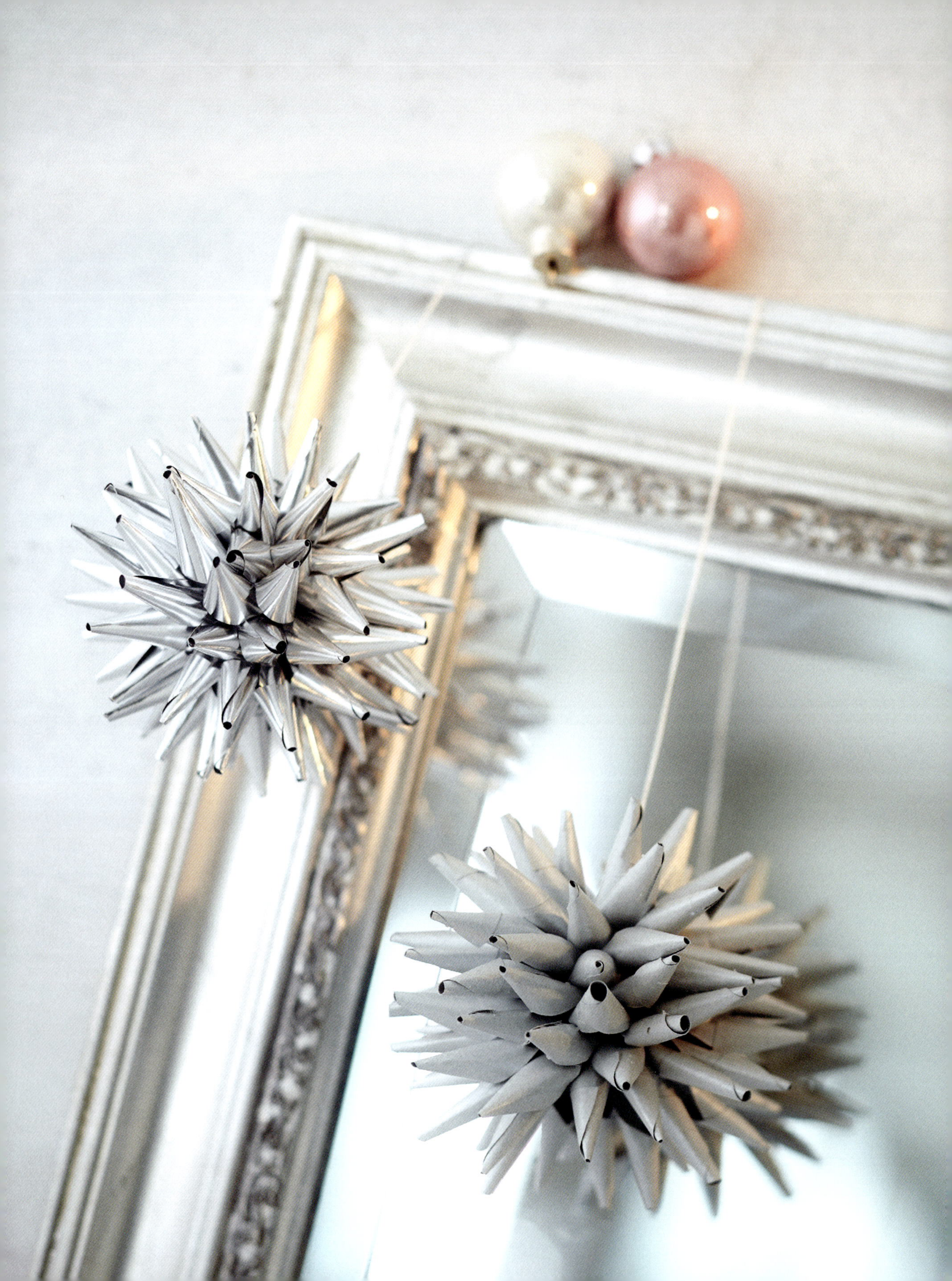

Festliche Kugelsterne

in klassischem Silber

Schwierigkeitsgrad ★

Modellgröße ca. ø 9 cm

Material

- Bastel-Alufolie in Silber, 10 cm x 10 cm x 10 cm
- 10 Faltblätter in Silber metallic, 14 cm x 14 cm
- 4 Holzperlen in Natur, ø 5 mm
- reißfester Faden
- dicke, spitze Nähnadel
- UHU Alleskleber

Vorlage Seite 118

1 Mithilfe der Vorlage zehn Kreise aus der Bastel-Alufolie zuschneiden und an den Innenlinien bis kurz vor die Mitte einschneiden.

2 Die einzelnen Segmente der Kreise um einen Bleistift herum zu spitzen Sternzacken aufrollen und gegebenenfalls mit Klebstoff fixieren.

3 Eine Perle mittig auf einen langen Faden aufziehen. Den Faden doppelt legen und die Enden in die Nadel fädeln.

4 Den Faden von oben nach unten mittig durch fünf Kreise nähen. Die Kreise liegen mit den Sternzacken immer versetzt übereinander.

5 Die übrigen fünf Kreise von unten nach oben auffädeln. Danach die Nadel entfernen. Die zweite Perle auf ein Fadenende aufziehen. Beide Enden fest verknoten, sodass die einzelnen Kreise eng zu einer Kugel zusammengezogen werden.

6 Den übrigen Faden abschneiden oder auf die gewünschte Länge kürzen und verknoten, sodass ein Aufhänger entsteht.

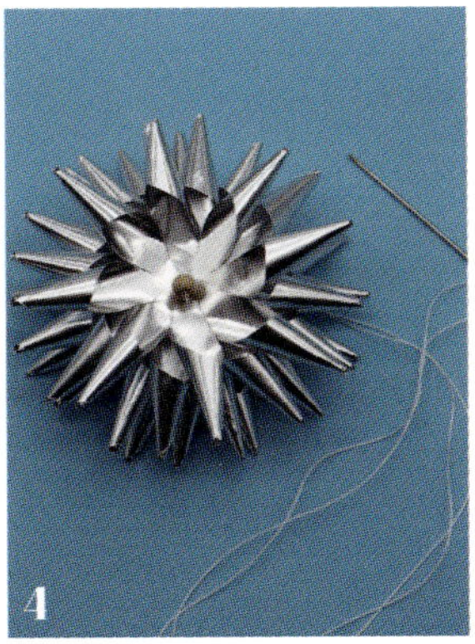
4

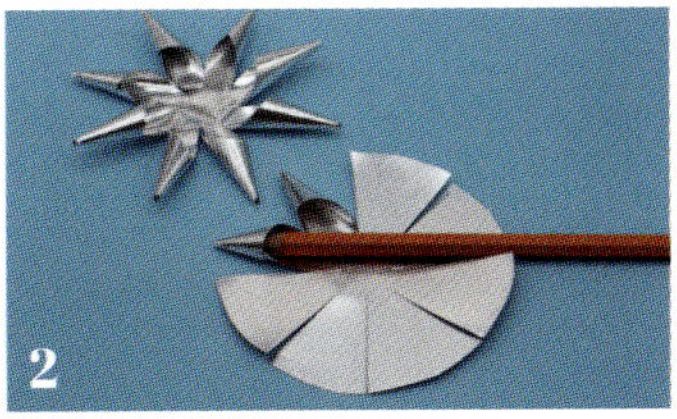
2

Tipp

Das Zuschneiden gelingt schneller, wenn mehrere Papiere am Rand zusammengetackert werden. Die Vorlage auf dem obersten Papier anzeichnen und durch alle Lagen hindurch ausschneiden.

Ganz schön auf Zack

raffinierter Origamistern

Schwierigkeitsgrad ★★

Modellgröße

ø 8 cm, 12 cm und 17 cm

Material

* festes Falt- oder Geschenkpapier, ca. 80 g/qm, 17,5 cm x 17,5 cm, 25 cm x 25 cm und 35 cm x 35 cm

Vom Quadrat zum Fünfeck

1 Falten Sie die rechte Hälfte auf die linke.

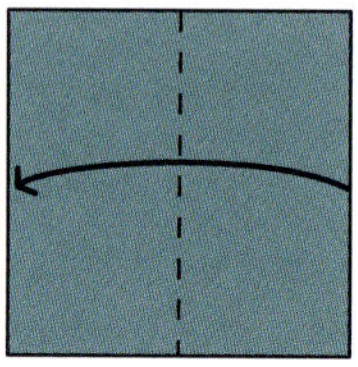

2 Falten Sie die linke obere Ecke auf die rechte Kante. Wieder öffnen und dann die rechte obere Ecke auf die linke Kante falten. Ebenfalls wieder öffnen.

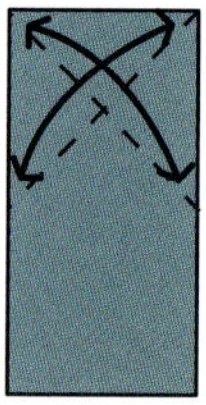

3 Die rechte untere Ecke zum Kreuzungspunkt der letzten Faltungen falten ...

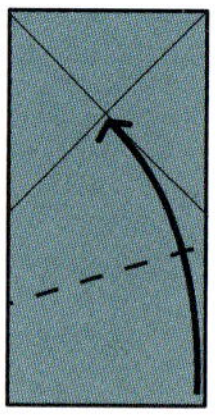

4 ... und danach auf die untere Kante falten.

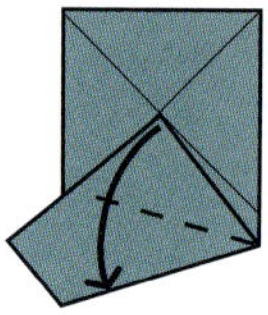

5 Die obere rechte Ecke nach unten falten, sodass Kante an Kante stößt.

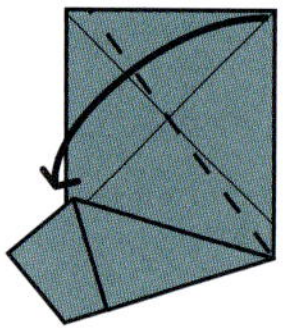

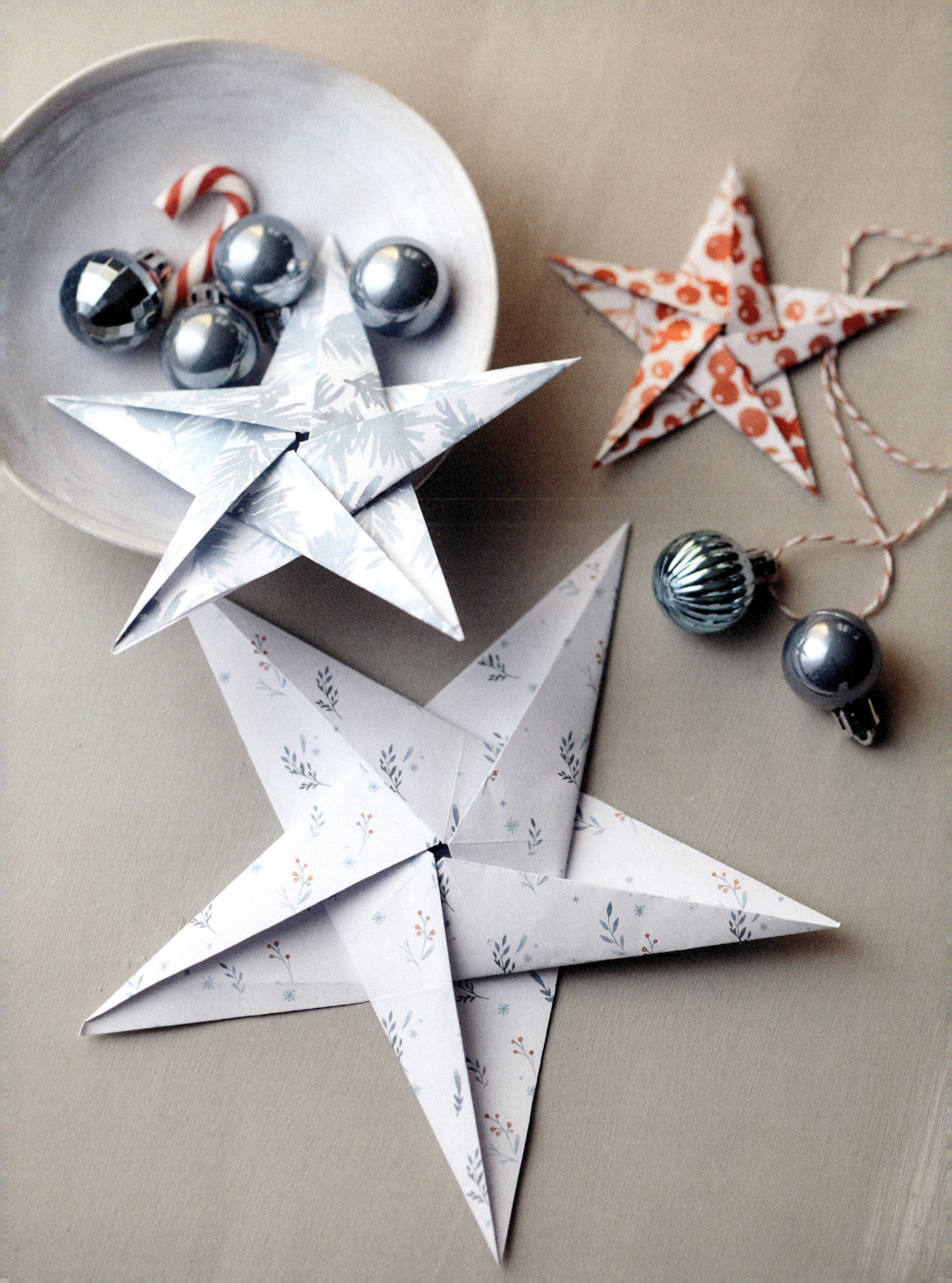

6 Das obere Teil an der Stoßkante (rote Strichlinie) nach hinten falten.

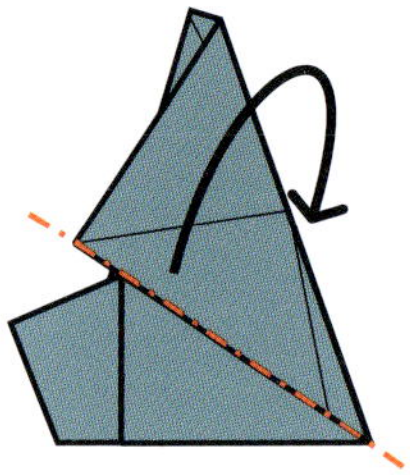

7 Dann die überstehenden Papierzacken (grau) an der markierten Kante (rote Strichlinie) mit der Schere abschneiden.

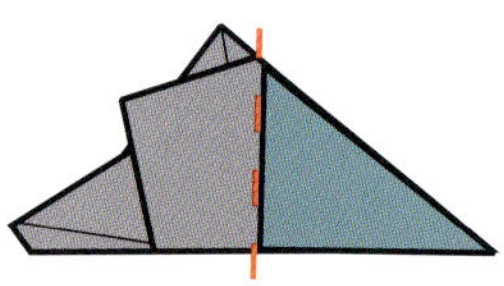

8 Das Papier öffnen: Es ist ein gleichseitiges Fünfeck entstanden. Alle Falten zu Talfalten knicken.

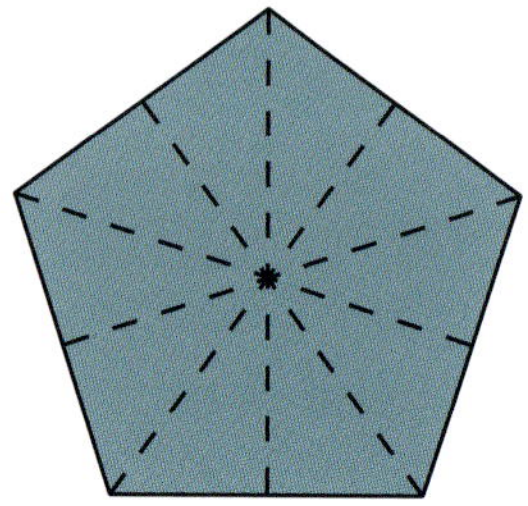

Vom Fünfeck zum Stern

1 Die untere Kante nach oben falten, sodass die Ecken auf den Diagonalen liegen. Die Faltung wieder öffnen und reihum mit den anderen vier Kanten wiederholen.

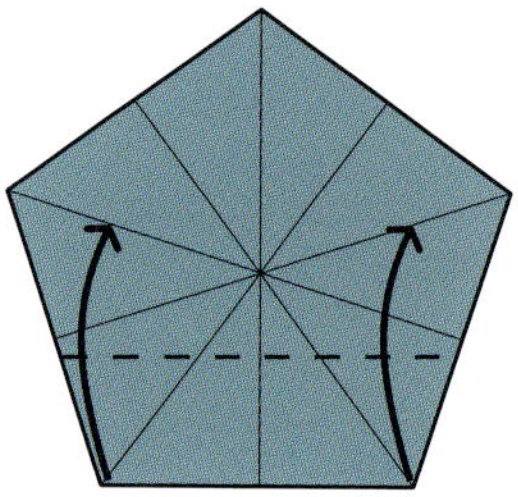

2 Das Fünfeck drehen, sodass es auf der Spitze steht. Zwei Seiten an den gestrichelten Linien gleichzeitig nach innen legen und dabei die Ecke zusammenklappen und nach oben aufstellen.

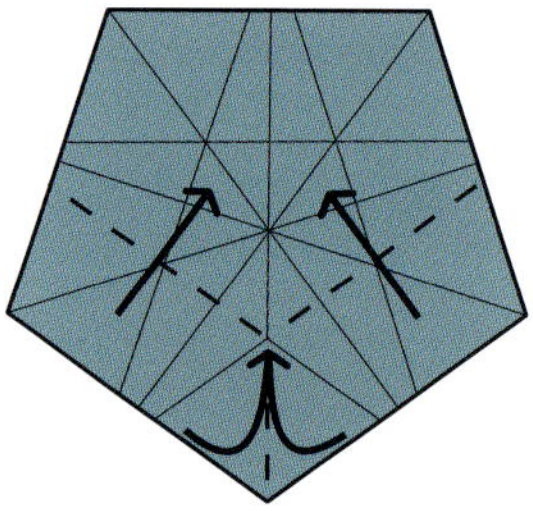

3 Die Ecke nach links umlegen und flach ausstreichen. Die Faltungen aus Schritt 2 und 3 wieder öffnen und mit den anderen Seiten und Ecken wiederholen.

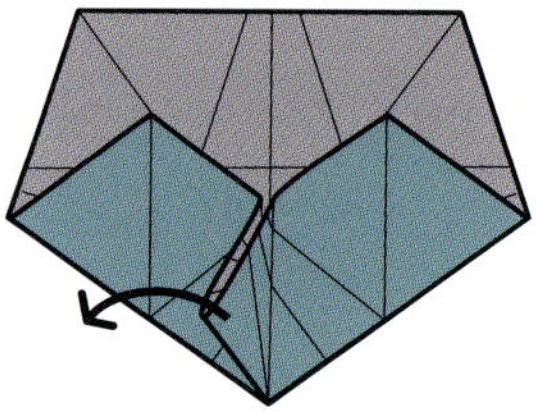

4 Nun alle Seiten gleichzeitig zur Mitte führen. Dabei legen sie sich automatisch an den rot und gelb markierten Berg- und Talfalten in Falten.

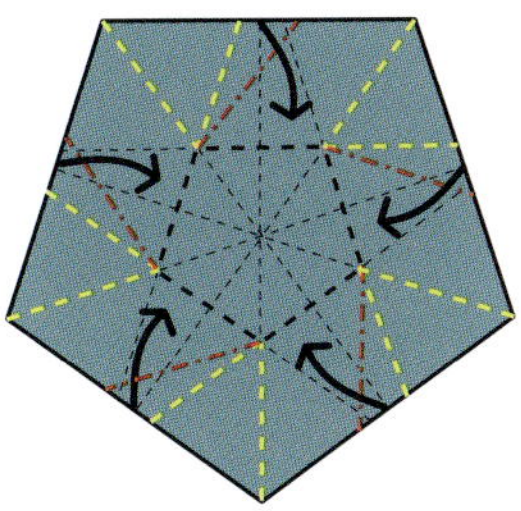

5 Das Papier weiter im Uhrzeigersinn eindrehen, sodass sich die Ecken im Kreis übereinanderlegen und Sternzacken formen.

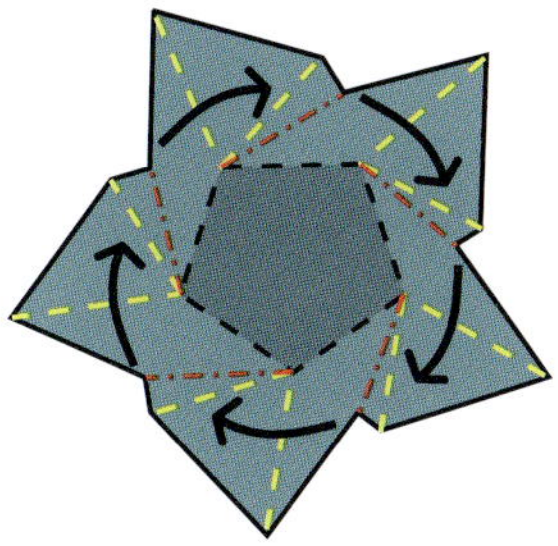

6 Das Ergebnis ist ein flacher Stern mit einem Fünfeck in der Mitte. Den Stern wenden.

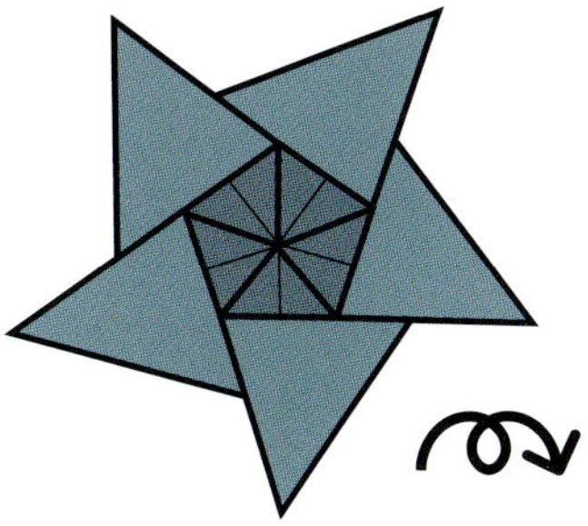

7 Die obere Ecke des Rechtecks zur Mitte falten. Die erste Sternspitze ist fertig.

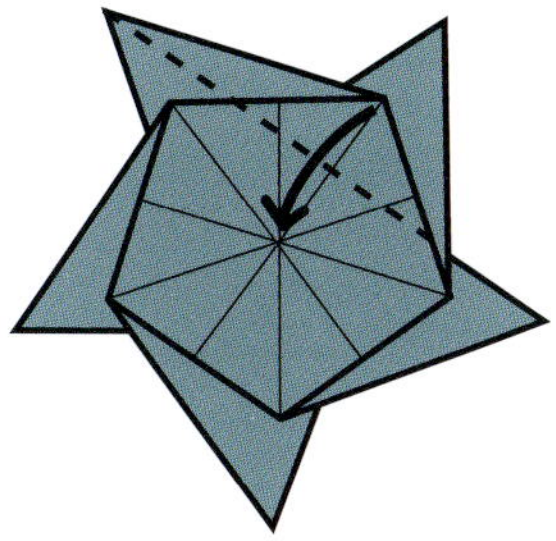

8 Im Uhrzeigersinn weiter die Ecken zur Mitte falten. Die letzte dabei unter der ersten eingesteckt lassen. Fertig ist der Stern.

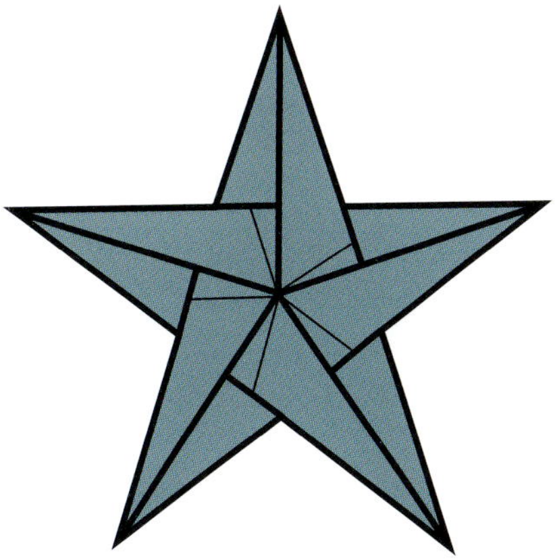

Tipp

Der flache Faltstern ist prima geeignet, um ihn am Fenster aufzuhängen oder um eine Karte zu gestalten.

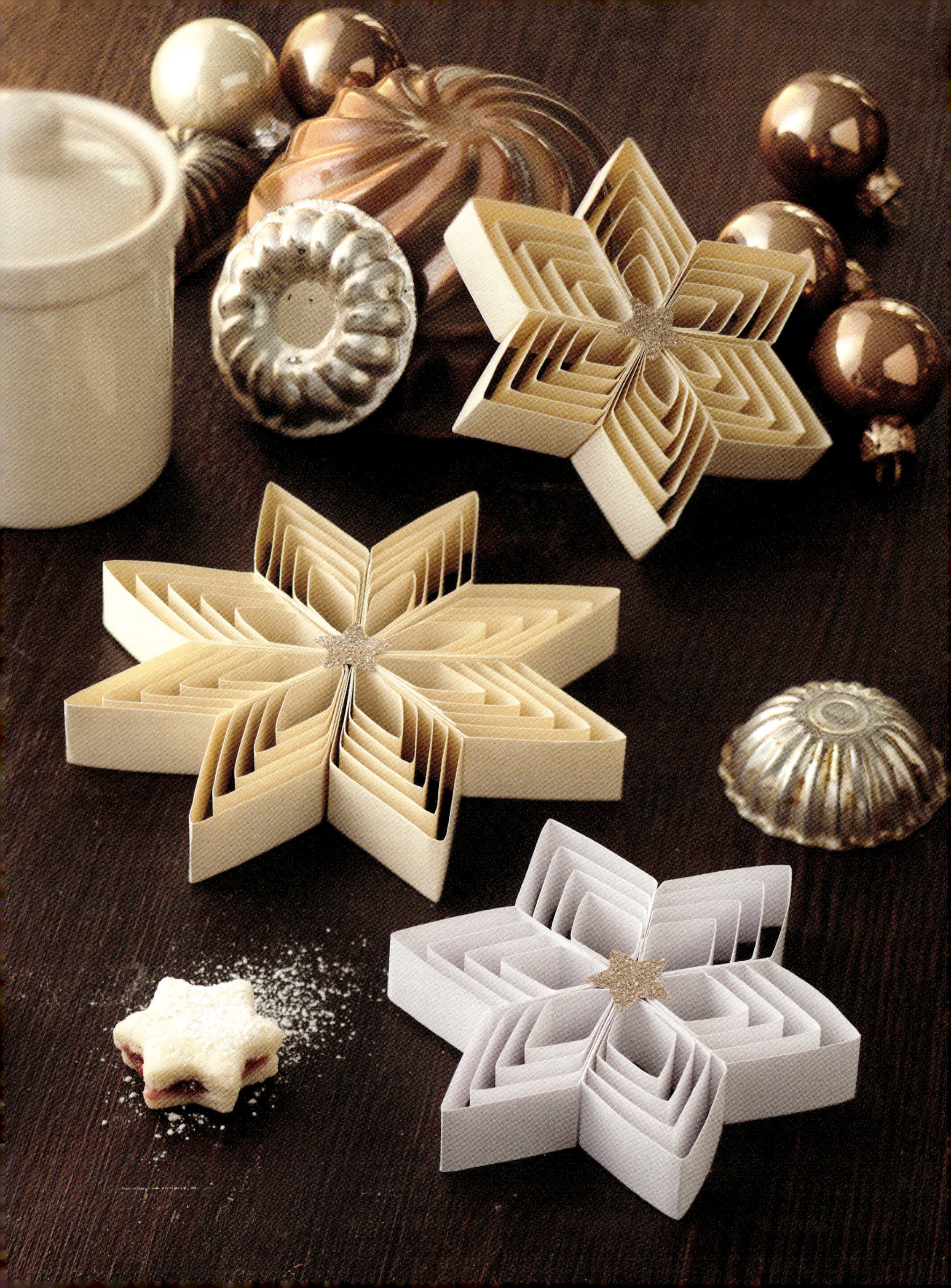

Filigrane Quilling-Sterne

mit geometrischem Muster

Schwierigkeitsgrad ★

Modellgröße ø ca. 9-12 cm

Material

- 6 bzw. 8 Papierstreifen in Weiß oder Creme mit Pearl-Effekt, 1,5 cm x 45 cm
- Motivstanzer: Stern, ø 1-1,5 cm
- Glitterpapierrest in Gold
- UHU Alleskleber
- Kamm mit groben Zinken oder Quilling-Kamm

1 Einen Papierstreifen am Ende des Kamms anlegen und um den nächsten oder übernächsten Zinken wickeln – je nachdem, ob die Rauten größer oder kleiner sein sollen. Danach den Streifen auf den Anfang kleben.

2 Den Streifen noch drei oder vier Mal um den Kamm wickeln und dabei jedes Mal einen Zinken weitergehen, sodass die Runden immer größer werden. Nach jeder Runde den Streifen mit Klebstoff fixieren. Den überstehenden Rest abschneiden und den aufgewickelten Streifen vom Kamm ziehen.

3 Den aufgewickelten Papierstreifen der Länge nach flachdrücken. Danach den Streifen zwischen Daumen und Zeigefinger greifen und quer zur ersten Faltung flachdrücken. Wieder etwas öffnen – schon ist die erste Raute fertig.

4 Auf diese Weise sechs oder acht Rauten fertigen, im Kreis zu einem Stern legen und zusammenkleben. Zum Schluss zwei Sterne aus Glitterpapier ausstanzen und als Mitte aufkleben.

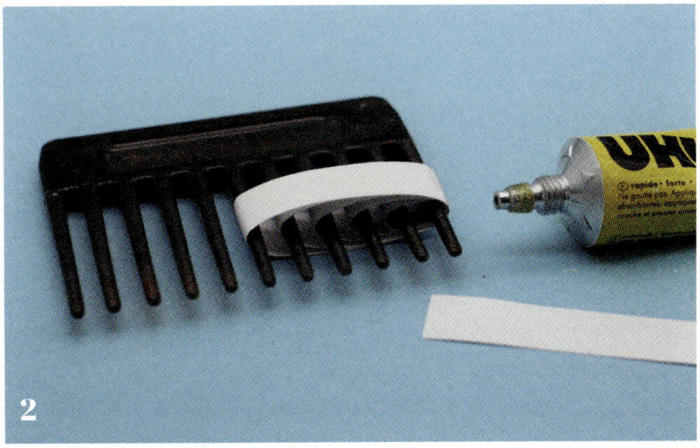

2

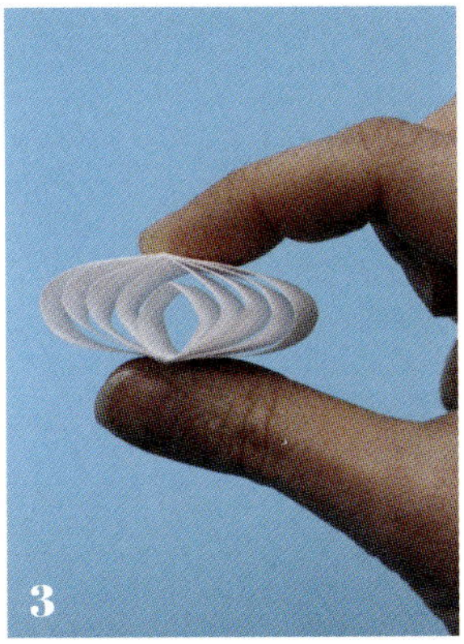

3

Tipp

Sie können auch einen Kamm mit feinen Zinken verwenden. Springen Sie dann von Runde zu Runde zwei Zinken weiter, damit die Abstände größer sind.

Kleine Sterngirlande

aus gewebten Papierstreifen

Schwierigkeitsgrad ★★

Modellgröße Stern ø 7,5 cm

Material

- pro Stern 4 Papierstreifen in Lila oder Lila-Aubergine gemustert, 1,5 cm x 45 cm
- lange Schnur zum Aufhängen
- große Sticknadel

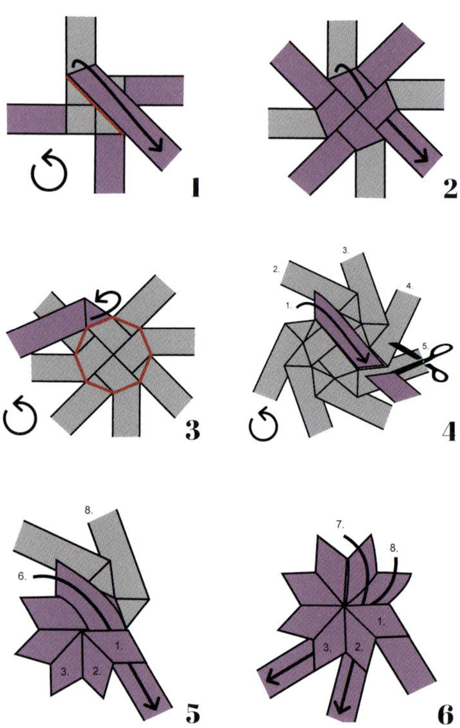

1 Den Anfang wie beim Fröbelstern (Schritt 1 bis Schritt 4, Seite 57) arbeiten. Nun den oberen Streifen von oben links entlang der Diagonalen (rote Linie) nach unten falten. Den Stern gegen den Uhrzeigersinn weiterdrehen und den Schritt mit den nächsten beiden Streifen wiederholen.

2 Den vierten Streifen ebenso nach unten falten, unter dem ersten Streifen einstecken und durchziehen.

3 Für die Sternspitzen den Streifen oben links entlang der Kante des Achtecks (rote Linie) über hinten nach links falten. Den Stern wieder gegen den Uhrzeigersinn weiterdrehen und den Schritt mit den anderen sieben Streifen wiederholen.

4 Den Streifen an der linken Kante des entstandenen Dreiecks senkrecht nach unten falten und bündig mit der unteren Sternspitze abschneiden. Den Stern gegen den Uhrzeigersinn weiterdrehen und den Schritt mit Streifen 2 bis 5 wiederholen.

5 Den sechsten Streifen ebenso nach unten falten, unter der ersten fertigen Sternspitze einstecken und vorn aus der Spitze wieder herausziehen.

6 Den siebten Streifen unter der ersten Sternspitze einstecken und durch die zweite Sternspitze herausziehen. Den achten Streifen unter der ersten Sternspitze einstecken und durch die dritte Sternspitze herausziehen.

7 Zum Schluss die letzten drei Streifen bündig abschneiden. Weitere Sterne fertigen und zur Girlande auffädeln. Dazu die Schnur mit der Nadel unter dem Quadrat auf der Rückseite der Sterne durchziehen.

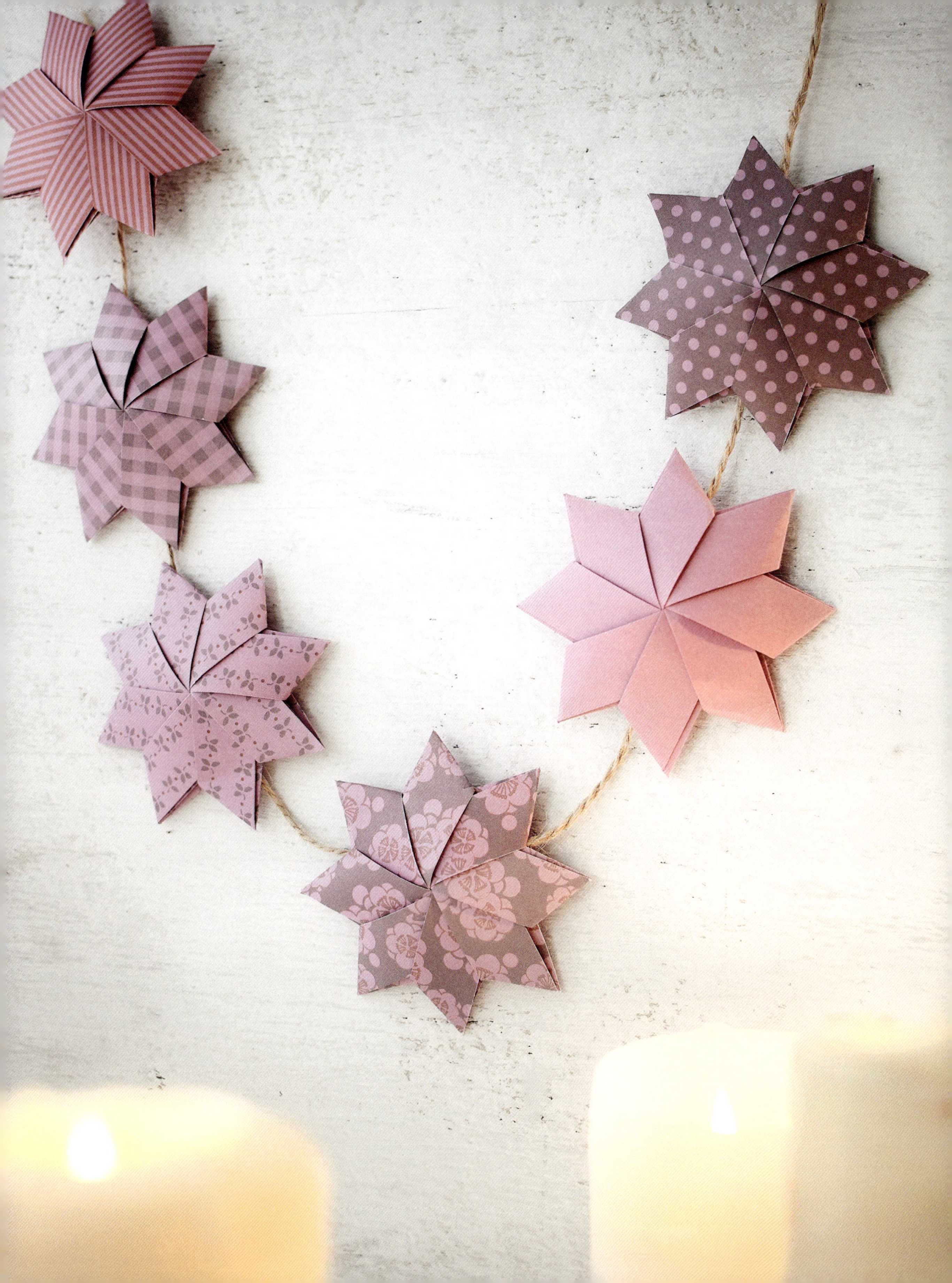

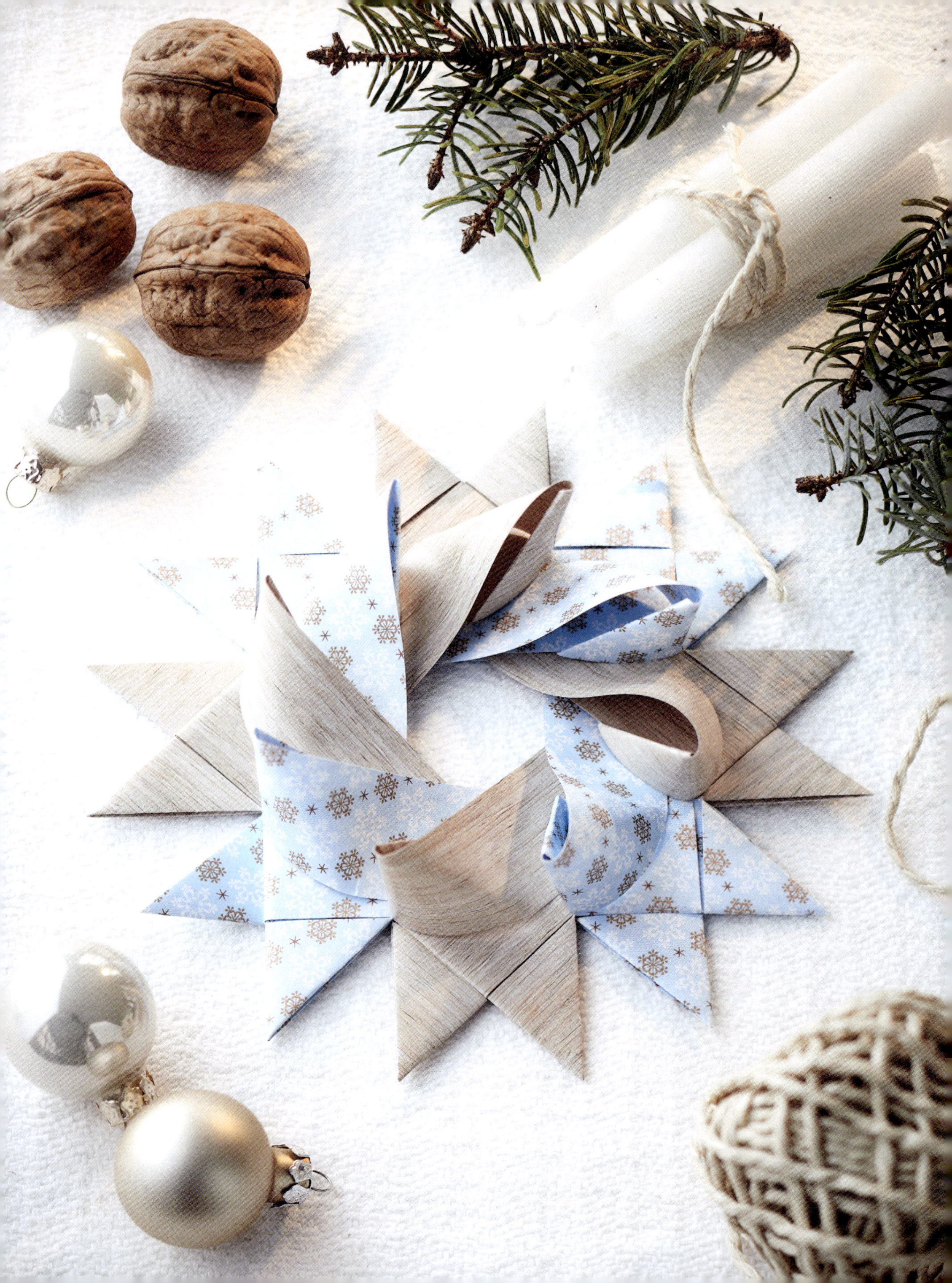

Winterlicher Fröbelkranz

aus acht Papierstreifen

Schwierigkeitsgrad ★★★

Modellgröße ø 17 cm

Material

- 4 Fröbelsternstreifen in Holzoptik, 2,5 cm x 86 cm
- 4 Fröbelsternstreifen in Hellblau mit Schneeflocken, 2,5 cm x 86 cm

Vorlage Seite 120

Vom Quadrat zum Fünfeck

1+2 Die Enden der acht Papierstreifen mit der Schere schräg abschneiden, damit sie sich besser verarbeiten lassen. Dann die Streifen in der Mitte doppelt legen. Als erstes einen Streifen in Holzoptik an der mit 1 markierten Ecke der Schablone anlegen (die richtige Position des ersten Streifens ist auf der Schablone angezeichnet). Als zweites einen Streifen in Hellblau gemustert um den ersten herum einhängen und mithilfe der Schablone ausrichten.

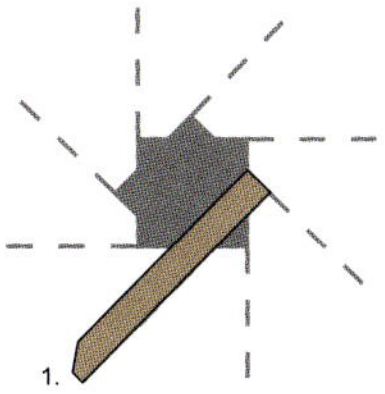

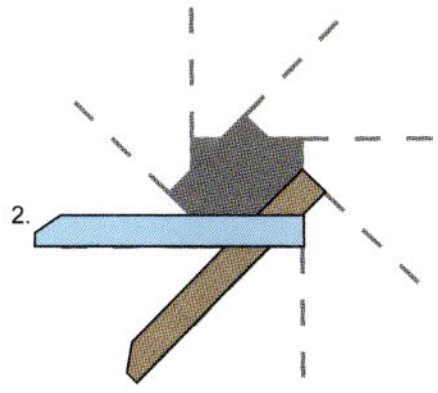

3 Jetzt wird der dritte Streifen (wieder Holzoptik) um den ersten und den zweiten Streifen herum eingehängt und an der Schablone ausgerichtet.

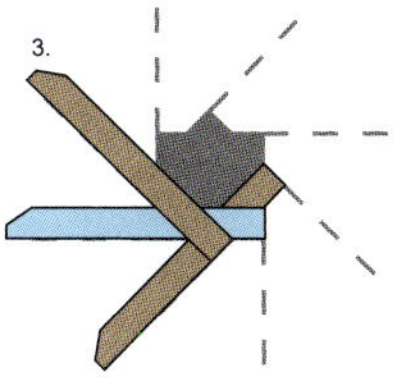

4 Den vierten, den fünften und den sechsten Streifen ebenso um die beiden vorherigen Streifen einhängen und an der Schablone ausrichten. Dabei immer die Farbe abwechseln

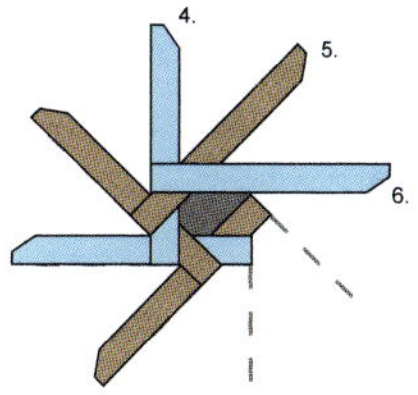

5 Den siebten Streifen ebenso einhängen und dann durch den ersten Streifen ziehen. Dadurch schließt sich das erste Quadrat, das aus vier Streifen in Holzoptik besteht.

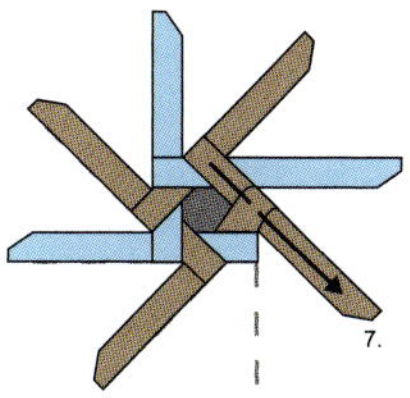

6 Den achten Streifen ebenso einhängen und zum Abschluss der ersten Runde durch den ersten und den zweiten Streifen ziehen. Dadurch schließt sich das zweite Quadrat, das aus vier Streifen in Hellblau gemustert besteht. Die Streifen noch einmal sauber an der Schablone ausrichten.

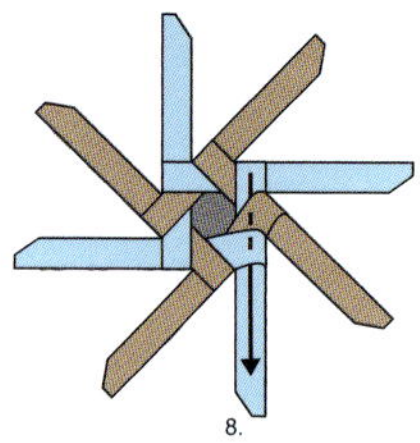

7 Nun beginnt die zweite Runde. Sie wird in die entgegengesetzte Richtung gearbeitet. Dazu zuerst die obere Lage des farbig markierten Streifens nach oben falten.

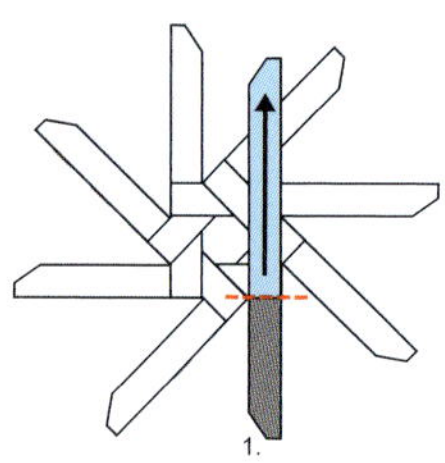

8 Den Schritt reihum entgegen dem Uhrzeigersinn mit den nächsten fünf Streifen wiederholen.

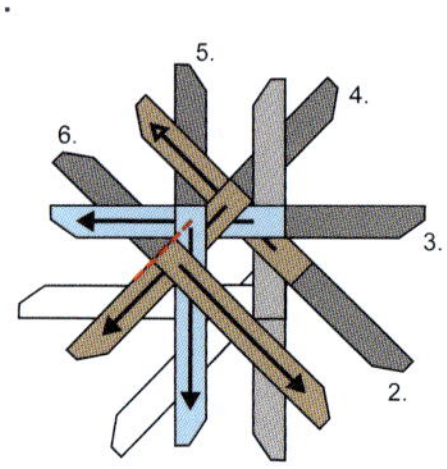

9 Den siebten Streifen ebenso falten und dann durch die Lasche des ersten Streifens durchziehen.

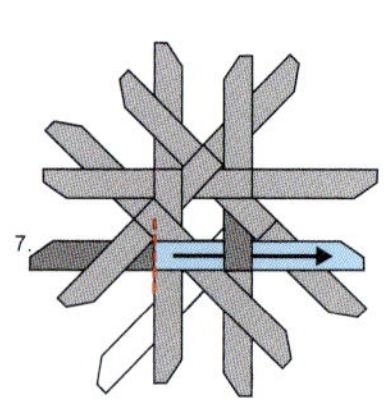

10 Den achten Streifen ebenso falten und dann durch die Lasche des ersten und des zweiten Streifens durchziehen. Damit ist die Grundform fertig und die acht Streifen sind fest miteinander verwoben. Die Schablone wird nun nicht mehr benötigt.

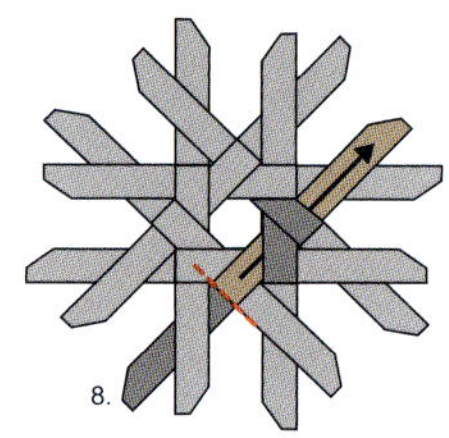

Die Sternspitzen

11 Nun geht es mit dem rechten senkrechten Streifen weiter. Das obere Ende des Streifens über hinten nach rechts falten, sodass es einen rechten Winkel bildet.

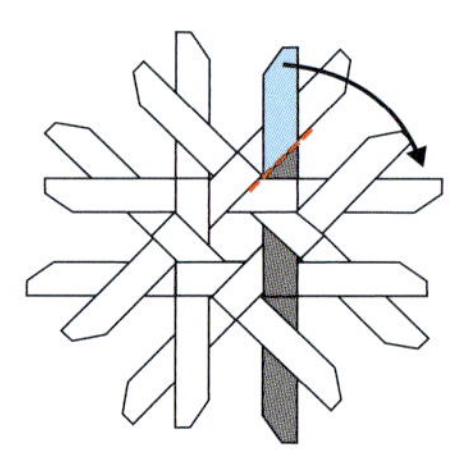

12 Dann das obere Ende über vorn im rechten Winkel nach unten falten, sodass es nun parallel zum unteren Ende liegt und sich oben eine Spitze bildet.

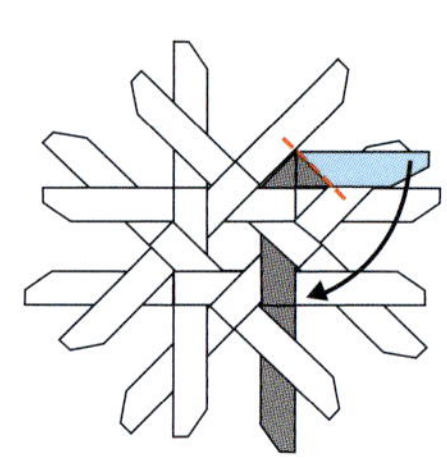

13 Die rechte Hälfte auf die linke klappen.

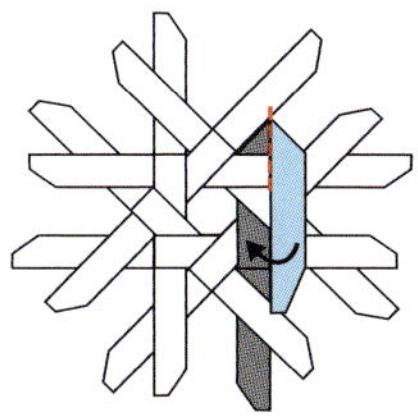

14 Die obere Lage nach oben falten und dabei die kleine Spitze nach hinten falten.

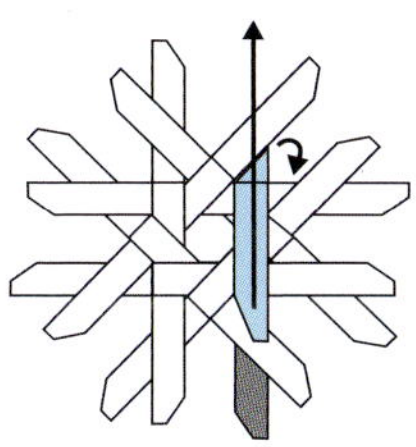

15 Schließlich das obere Ende greifen, durch die rot markierte Lasche stecken und nach unten ziehen. Dabei richtet sich die kleine Spitze wieder auf.

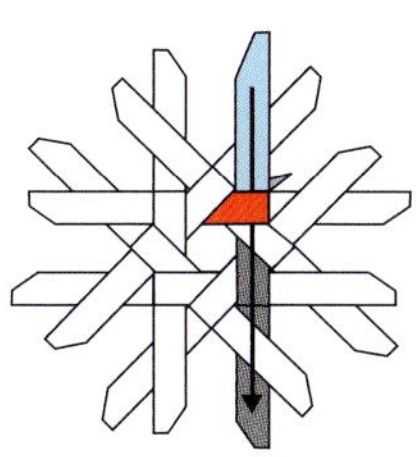

16 Damit ist die erste Sternspitze fertig und die Faltschritte werden reihum mit den anderen sieben Streifen wiederholt. Den Stern dazu immer im Uhrzeigersinn um ein Achtel weiterdrehen, sodass der nächste Streifen rechts senkrecht ausgerichtet ist.

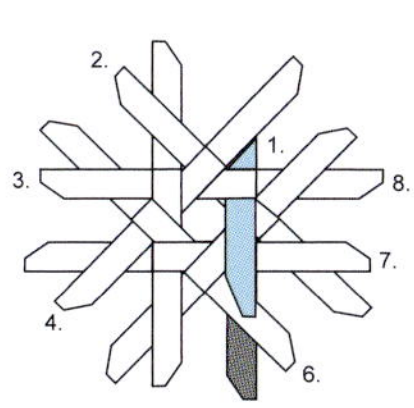

17 Nach der ersten Runde hat der Stern acht Sternspitzen und wird gewendet.

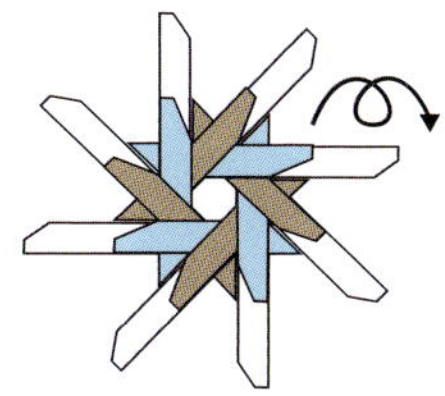

18 Den Stern wieder so hindrehen, dass der rechte Streifen senkrecht ausgerichtet ist. Dann die obere Lage nehmen und die Faltschritte 11 bis 15 wiederholen.

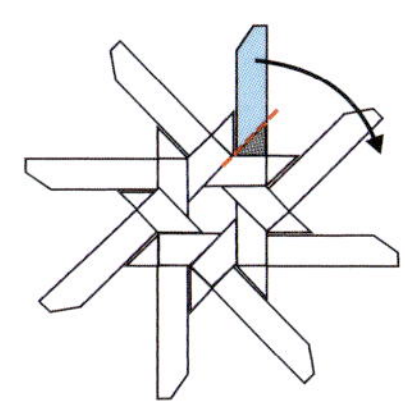

19 Wenn die Sternspitze fertig ist, die Schritte 11 bis 15 reihum mit den anderen sieben Streifen wiederholen. Den Stern dazu wieder im Uhrzeigersinn weiterdrehen.

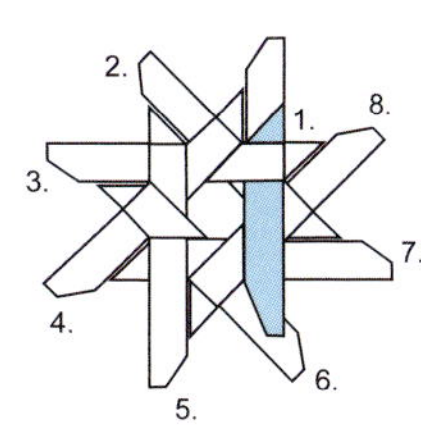

20 Am Ende der zweiten Runde sind alle sechzehn Sternspitzen fertig. Auf jeder Seite sind acht Sternspitzen zu sehen, die anderen werden von den Streifen verdeckt.

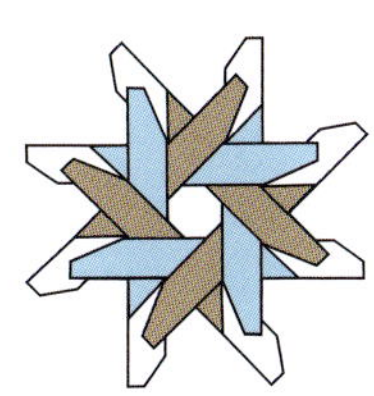

Tipp

Bei diesem Stern kommt es immer wieder vor, dass bereits gefaltete Streifen die Sicht verdecken. Die Streifen einfach zur Seite biegen, möglichst ohne sie zu knicken, und dann wieder an ihre ursprüngliche Stelle zurücklegen.

Die Sterntüten

21 Die beiden farbig markierten Streifen nach oben legen, damit freie Sicht für die erste Sterntüte geschaffen wird.

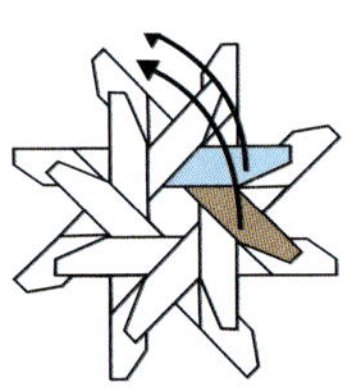

22 Nun wird der erste Streifen zur Sterntüte geformt. Dazu das untere Ende des rechten senkrechten Streifens an der Lasche nach oben falten.

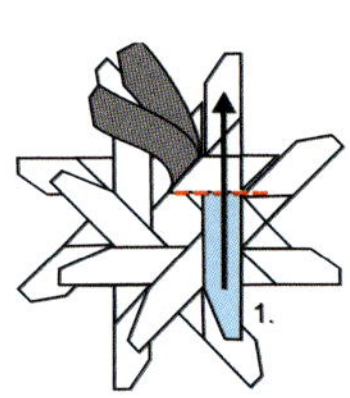

23 Den Streifen danach gegen den Uhrzeigersinn über rechts zur Schlaufe legen und unter den zuvor nach oben gelegten Streifen (grau) einstecken.

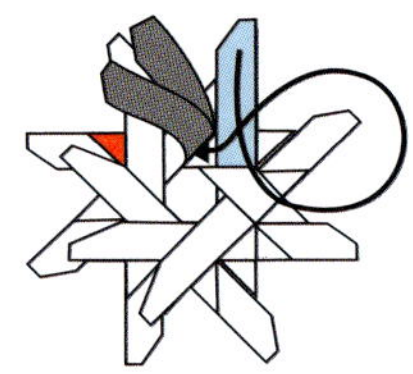

24 Den Streifen weiter unter die grau markierten Streifen schieben, bis er vorn an der Sternspitze (rot) zum Vorschein kommt ...

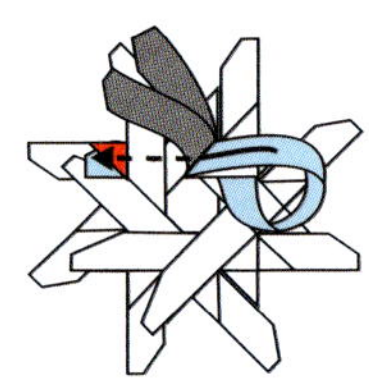

25 ... und schließlich so weit herausziehen, bis er sich hinten zur Sterntüte eingedreht hat.

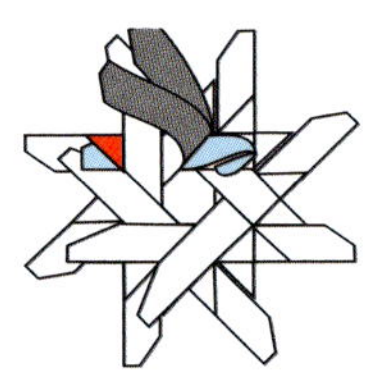

26 Die Sterntüte an ihren Platz schieben und ggf. etwas modellieren (siehe TIPPS), dann das Ende, das vorn aus der Sternspitze ragt, vorsichtig mit der Schere abschneiden. Dann den Stern gegen den Uhrzeigersinn um ein Achtel weiterdrehen, sodass der nächste Streifen rechts senkrecht ausgerichtet ist.

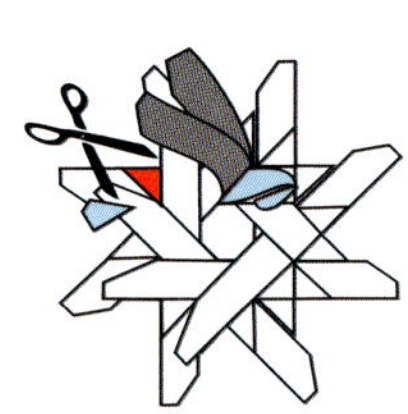

27 Die Faltschritte 22 bis 26 mit dem zweiten Streifen wiederholen. Dann den dritten, den vierten, den fünften und den sechsten Streifen ebenso zur Sterntüte formen.

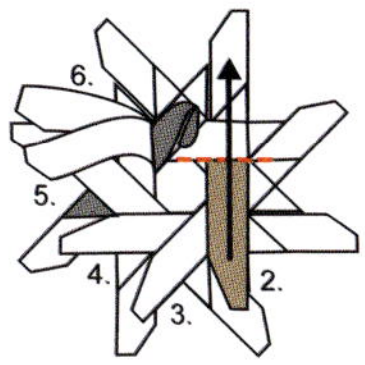

28 Auch der siebte und der achte Streifen werden wie beschrieben zur Sterntüte geformt. Dabei aber beachten, dass die Streifen in Faltschritt 21 umgelegt wurden. Die Streifen also zuerst wieder in Ausgangsposition bringen …

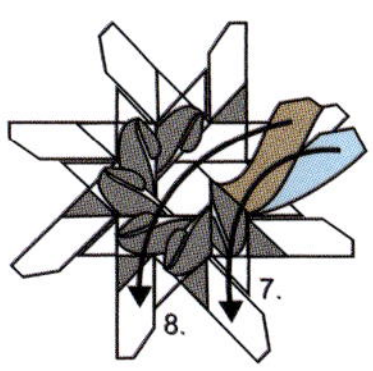

29 … und dann erst die Faltschritte 22 bis 26 ausführen.

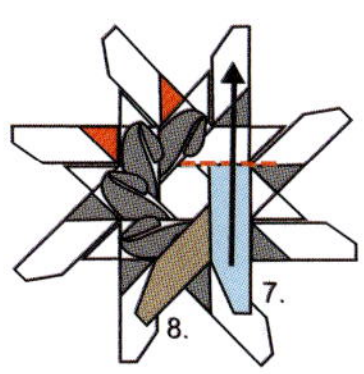

30 Am Ende der Runde hat der Stern acht Sterntüten. Widerspenstige Sterntüten, die nicht an ihrem Platz bleiben wollen, können mit etwas Klebstoff fixiert werden. In diesem Fall die Streifen vor dem Einstecken auf der Unterseite mit etwas Klebstoff bestreichen. Das hält die Sterntüten sicher an ihrem Platz.

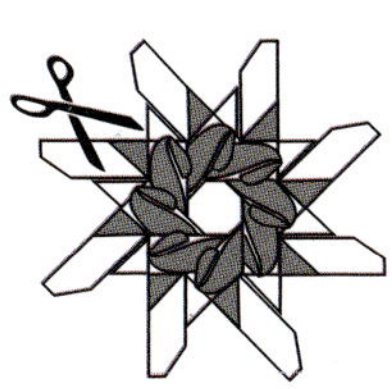

31 Die überstehenden Papierstreifen auf der Rückseite mit der Schere abschneiden. Beim Abschneiden der Streifen an den Sternspitzen die Streifen noch etwas weiter herausziehen und dann sauber an der Spitze entlang abschneiden. Darauf achten, dass die Sternspitze dabei nicht mitgefasst wird. Der Sternenkranz ist fertig und kann am Fenster oder an der Tür aufgehängt werden.

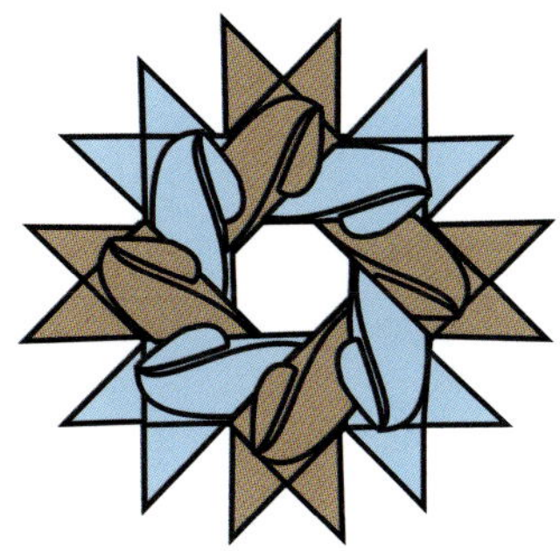

Tipp

Bei Sternspitzen den Stab an der Spitze einstecken, bis er rechts wieder herausschaut. Dann den Streifen über dem Stab einstecken und durchschieben, bis sich die Sterntüte hinten eingedreht hat.

Wenn sich das Papier an den Sterntüten nicht schön eindrehen will, kann es mit dem Schaschlikstäbchen modelliert werden. Die Sterntüte mit den Fingern umfassen, das Stäbchen oben einstecken und den Streifen ausstreichen, bis es sich faltenfrei um die Kurve legt.

Candy-Wrap-Stern

aus bunten Papieren gefaltet

Schwierigkeitsgrad ★

Modellgröße ø 12 cm

Material

* Faltpapier in 10 Farben, 15 cm x 15 cm
* Garn zum Aufhängen

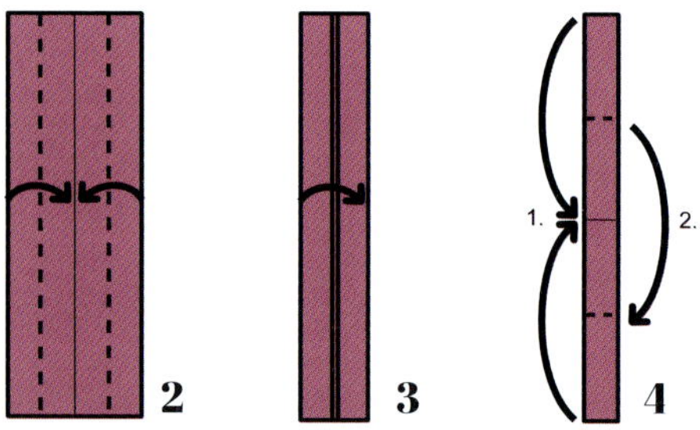

2 3 4

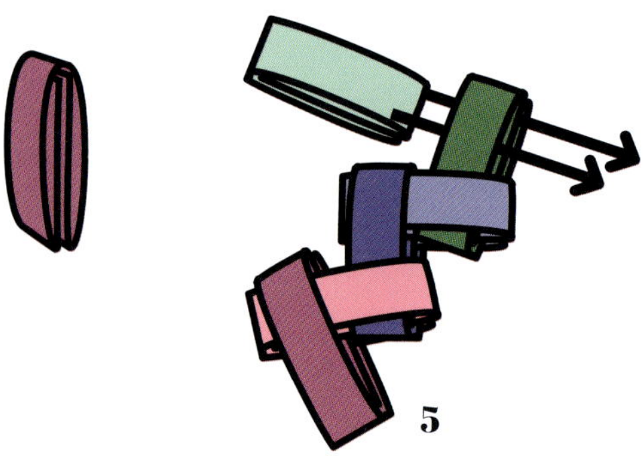

5

1 Die Faltblätter in 5 cm breite Streifen schneiden und von jeder Farbe zwei Stücke behalten. Den Rest zur Seite legen.

2 Die Rechtecke der Länge nach in der Mitte falten und wieder öffnen, dann die Seiten zur Mitte falten.

3 Die linke Seite auf die rechte falten.

4 Dann die Enden zur Mitte einschlagen und aufeinanderklappen.

5 Die fertigen Module im Zickzack ineinanderstecken. Dazu immer die beiden Enden durch die Laschen des vorausgehenden Moduls stecken.

6 Die Module zum Kreis schließen. Dazu die beiden Enden des letzten Moduls öffnen, um das erste herumlegen und durch die Laschen wieder zurückführen. Den fertigen Stern mit dem Garn aufhängen.

Tipp

In monochromen Tönen von Weiß über Grau bis hin zu Schwarz sieht dieser Stern sehr edel aus.

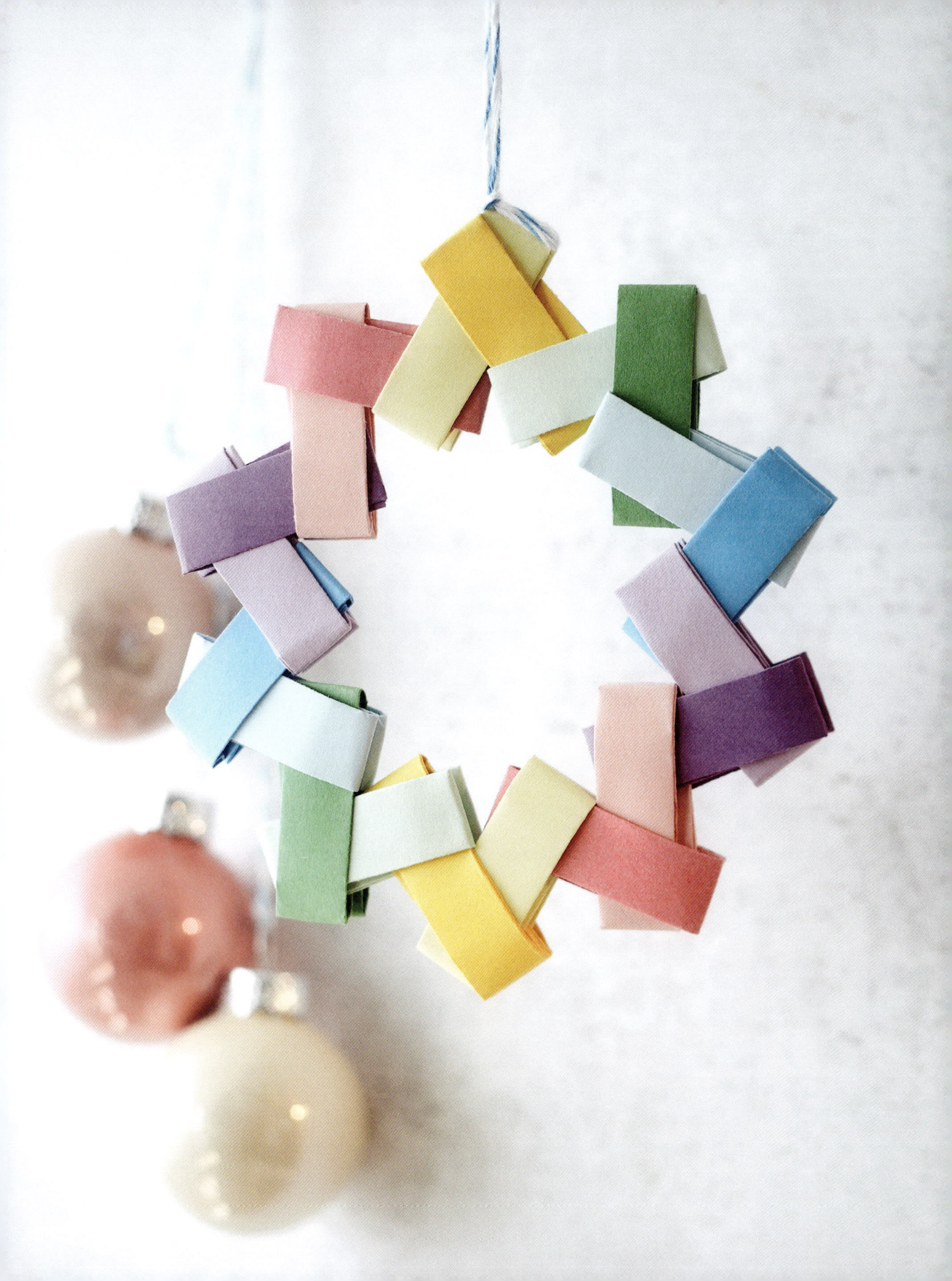

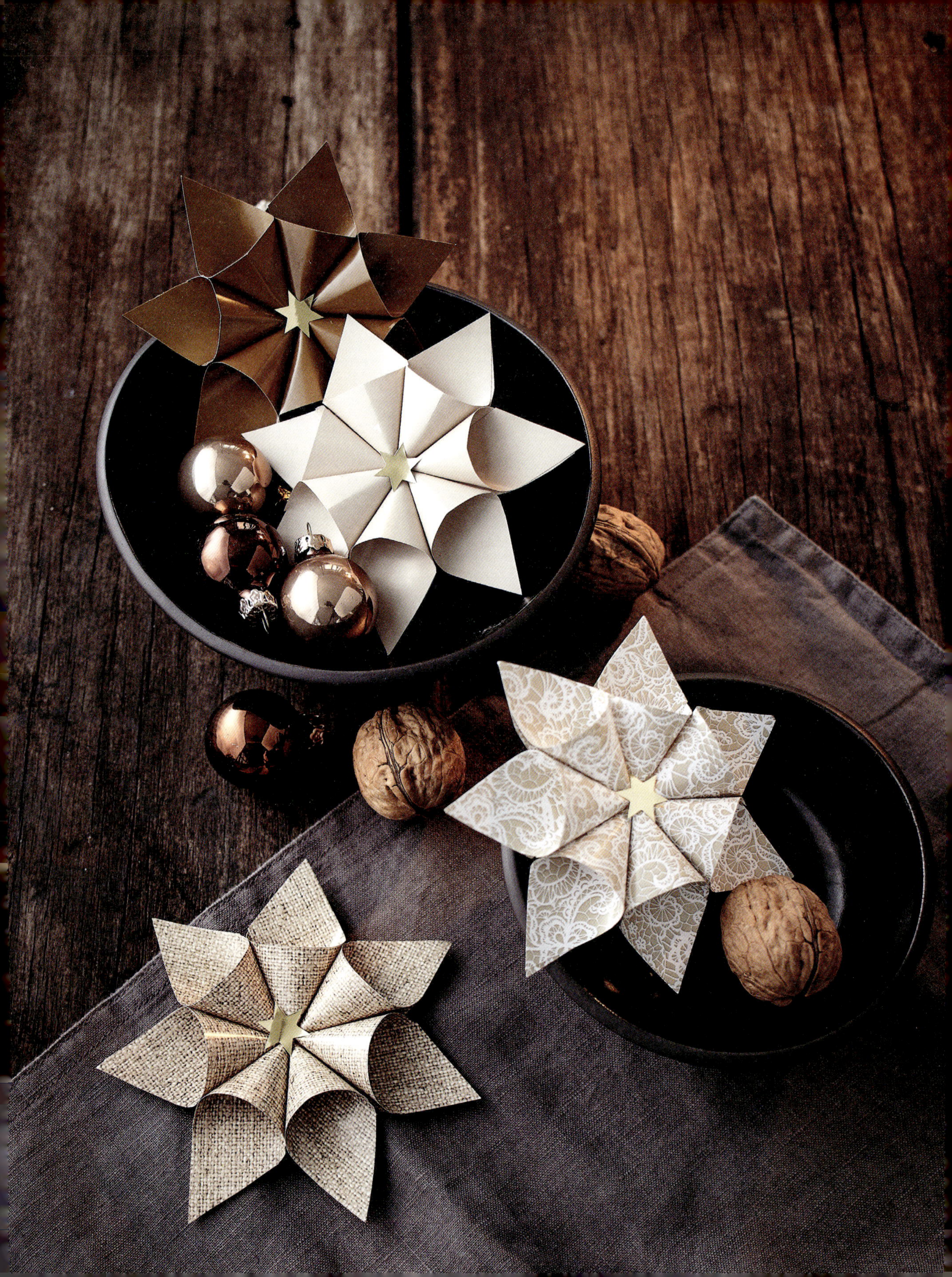

Edle Sternanhänger

aus kleinen Spitztüten

Schwierigkeitsgrad ★

Modellgröße ø 11 cm

Material pro Stern
- 7 Papierstreifen in Naturtönen uni oder gemustert, 2,5 cm x 10 cm
- Klebestern in Gold, ø ca. 1,5 cm
- dünner Tonkartonrest
- UHU Alleskleber
- Zirkel
- Schere
- Wäscheklammern

1 Schneiden Sie aus dem Tonkartonrest einen Kreis mit 5 cm Durchmesser aus.

2 Legen Sie die Papierstreifen zu Spitztüten, sodass die Kanten an der Spitze der Öffnung exakt aufeinandertreffen. Mit Alleskleber aufeinanderkleben und zum Trocknen am besten mit einer Wäscheklammer fixieren.

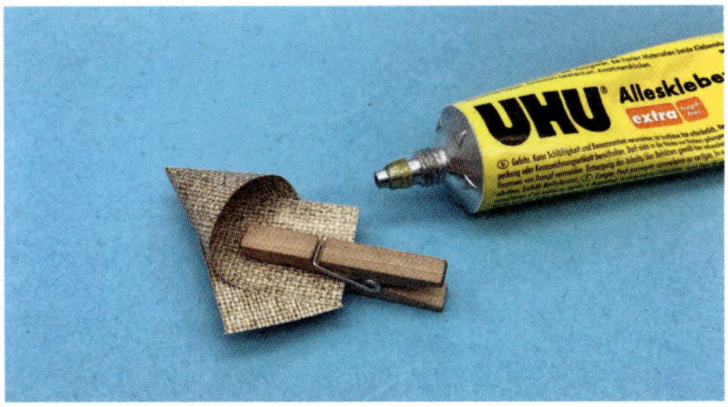

3 Nach dem Trocknen die überstehenden Enden an der Öffnung der Spitztüte abschneiden.

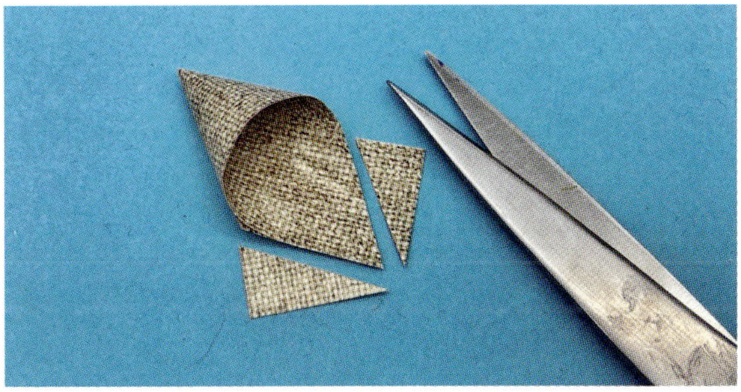

4 Die Spitztüten im Kreis zusammenlegen und auf den vorbereiteten Tonkarton-Kreis kleben.

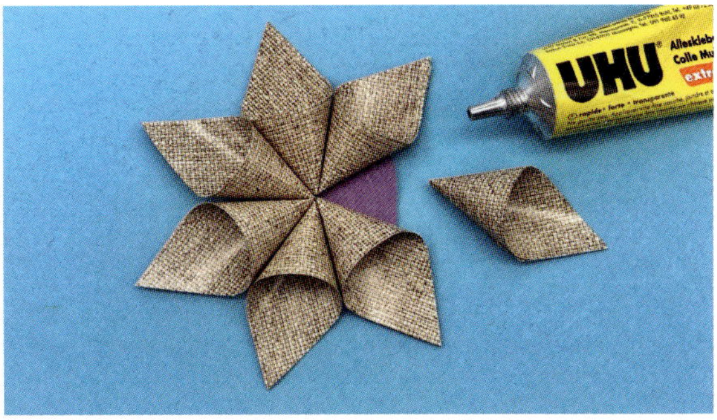

5 Zum Schluss einen Klebestern auf die Mitte kleben.

Tipp

Dieser Stern sieht auch aus dünnen Spanstreifen sehr schön und natürlich aus. Die Mitte können Sie zum Beispiel mit einer farblich passenden Holzperle verdecken.

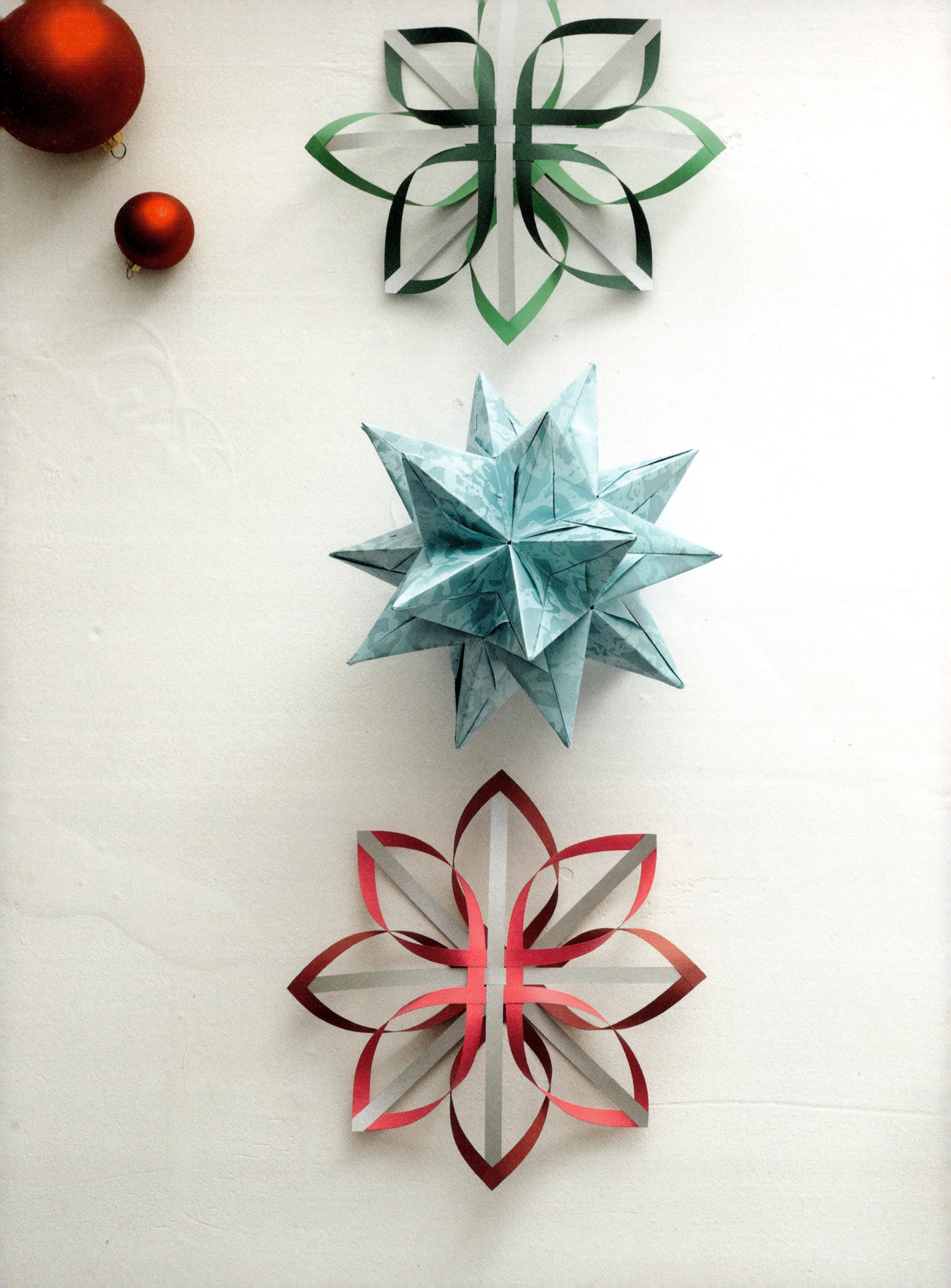

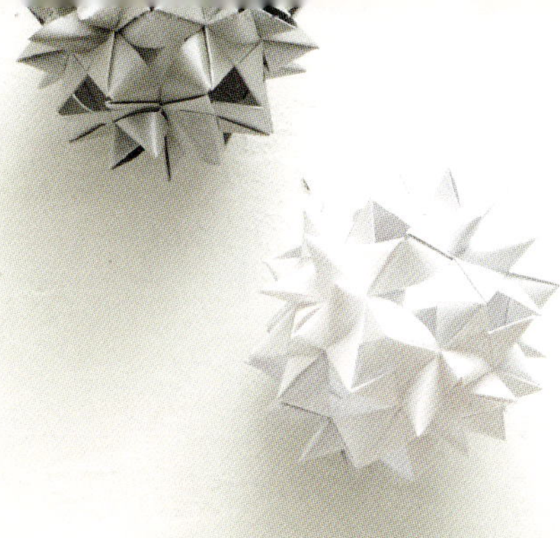

Klassiker und Shootingstars

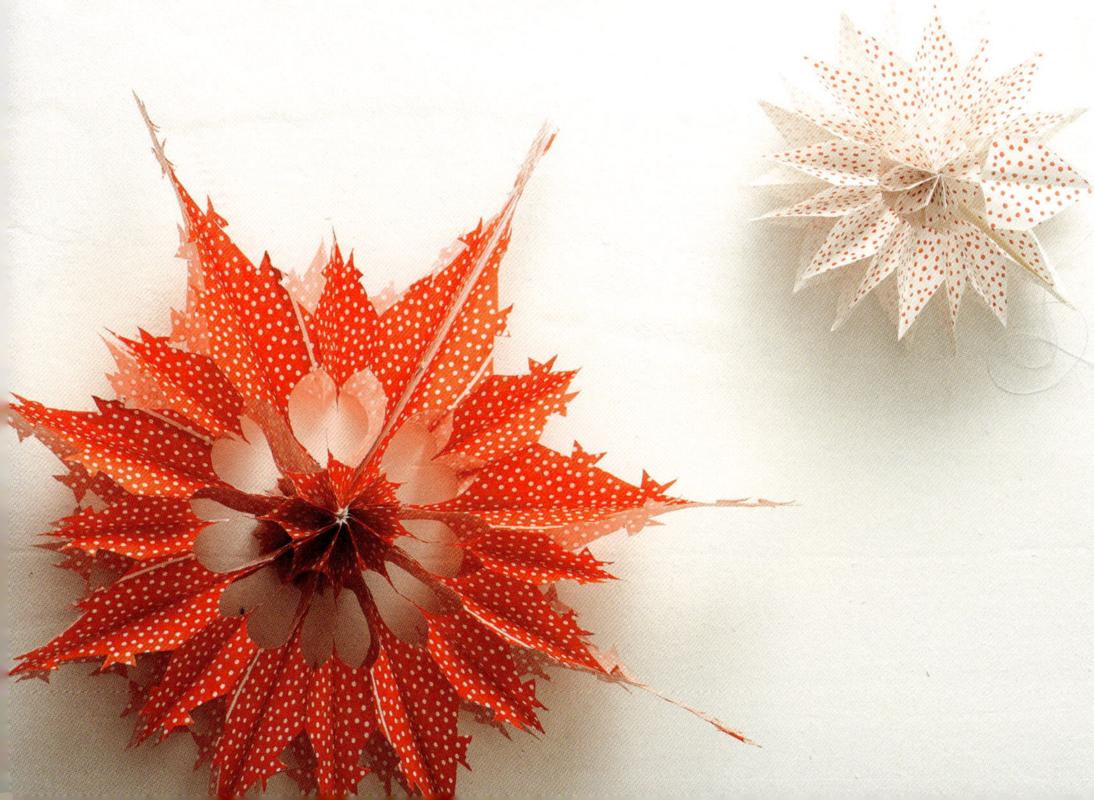

Aurelio-Stern

einfach faszinierend gefaltet

Schwierigkeitsgrad ★★★

Modellgröße ø ca. 20 cm

Material

- 30 Earth-Crack-Faltblätter in Azurblau, 15 cm x 15 cm
- UHU Alleskleber
- Wäscheklammern

Module falten

1 Das Papierquadrat in der Mitte falten und wieder öffnen. Alle Ecken zur Mitte falten, sodass ein kleineres Quadrat entsteht.

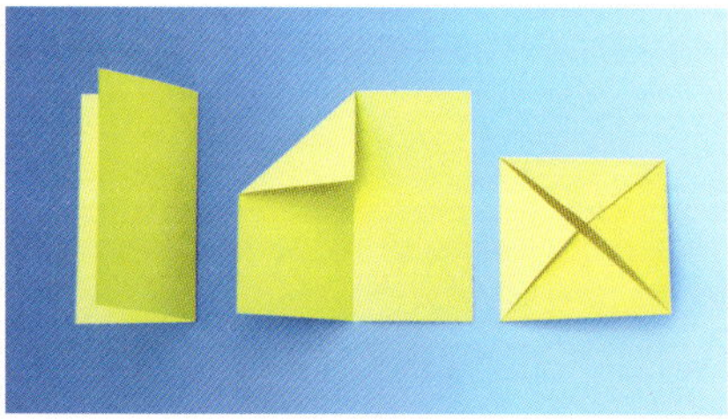

2 Das Quadrat wenden und auf die Spitze stellen. Die rechte Seite zur Mitte falten, sodass unten eine schmale Spitze entsteht. Die linke Seite ebenfalls zur Mitte falten, sodass oben eine schmale Spitze entsteht.

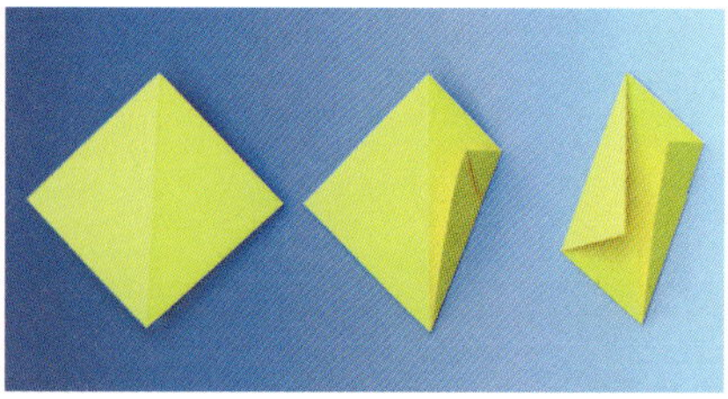

3 Die Trapezform wenden. Die rechte und die linke Ecke zur Mittellinie falten, sodass eine Raute entsteht. Das rechte obere und das linke untere Dreieck sind die Klebeflächen, mit denen die Module später verbunden werden.

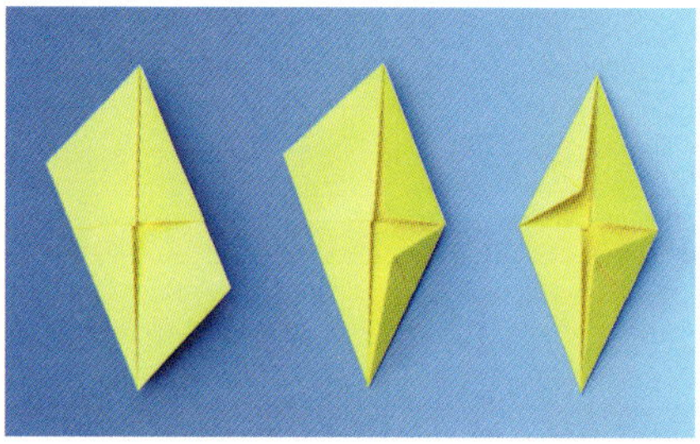

4 Die Raute wenden. Die untere Hälfte auf die obere falten und wieder öffnen. Diese Seite ist später die Außenseite. Im rechten oberen und linken unteren Dreieck befindet sich jeweils ein schräger Schlitz. Hier werden später die Klebedreiecke der anderen Module eingesteckt. Dazu werden diese nach außen geklappt und auf der Rückseite mit Klebstoff bestrichen.

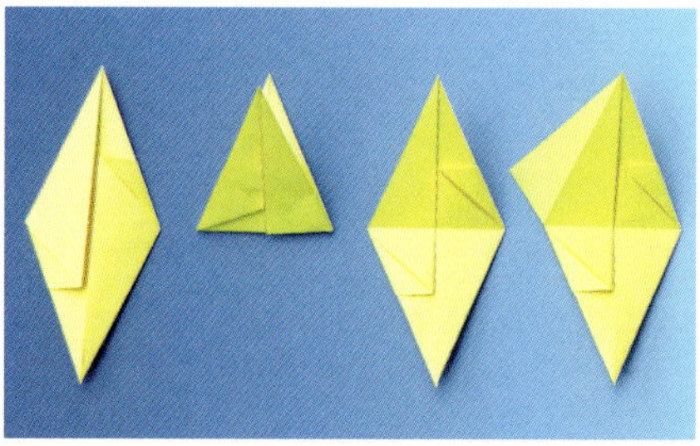

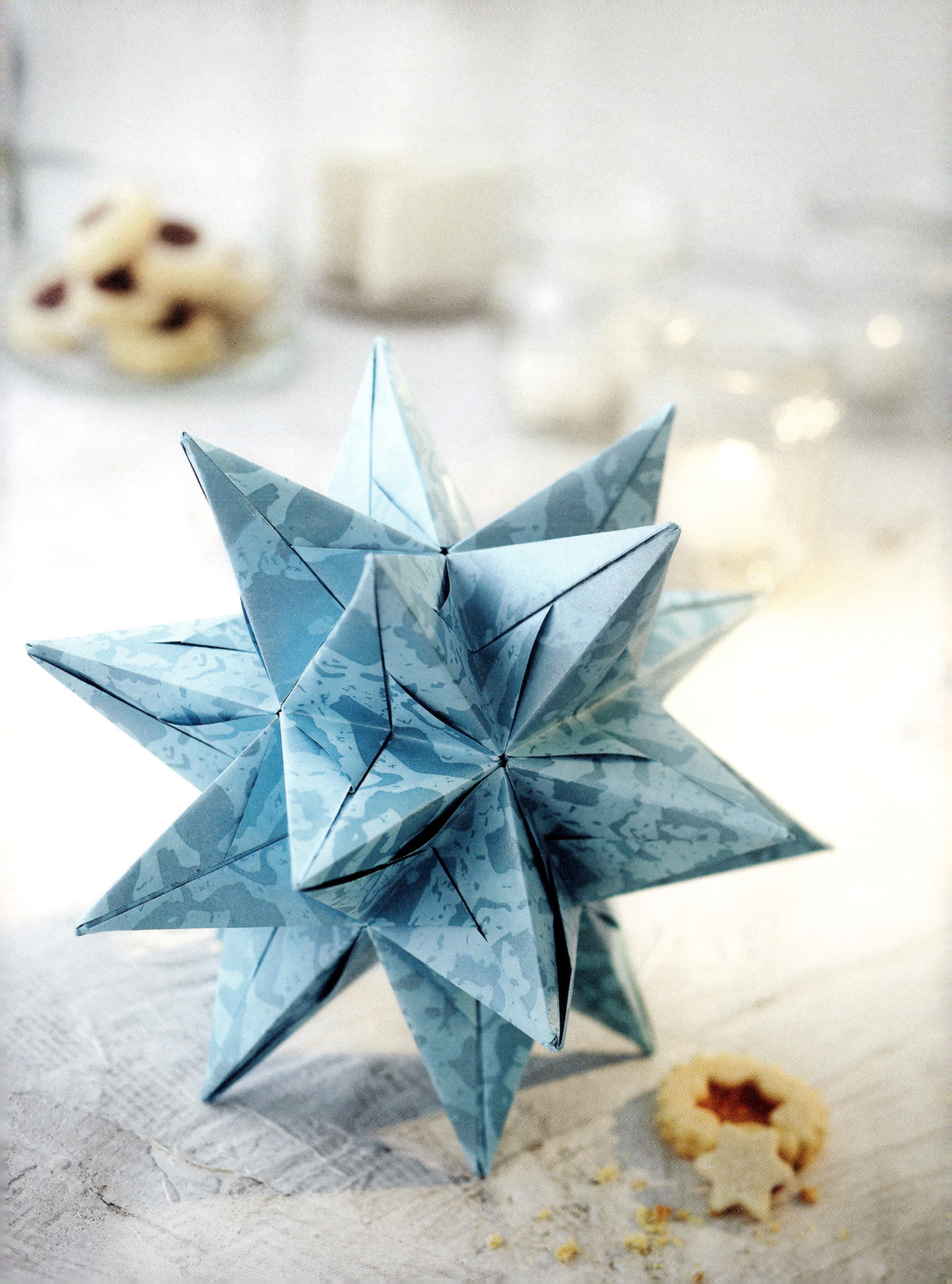

Erster Modulring

1 Eines der Klebedreiecke des ersten Moduls aufklappen, mit Klebstoff bestreichen und in einen der Schlitze des zweiten Moduls stecken.

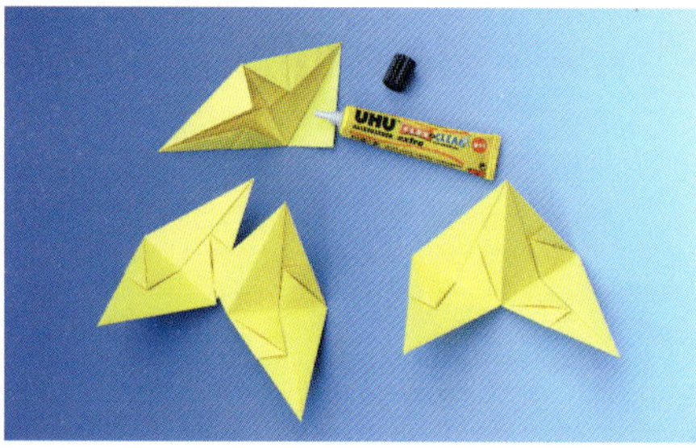

2 Das dritte Modul einstecken, sodass es den Zwischenraum zwischen den beiden Zacken füllt.

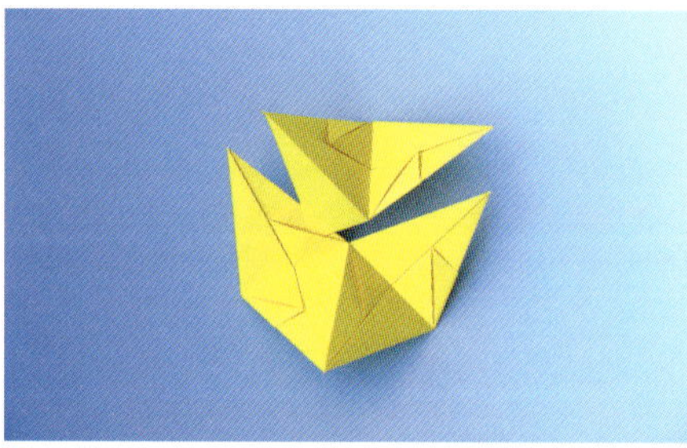

3 Das vierte Modul auf gleiche Weise ergänzen.

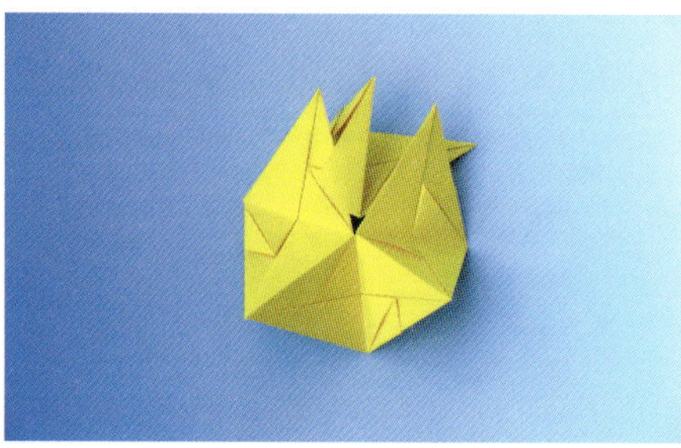

4 Schließlich das fünfte Modul in das vierte und in das erste einstecken, sodass eine geschlossene Sternform entsteht.

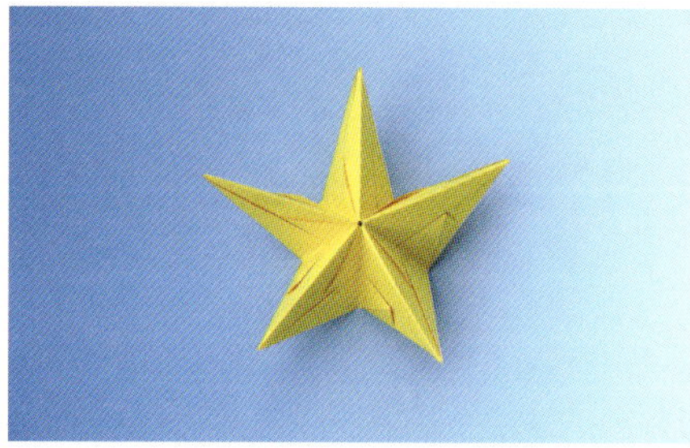

Zweiter Modulring

1 Beim ersten Modul des zweiten Rings (orange) das Klebedreieck aufklappen, auf der Rückseite mit Klebstoff bestreichen und in den Schlitz eines Moduls des ersten Rings (gelb) stecken.

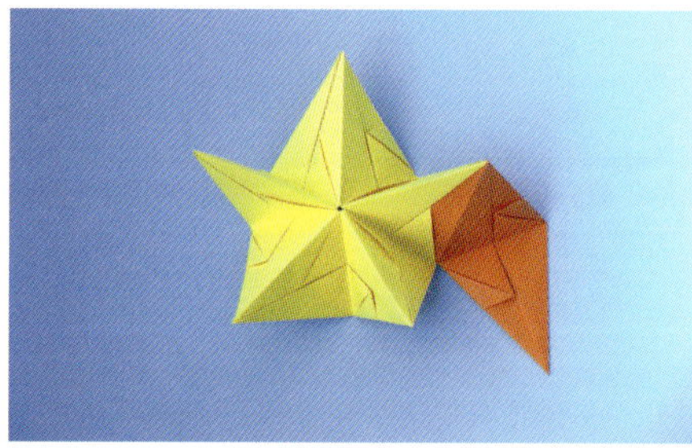

2 Die anderen Module ebenso anbringen.

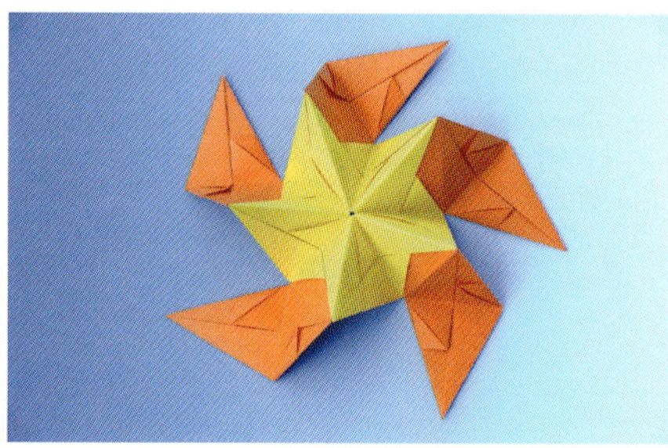

3 Die windmühlenartige Form wenden. Ein Klebedreieck des ersten Modulrings (gelb) aufklappen und mit Klebstoff bestreichen. Das gegenüberliegende Modul des zweiten Rings (orange) umklappen und das Klebedreieck in den Schlitz dieses Moduls stecken. Der erste Zacken ist nun fertig.

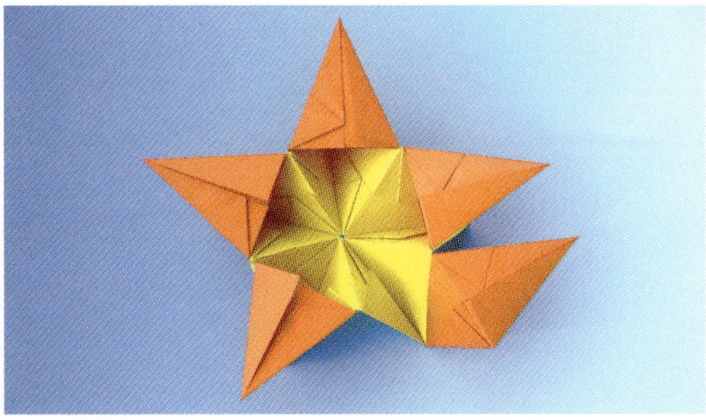

4 Um die restlichen vier Zacken zu bilden, die Schritte viermal wiederholen.

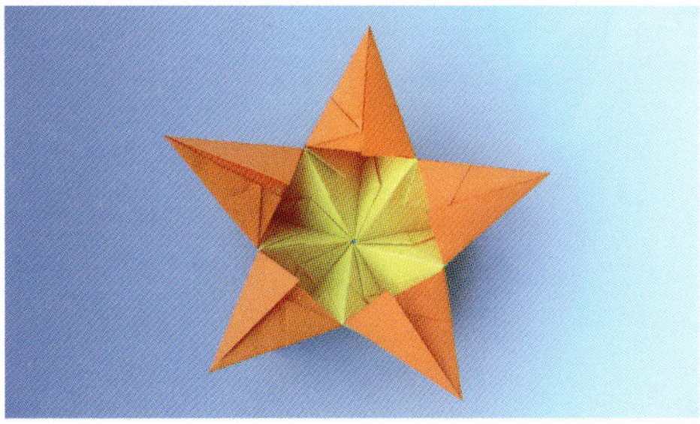

Dritter Modulring

1 Die Sternform wenden. Das Klebedreieck des ersten Moduls (rot) aufklappen, auf der Rückseite mit Klebstoff bestreichen und in den Schlitz eines Moduls des zweiten Rings (orange) stecken.

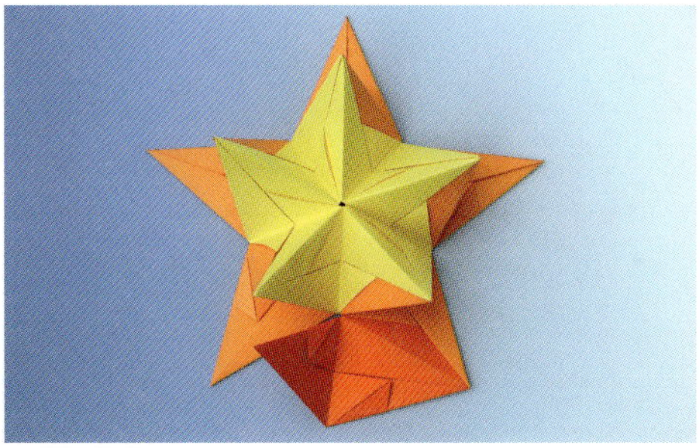

2 Vier weitere Module (rot) ebenso befestigen.

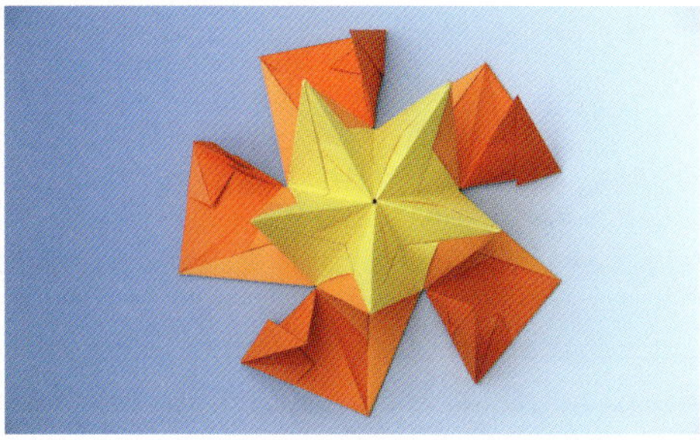

Vierter Modulring

1 Das Klebedreieck des ersten Moduls des vierten Rings (rot) in den Schlitz eines Moduls des dritten Rings (rot) stecken.

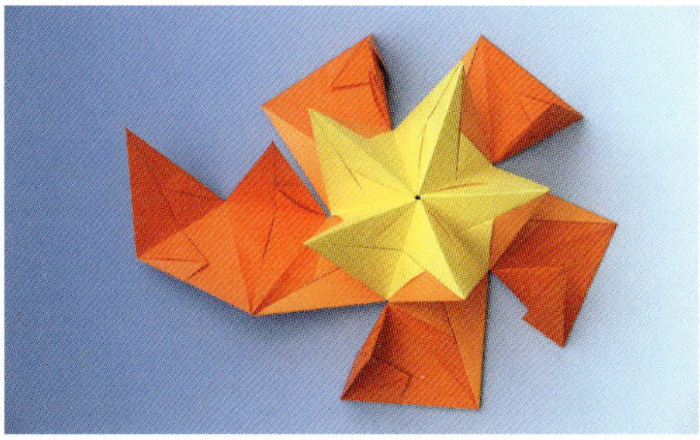

2 Die Form wenden und das Klebedreieck des Moduls des zweiten Rings (orange) in den Schlitz des zuletzt angeklebten Moduls (rot) stecken. So entsteht der sechste Zacken (auf der Abbildung oben in der Mitte).

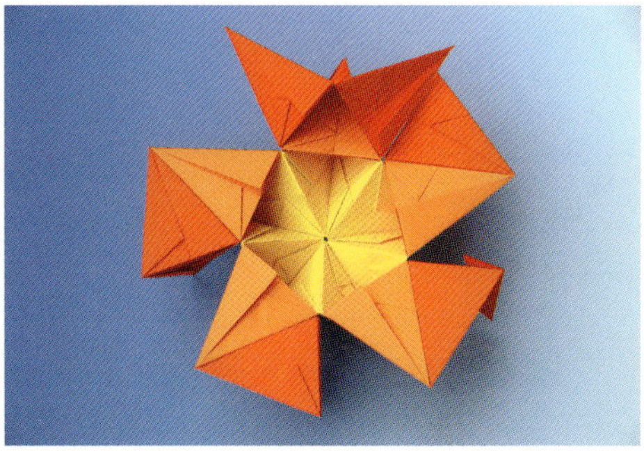

3 Ringsum an den restlichen vier Modulen des dritten Rings (rot) jeweils ein weiteres Modul ankleben. Wie in Schritt 2 beschrieben vier weitere Zacken zusammenstecken.

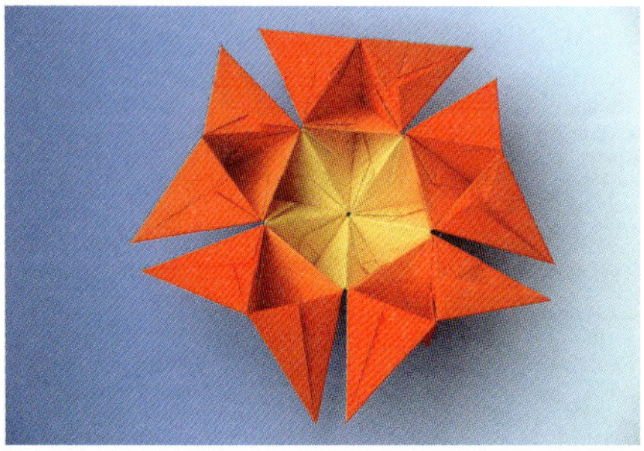

4 Nun zwei nebeneinanderliegende Dreiecke (rot) zusammenstecken und -kleben.

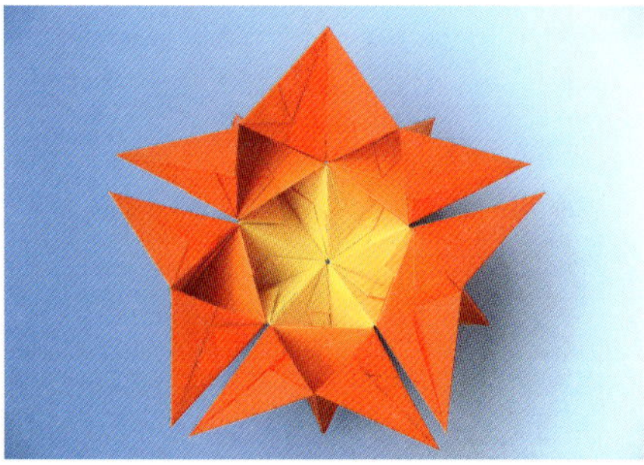

5 Den Vorgang ringsum wiederholen.

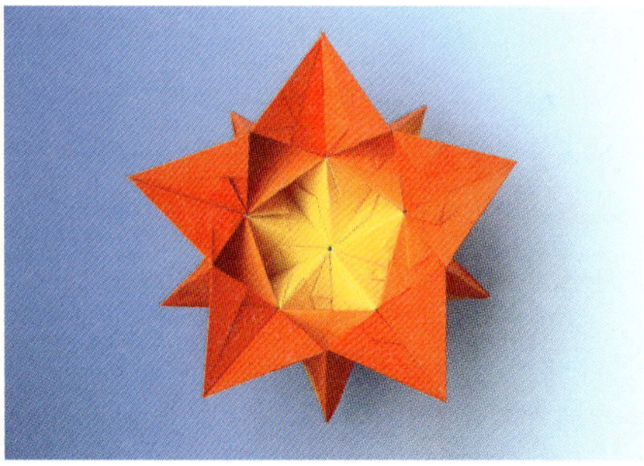

Fünfter Modulring

1 Das Klebedreieck des ersten Moduls (orange) in den Schlitz eines Moduls des vierten Rings (rot) stecken.

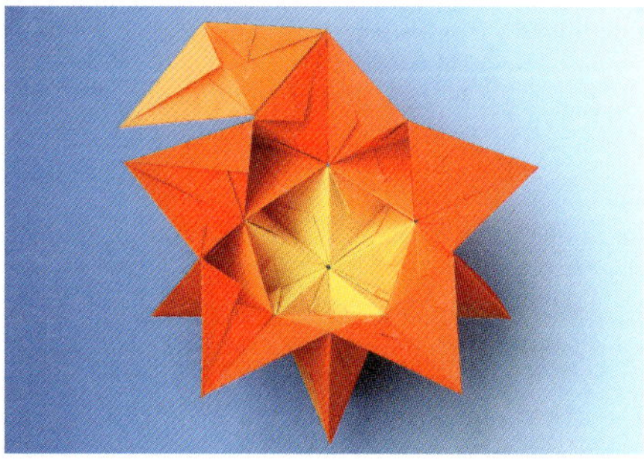

2 Die restlichen vier Module (orange) ebenso anbringen.

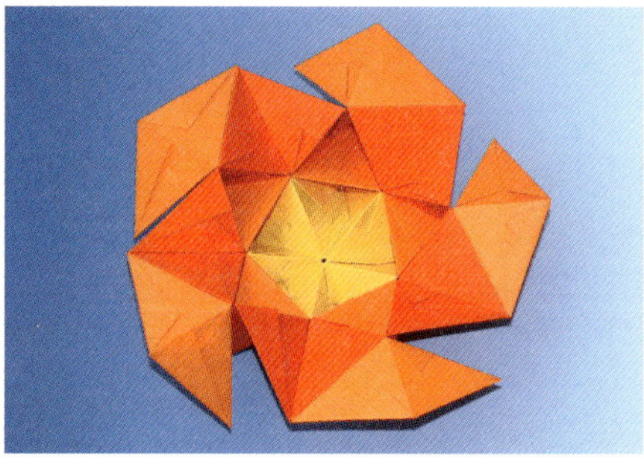

3 Das auf der Abbildung oberste Modul (orange) von links nach rechts über die aus zwei Modulen bestehende breite Spitze (rot) klappen und einen Zacken, den elften Zacken, fertigen.

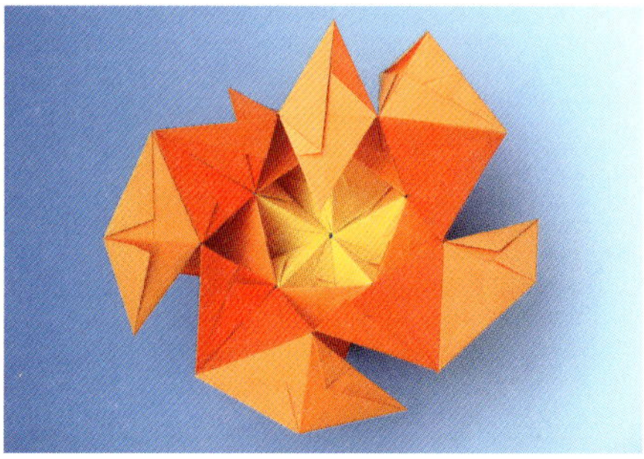

4 Ringsum mit den restlichen vier Modulen (orange) ebenso verfahren, bis insgesamt fünfzehn Zacken fertig sind.

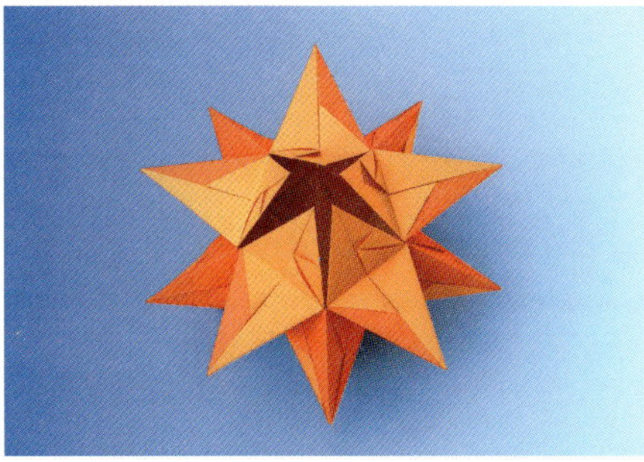

Sechster Modulring

1 Das Klebedreieck des ersten Moduls (gelb) in einen Schlitz des fünften Rings einstecken.

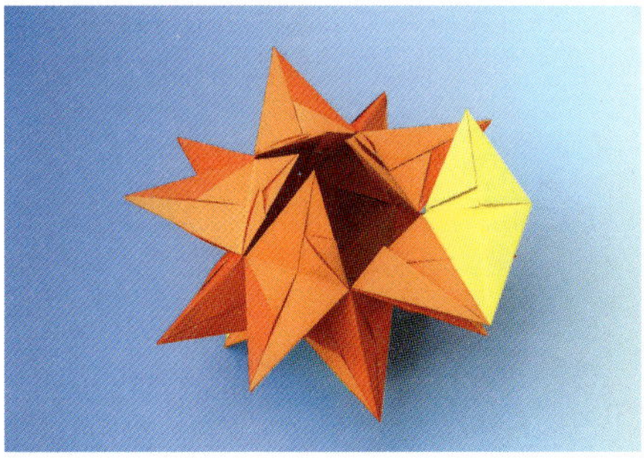

2 Die restlichen Module ebenso anbringen.

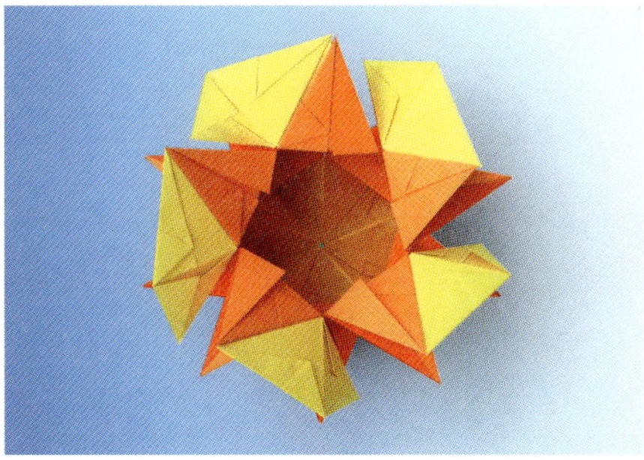

3 Vom fünften Ring ein Klebedreieck (orange) in den Schlitz des benachbarten Moduls (gelb) stecken. Ringsum viermal wiederholen. Dann jeweils ein Klebedreiecke der Module (gelb) aufklappen.

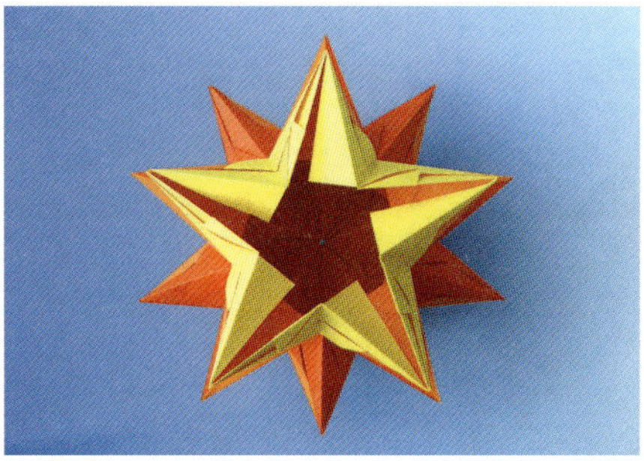

4 Die Klebedreiecke jeweils in die Schlitze der benachbarten gelben Module stecken. Unbedingt darauf achten, dass die noch freien Klebedreiecke immer nach oben zeigen, denn sobald die Öffnung geschlossen wird, können sie nicht mehr aufgeklappt werden.

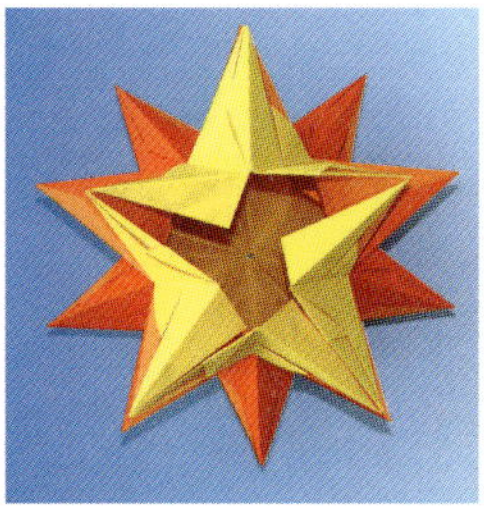

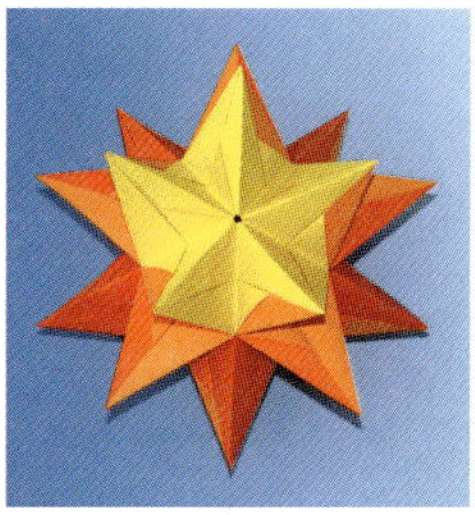

Tipp

Bevor der letzte Zacken geschlossen wird, noch den Aufhängefaden anbringen. Den Faden dazu an ein kleines Hölzchen knoten und in den Sternzacken einhängen.

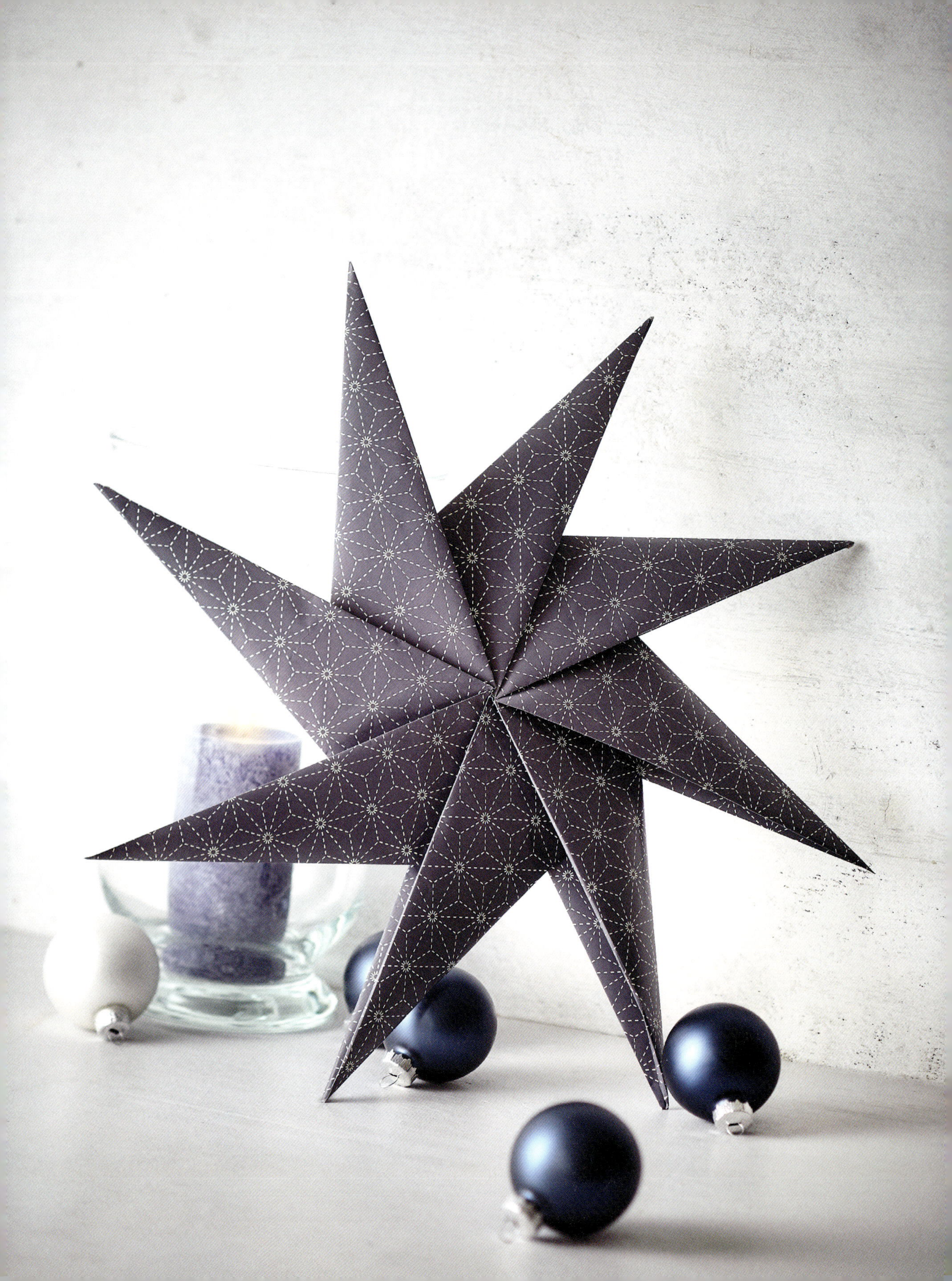

Stilvoller Riese

im dezent-skandinavischen Look

Schwierigkeitsgrad ★

Modellgröße ø 46 cm

Material

* Geschenkpapier in Dunkelblau mit geometrischem Muster, 8 cm x 30 cm x 30 cm

1+2 Für den Stern werden acht Faltmodule benötigt. Dazu jedes Quadrat einmal diagonal falten, wieder öffnen und dann die oberen Kanten zur Mittellinie falten. Nun die unteren Kanten ebenfalls zur Mittellinie falten.

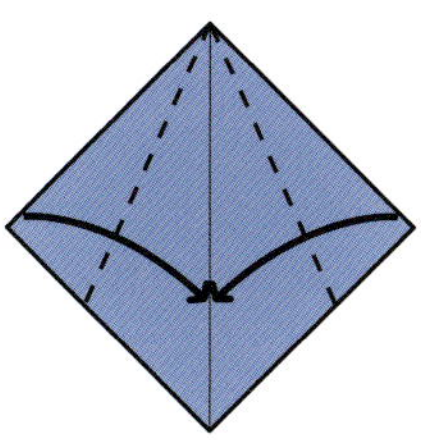

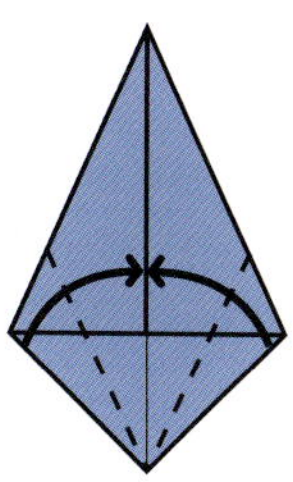

Tipp

Für diesen Stern eignet sich dünnes Papier mit einer Grammatur von 80-100 g/qm. Bei dickerem Papier lassen sich die Zacken nicht mehr richtig ineinanderstecken.

3+4 Die linke obere Kante nach unten zur rot markierten Kante falten. Die Faltung bis zur Mittellinie glattstreichen und wieder öffnen. Mit der rechten oberen Kante spiegelbildlich wiederholen. Die beiden letzten Faltlinien sowie die obere Mittellinie zu Bergfalten umfalten (siehe Seite 13). Die linke Spitze auf die rechte falten und dabei das obere Ende an den Bergfalten nach hinten legen.

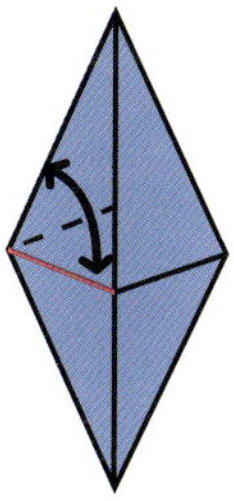

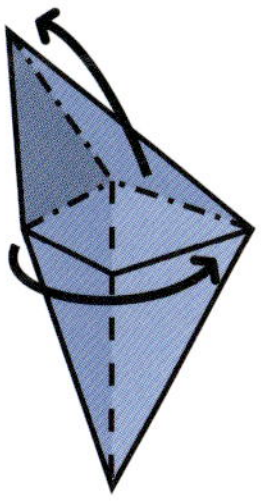

5+6 Das fertige Modul mit zwei Zacken – einer Sternzacke (hell) und einer Steckzacke (dunkel).
Die acht Module ineinanderstecken. Dazu die Laschen auf der Innenseite der ersten Sternzacke (grau) nach außen klappen, das nächste Modul (blau) mit der Steckzacke in die Sternzacke legen und die Laschen um die Steckzacke herum wieder in die Sternzacke schlagen. Auf der Abbildung wurde die obere Lasche bereits eingeschlagen. Mit allen acht Zacken wiederholen.

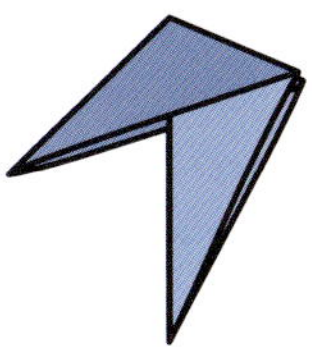

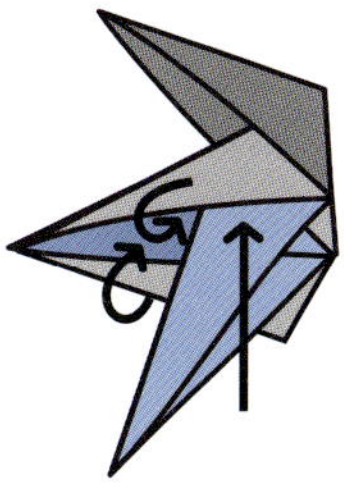

Butterbrottüten-Sterne

mit fröhlichen Pünktchen in Rot-Weiß

Schwierigkeitsgrad ★

Modellgröße

ø 40 cm (großer Stern)

16 cm (kleiner Stern)

Material

- 8 Butterbrottüten mit Seitenfalte in Rot mit weißen Punkten, 10 cm x 23 cm
- 8 Butterbrottüten mit Seitenfalte in Weiß mit roten Punkten, 5 cm x 8 cm
- Tonkartonstreifen in Weiß, 2x 1,5 cm x 25 cm und 2x 1,5 cm x 10 cm
- Klebestift
- Schere
- Bürolocher
- Schnur

Vorlage Seite 116

Großer Stern

1 Übertragen Sie das Muster mithilfe der Vorlage auf die Butterbrottüten und schneiden Sie die Ränder und Ausschnitte aus.

2 Um die Tüten zusammenzukleben, denken oder markieren Sie sich mit dem Bleistift ca. 3 cm vom unteren Butterbrottütenrand entfernt eine waagerechte Linie und bestreichen diese mit dem Klebestift. Dann wird, von dieser Linie ausgehend, eine weitere Linie in der Mitte der Butterbrottüte senkrecht nach oben mit Kleber bestrichen und die nächste Butterbrottüte wird deckungsgleich aufgelegt. Auf diese Weise alle acht Tüten aufeinanderkleben.

3 Legen Sie die Tonkartonstreifen übereinander und bringen Sie am Ende eine Stanzung mit einem Bürolocher an. Über der Stanzung die Streifenenden etwas rund zuschneiden. Dann können Sie die Streifen senkrecht und mittig auf die erste und die letzte Butterbrottüte kleben, sodass die Streifen bündig mit der unteren Kante der Tüten sind.

4 Den Stern auffächern, sodass die beiden Tonpapierstreifen aufeinanderliegen. Die Schnur durch die eingestanzten Löcher ziehen und den Stern aufhängen.

Kleiner Stern

1 Die Tüten wie beim großen Stern beschrieben aufeinander kleben. Danach oben die Tüten durch alle Lagen spitz zuschneiden und an jeder Seite mittig eine Zacke einschneiden.

2 Die Tonkartonstreifen wie beim großen Stern lochen und aufkleben. Danach den Stern auffächern und mit einer Schnur aufhängen.

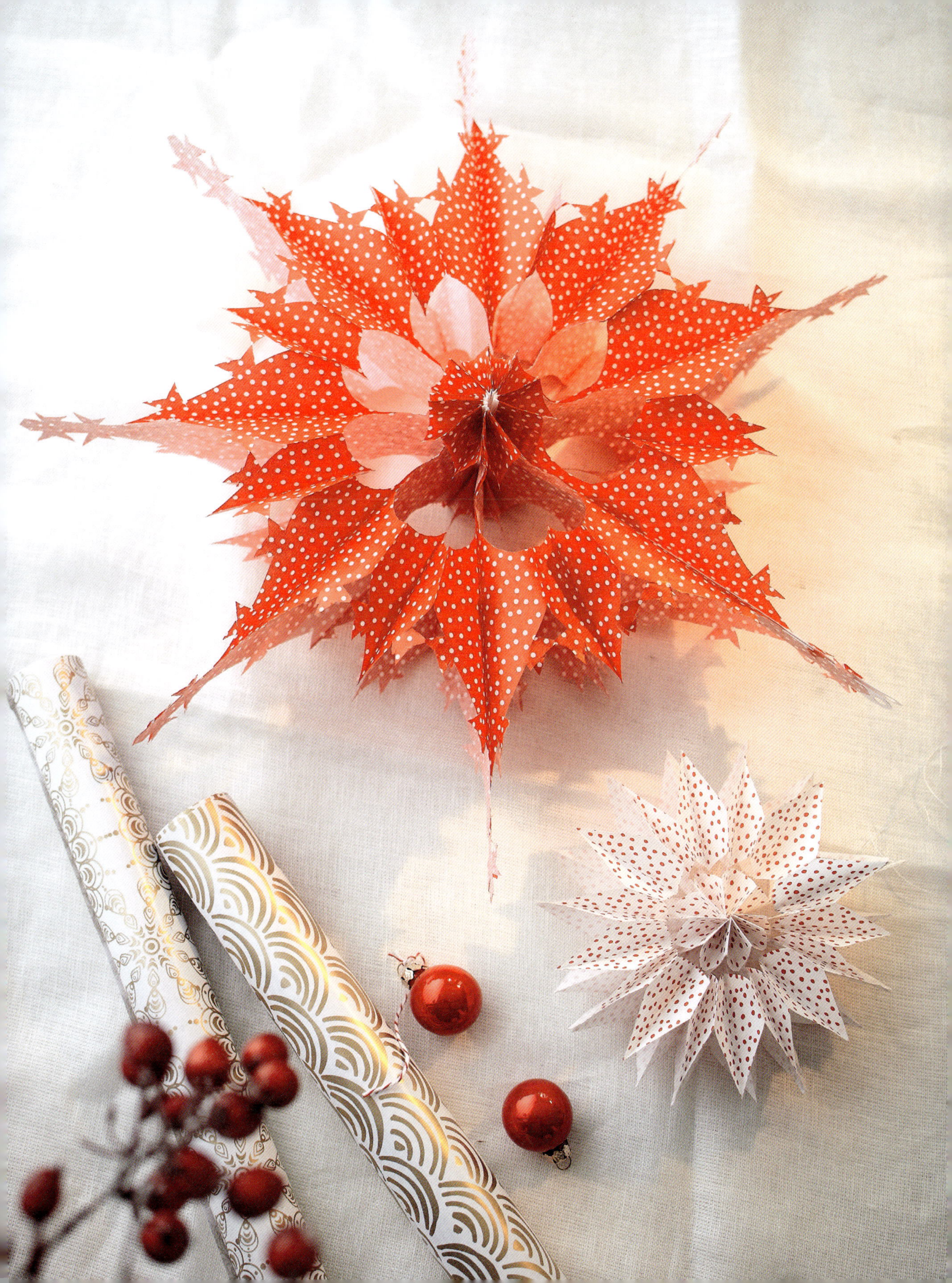

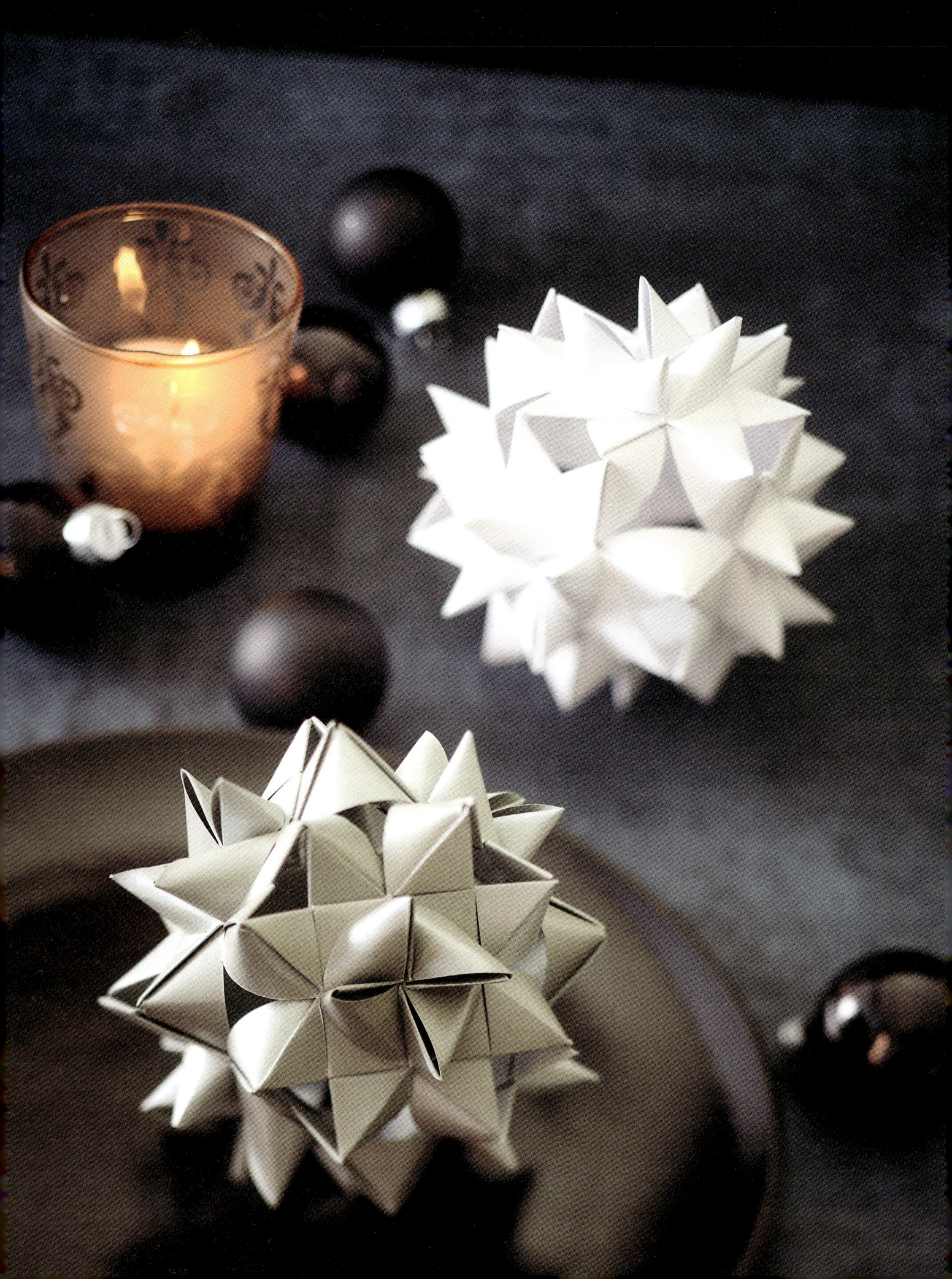

Zauberhafte Fröbelkugeln

aus sechs einzelnen Fröbelsternen

Schwierigkeitsgrad ★★★

Modellgröße ø ca. 10 cm

Material

- 24 Fröbelsternstreifen in Weiß oder Silber matt, 120-130 g/qm, 1,5 cm x 44 cm
- Schere
- Pinzette

Die Grundform

1 Die Fröbelsternstreifen in der Mitte doppelt legen und an den Enden mit der Schere anschrägen, damit sie sich später besser durchstecken lassen. Den ersten Streifen waagerecht ausrichten, sodass das geschlossene Ende nach links zeigt, und den zweiten Streifen um den ersten Streifen einhängen.

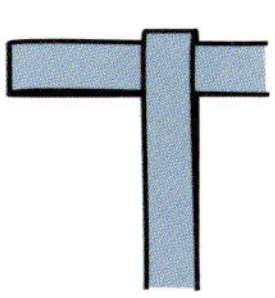

2 Den dritten Streifen um den zweiten Streifen einhängen.

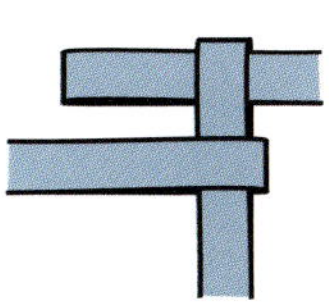

3 Den vierten Streifen um den dritten Streifen einhängen und durch die Schlaufe des ersten Streifens ziehen.

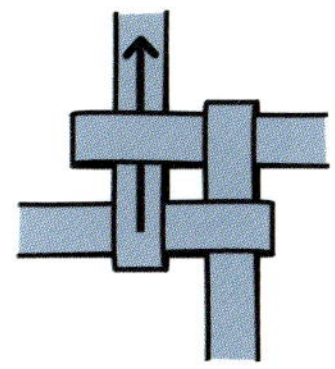

4 Die vier Streifen zusammenziehen, sodass sie in der Mitte ein Quadrat mit vier kleinen Quadraten bilden.

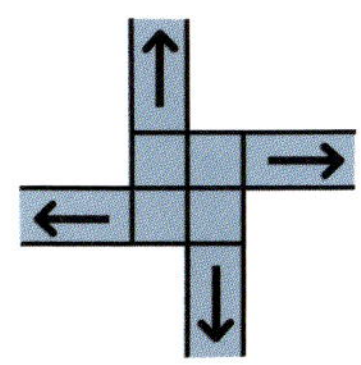

5 Den oberen Streifen von oben (blau) nach unten links falten. Der untere Streifen von oben (grau) bleibt an seinem Platz.

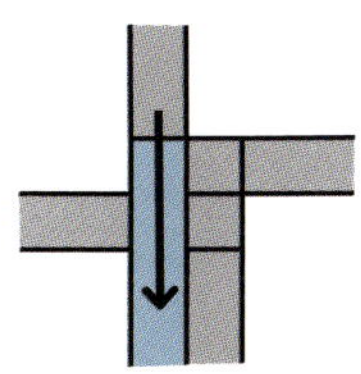

6 Den oberen Streifen von links über den ersten Streifen nach rechts falten. Der untere Streifen (grau) bleibt wieder an seinem Platz.

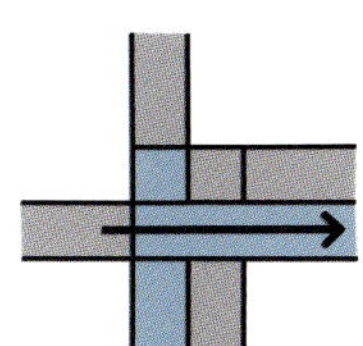

7 Den oberen Streifen von unten über den zweiten Streifen nach oben falten. Der untere Streifen (grau) bleibt wieder an seinem Platz.

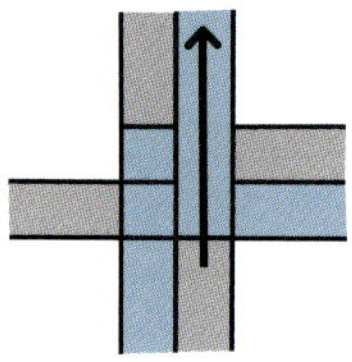

8 Den oberen Streifen von rechts über den dritten Streifen nach links falten und unter dem kleinen Quadrat durchziehen. Der untere Streifen bleibt wieder an seinem Platz. Damit ist die Grundform fertig.

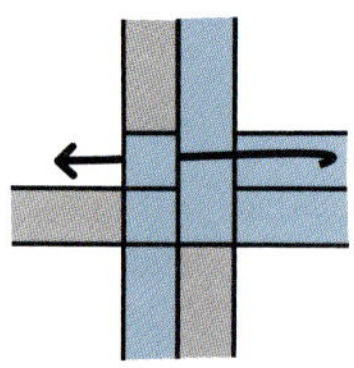

Die Sternzacken

1 Den Streifen oben rechts über hinten nach rechts falten, sodass oben ein kleines Dreieck entsteht.

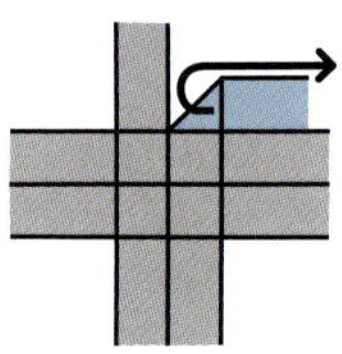

2 Dann den Streifen über vorn nach unten falten, sodass aus dem kleinen Dreieck eine Spitze wird.

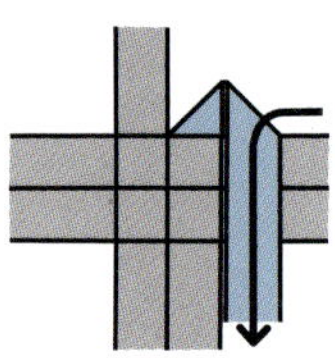

3 Den Streifen nach links klappen, sodass oben die Sternzacke entsteht.

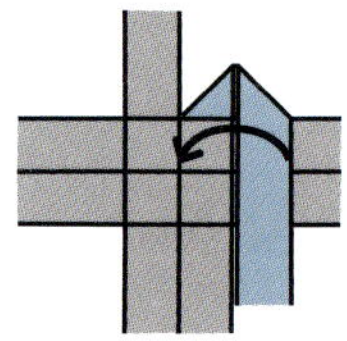

4 Die Sternzacke nach hinten knicken und den Streifen nach oben legen.

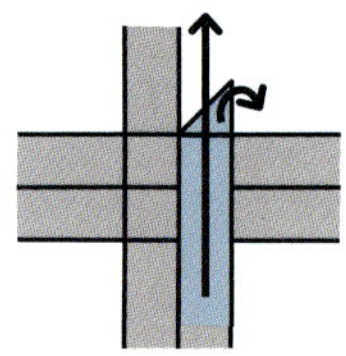

5 Den Streifen unter dem rot markierten Quadrat einstecken und nach unten ziehen. Dabei richtet sich die Zacke wieder auf.

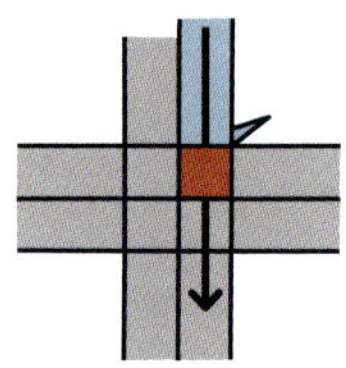

6 Die erste Sternzacke ist fertig. Den Stern nun im Uhrzeigersinn einen Viertelkreis weiterdrehen.

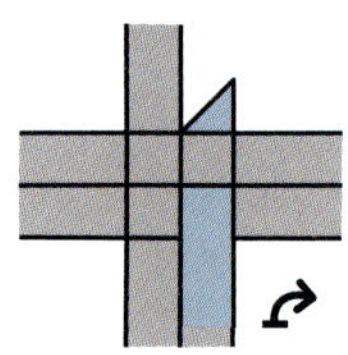

7 Schritt 1 bis Schritt 6 mit dem nächsten Streifen wiederholen. Auf diese Weise die zweite, die dritte und die vierte Sternzacke anfertigen.

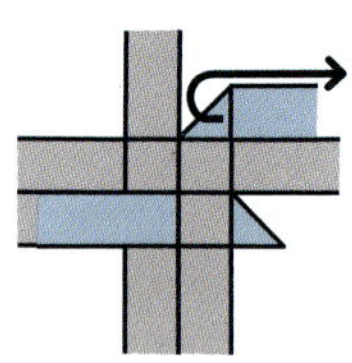

8 Die erste Seite ist fertig. Der Stern hat nun vier Sternzacken. Den Stern wenden.

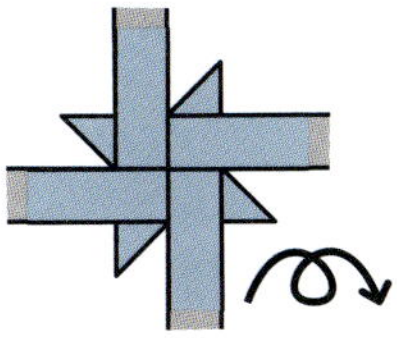

9 Die Schritte mit den übrigen vier Streifen wiederholen. Dabei wieder mit dem Streifen oben rechts beginnen.

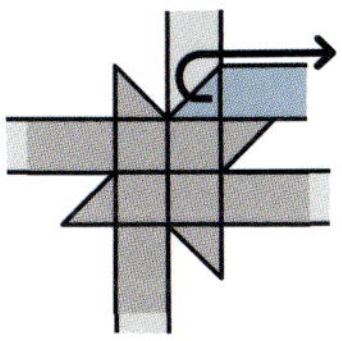

10 Die acht Sternzacken sind fertig. Vier sind sichtbar, vier werden von den blauen Streifen verdeckt.

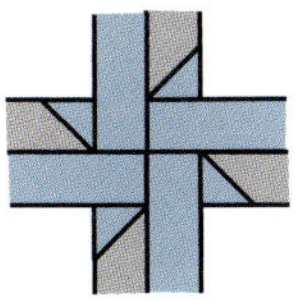

Die Sterntüten

1 Den oberen Streifen der rechten Seite nach links falten, um die Sicht auf die darunterliegende Fläche frei zu haben.

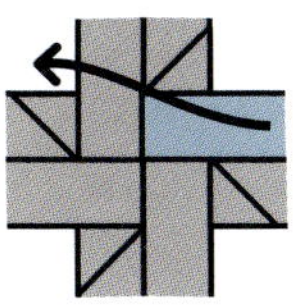

2 Den rechten Streifen der unteren Seite nach oben falten.

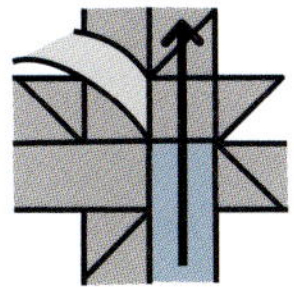

3 Dann den Streifen über vorn nach rechts falten, sodass eine diagonale Faltkante entsteht.

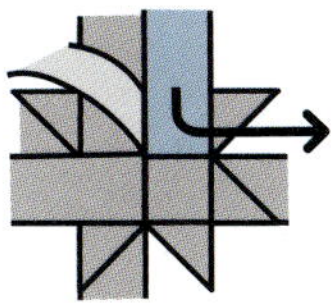

4 Den Streifen nach unten klappen, sodass auf der Rückseite das kleine Dreieck sichtbar wird.

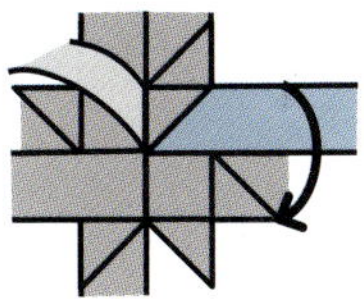

5 Dann das Ende des Streifens greifen, nach links umschlagen und unter dem linken oberen Quadrat (rot) einstecken. So weit durchschieben, bis der Streifen vorn zur Sternzacke (rot) herausschaut.

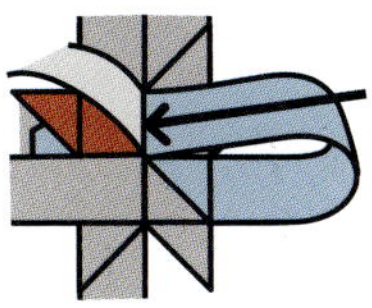

6 Den Streifen an der Spitze fassen und weiter durchziehen, bis sich hinten das Papier zu einer Sterntüte eingedreht hat. Den Stern gegen den Uhrzeigersinn einen Viertelkreis weiterdrehen.

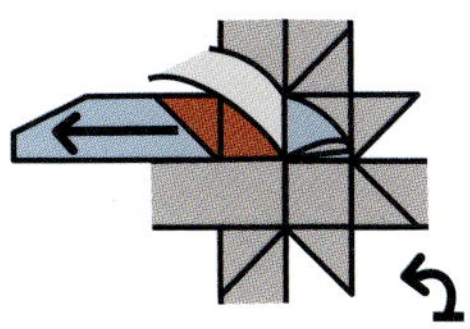

7 Schritt 2 bis Schritt 6 mit dem nächsten rechten Streifen der unteren Seite wiederholen. Auf diese Weise die zweite, die dritte und die vierte Sterntüte anfertigen.

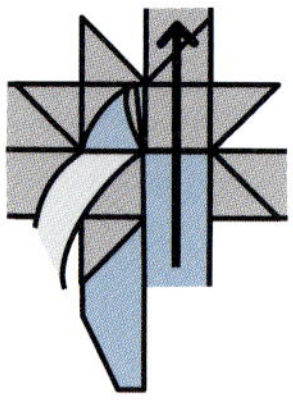

8 Der Stern hat auf der Oberseite nun vier Sterntüten. Für die Fröbelkugel werden die Sterne nur auf der Oberseite ausgearbeitet und sind somit fertig. Die nächsten beiden Schritte darum bitte überspringen und direkt mit dem Abschnitt „Sterne verbinden" weitermachen.

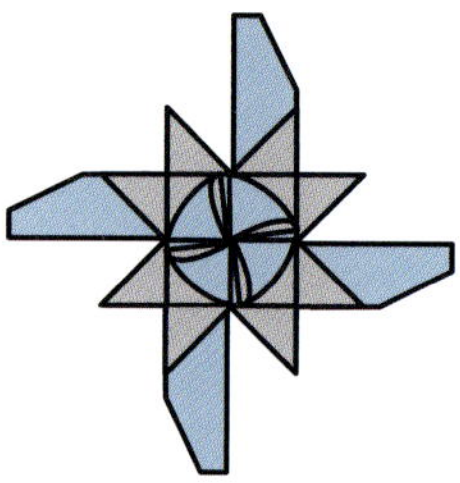

9 Für einen klassischen Fröbelstern den Stern wenden. Dann wieder den rechten Streifen der unteren Seite nehmen und Schritt 1 bis Schritt 6 wiederholen, bis die erste Sterntüte der zweiten Seite fertig ist.

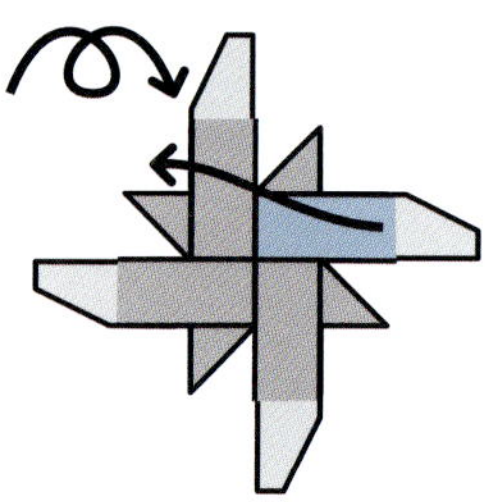

10 Nun den Stern drei Mal einen Viertelkreis gegen den Uhrzeigersinn weiterdrehen und Schritt 2 bis Schritt 6 mit den übrigen Streifen wiederholen, bis alle vier Sterntüten fertig sind.

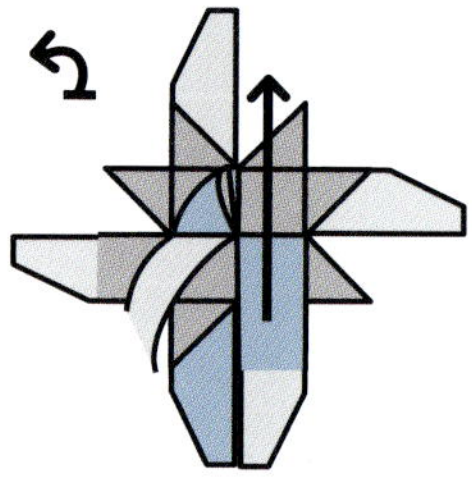

11 Zum Schluss die acht Papierstreifen bündig an den Sternzacken abschneiden.

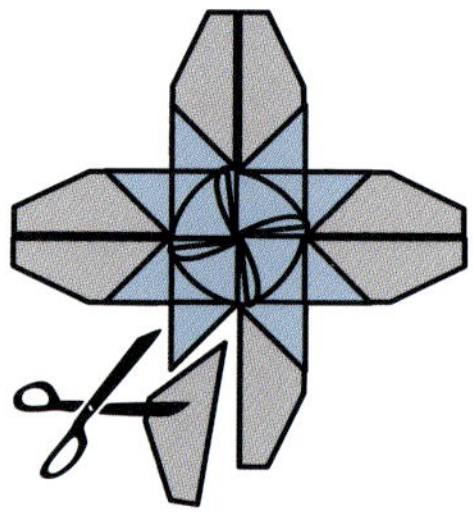

12 Der fertige Fröbelstern.

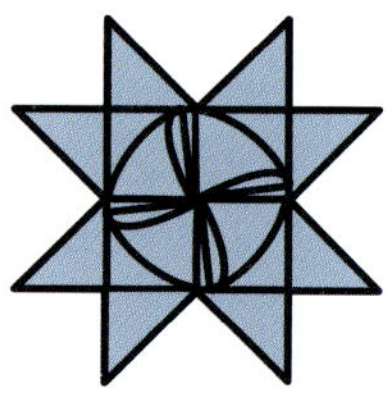

Sterne verbinden

Für die Fröbelkugel werden sechs Sterne mit ihren Papierstreifen zu einem Würfel verbunden. Zuerst werden vier Sterne zu einem Ring zusammengefügt, dann wird oben und unten ein weiterer Stern ergänzt, sodass die fünfte und sechste Seite geschlossen werden.

1 Die Verbindung der Sterne erfolgt immer wie folgt: Zwei Sterne zueinander ausrichten. Wichtig ist, dass sie mit je zwei Zacken zueinander schauen und die Papierstreifen diagonal nach oben und unten zeigen. Dann die Streifen (rot) durch die freie Sternzacke des gegenüberliegenden Sterns ziehen.

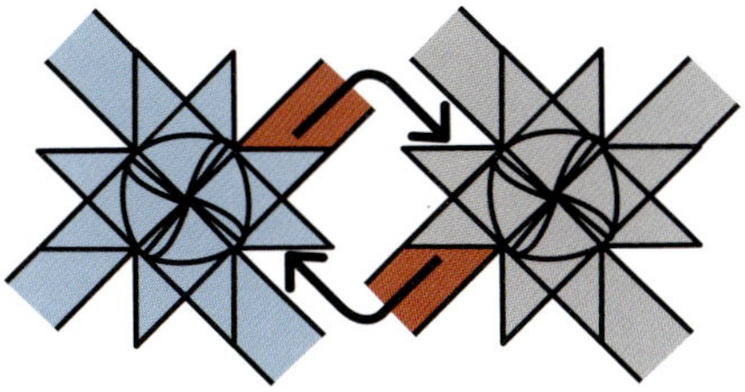

2 Auf der Rückseite der Sterne kommen die Streifen wieder zum Vorschein. So weit durchziehen, bis sich die Zacken der beiden Sterne berühren. Dabei die Pinzette zu Hilfe nehmen, besonders beim letzten Stern. Danach die Streifen abschneiden und entfernen.

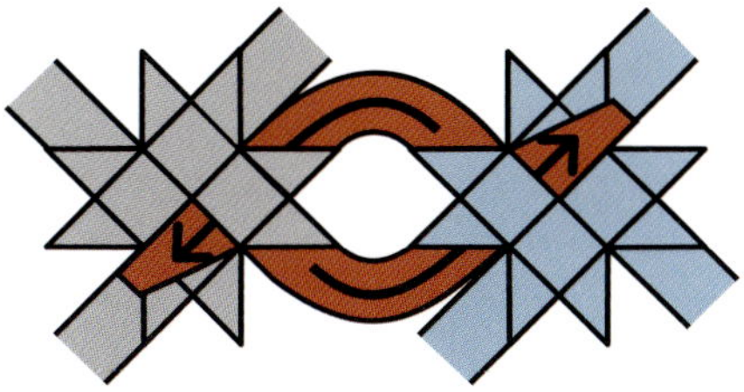

3 Die Sterne bilden beim Zusammenziehen zwischen den Zacken eine Ecke aus.

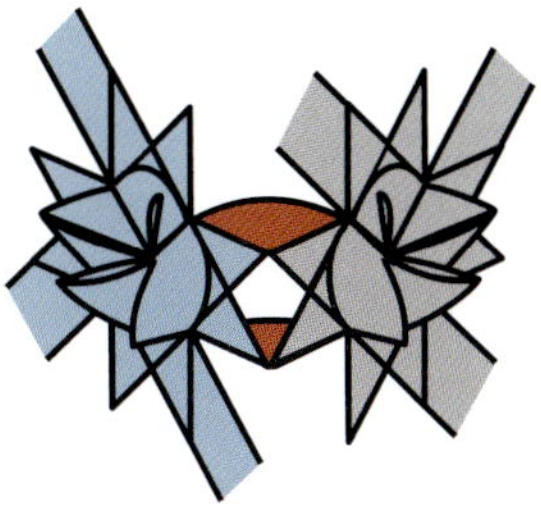

4 Alle Sterne wie beschrieben miteinander verbinden, bis alle 24 Papierstreifen durchgezogen und abgeschnitten sind.

Finnische Flechtsterne

ganz Ton in Ton

Schwierigkeitsgrad ★

Modellgröße ø ca. 25 cm

Material

* 4 Papierstreifen in Silber, 1 cm x 30 cm
* 4 Papierstreifen in Hellgrün oder Pink, 1 cm x 30 cm
* 4 Papierstreifen in Dunkelgrün oder Rotviolett, 1 cm x 30 cm
* Bastelkleber
* Schere
* Büroklammern

1 Einen silbernen Streifen waagerecht ausrichten und einen zweiten silbernen Streifen mittig überkreuz aufkleben. Kleben Sie dann oberhalb und unterhalb des waagerechten Streifens je einen hellgrünen Streifen an. Danach rechts und links einen hellgrünen Streifen ankleben. Die Streifen dazu über, unter und über die anderen Streifen weben.

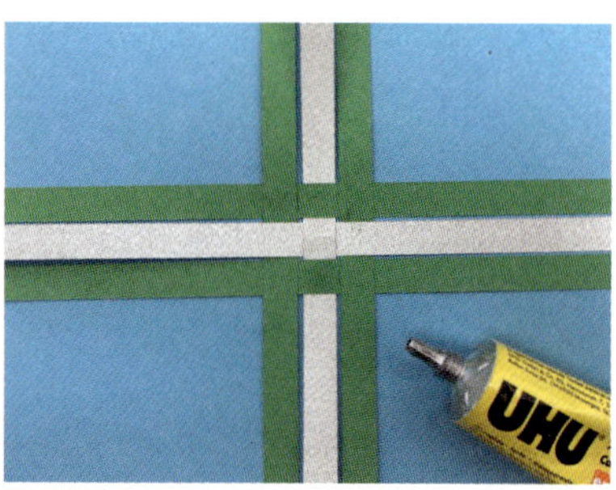

2 Die äußeren Streifen, je einen waagerechten und einen senkrechten, zueinanderbiegen und mit den Enden im rechten Winkel aufeinanderkleben. Auf diese Weise entstehen vier Schlaufen. Mit den übrigen Streifen Schritt 1 und Schritt 2 wiederholen.

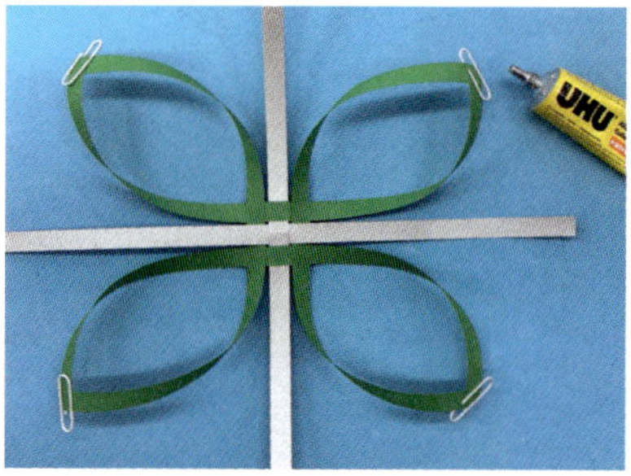

3 Drehen Sie eine der Sternhälften um und legen Sie die beiden Sterne versetzt übereinander, sodass die Schlaufen des einen Sterns auf den Kreuzarmen des anderen Sterns liegen. Fädeln Sie nun die Kreuzarme durch die Schlaufen und kleben Sie die Enden in die Schlaufenspitzen. Mit Büroklammern fixieren und trocknen lassen.

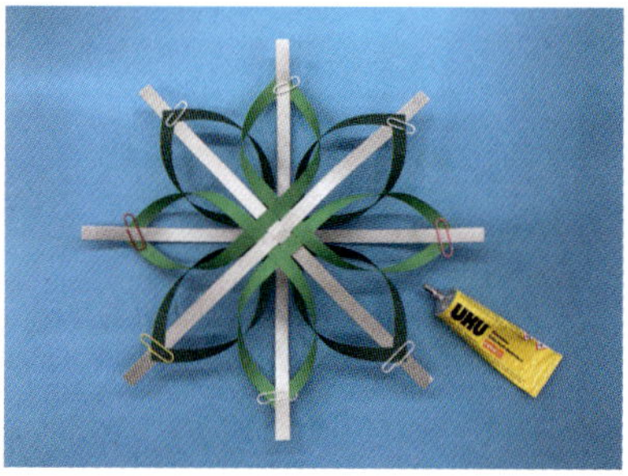

4 Die überstehenden Streifen abschneiden, sodass eine saubere Spitze entsteht.

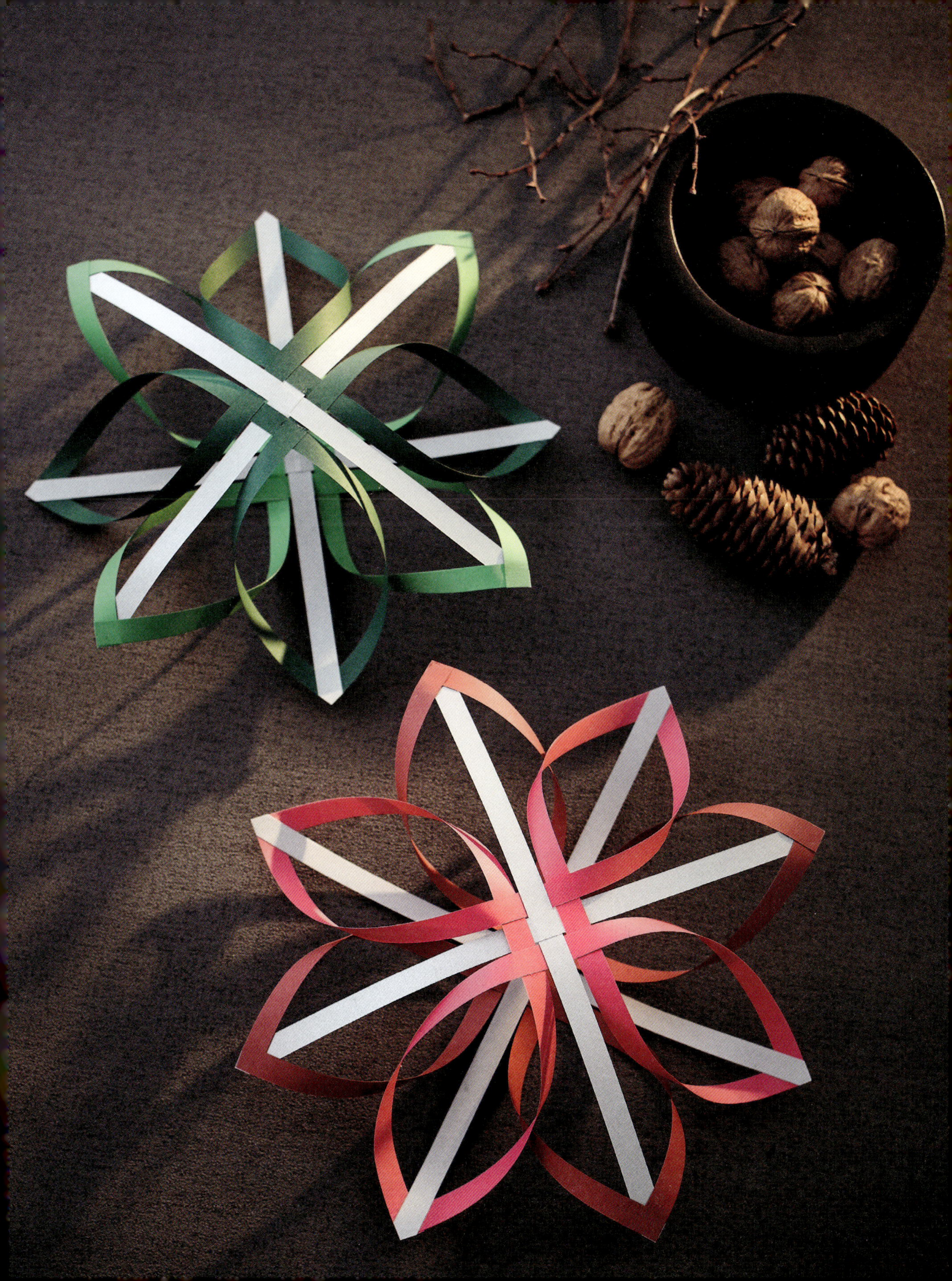

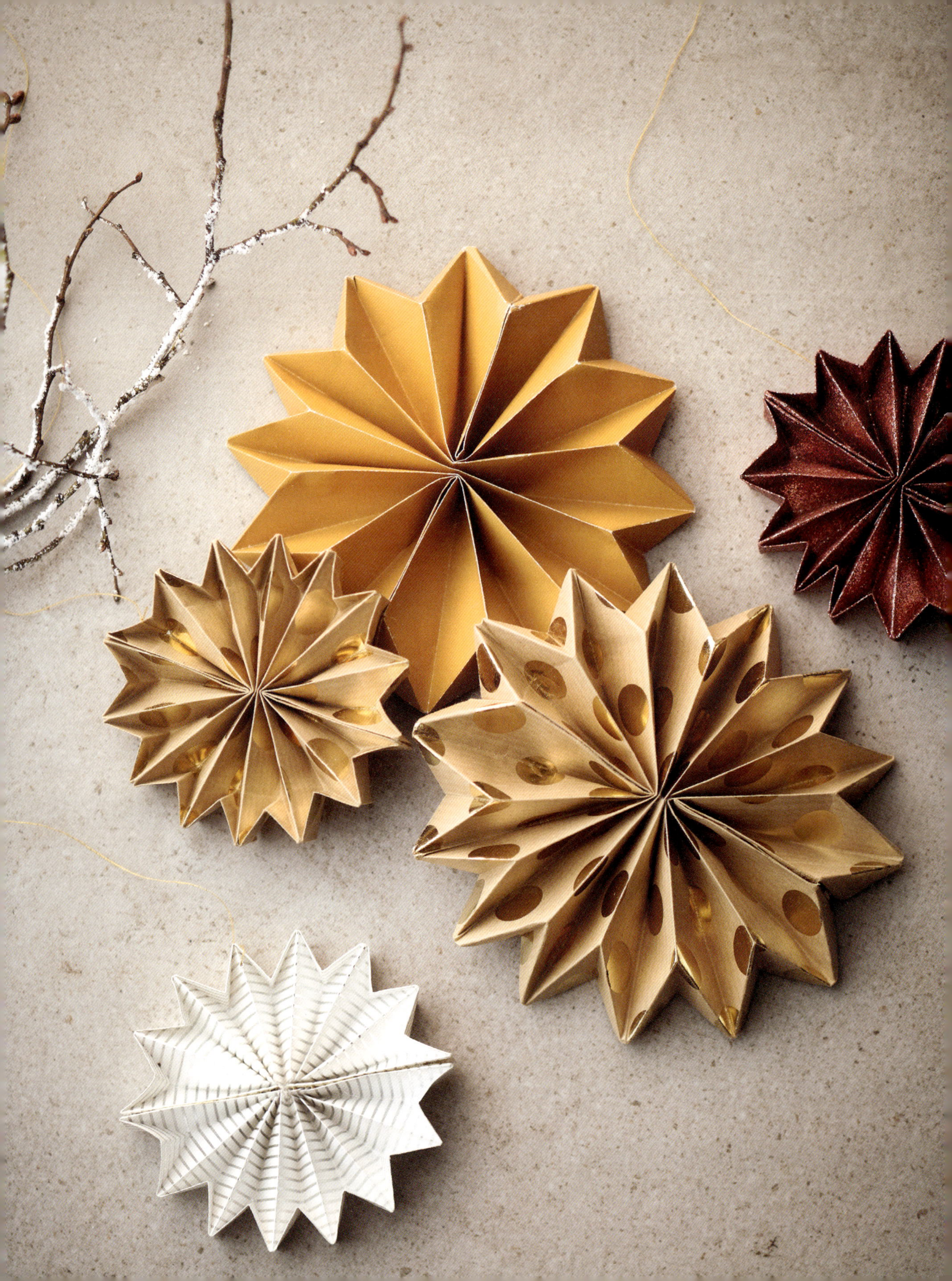

Funkelnde Plissée-Sterne

mit zweierlei Sternzacken

Schwierigkeitsgrad ★★

Modellgröße ø 12 cm und 15 cm

Material

- Geschenkpapier, 15 cm x 30 cm
- UHU Alleskleber
- Lineal
- Bleistift

Plissée-Faltung

1 Das Papier mit der Rückseite nach oben (Variante A) hochkant hinlegen. Die untere K ante auf die obere falten und wieder öffnen. Das Papier ist nun in zwei Abschnitte unterteilt.

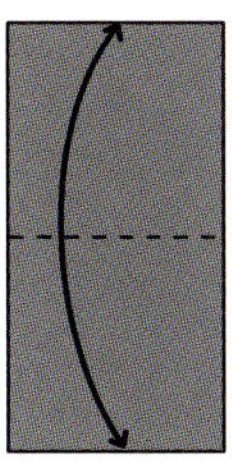

2 Nun die obere und die untere Kante zur Faltlinie in der Mitte falten und wieder öffnen. Das Papier ist nun in vier Abschnitte unterteilt.

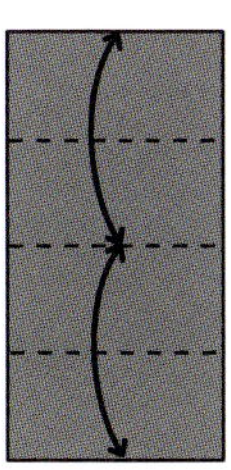

3 Die Faltlinien aus Schritt 1 und Schritt 2 zu Bergfalten knicken (siehe Seite 13). Dann jeden Abschnitt wie eingezeichnet einmal falten und wieder öffnen. Das Papier ist nun in acht Abschnitte unterteilt.

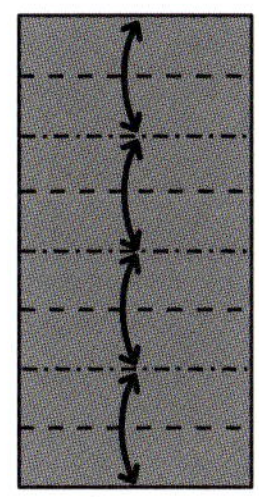

4 Die neuen Faltlinien ebenfalls zu Bergfalten knicken, dann wieder jeden Abschnitt einmal falten und wieder öffnen, sodass das Papier in sechzehn Abschnitte unterteilt ist.

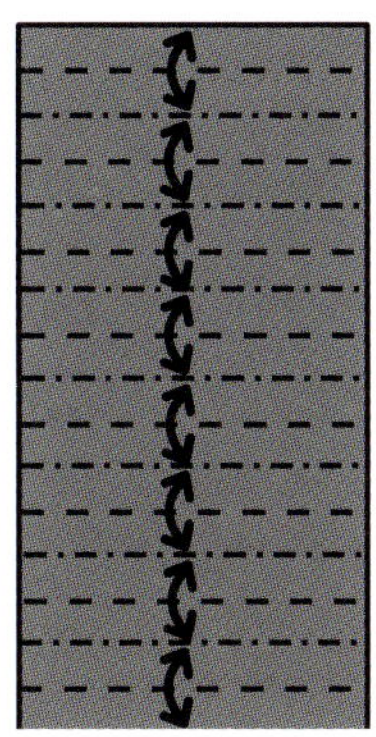

Variante A

1 Für den Stern mit schräg zulaufenden Sternzacken das Papier im Zickzack zu einem Stapel zusammenfalten und so in die Hand nehmen, dass es mit der Rückseite nach rechts zeigt.

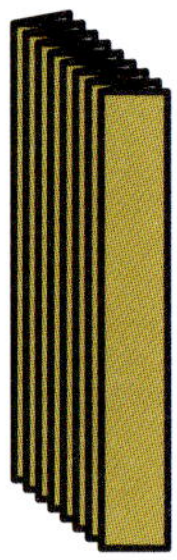

2 Die erste Ecke oben links eindrücken, sodass sie zwischen die Papierlagen diagonal nach rechts gefaltet wird und eine schräge Spitze entsteht.

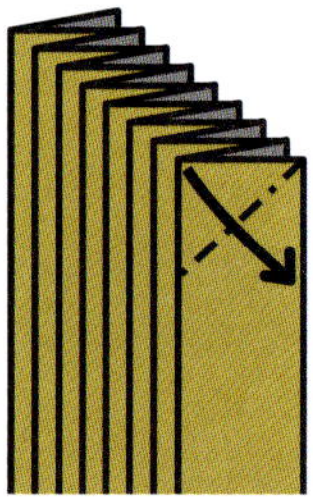

3 Mit den anderen sieben Ecken wiederholen. Dann den Stapel wenden und am anderen Ende ebenfalls die Ecken eindrücken.

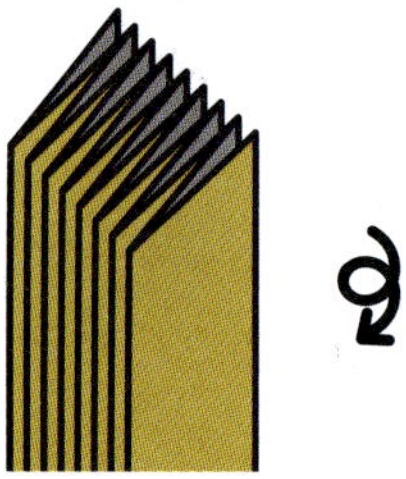

4 Den Stapel flach hinlegen. Beide Enden auffächern, die rechte Hälfte und die linke Hälfte zusammenführen und aufeinanderkleben. Auf der anderen Seite wiederholen.

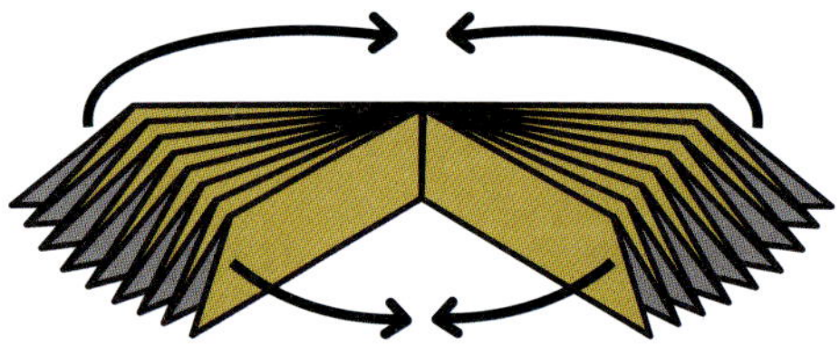

Variante B

1 Für den Stern mit der geraden Kante an den Zacken das Papier quer hinlegen (mit der Rückseite nach oben) und die obere und die untere Kante 1,25 cm (10 cm x 20 cm) weit zur Mitte falten. Die Faltlinie am besten mit Lineal und Bleistift vorzeichnen.

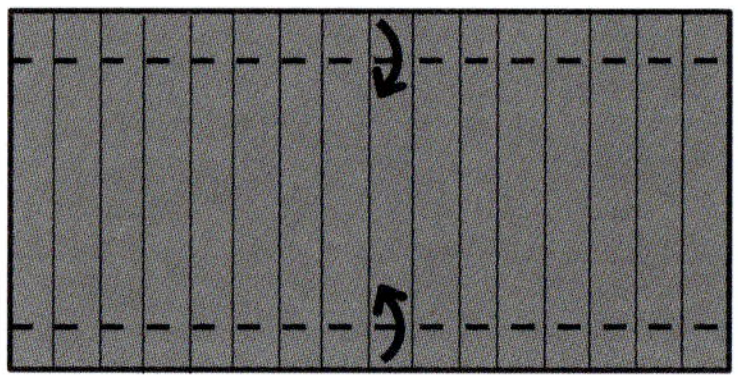

2 Das Papier im Zickzack zu einem Stapel zusammenfalten und so in die Hand nehmen, dass es mit der Rückseite nach links zeigt.

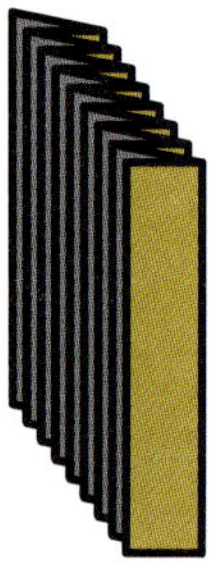

3 Die erste Ecke oben links diagonal nach rechts falten.

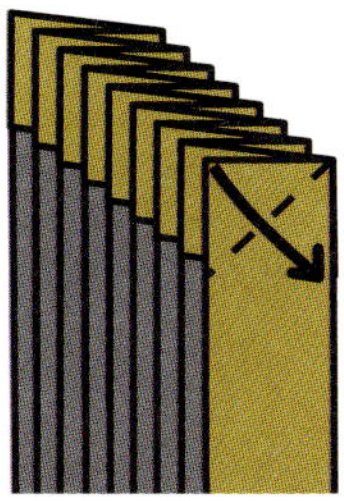

4 Die nächsten sechs Ecken jeweils nach rechts eindrücken, sodass sie diagonal zwischen die Papierlagen gefaltet werden und eine schräge Spitze entsteht.

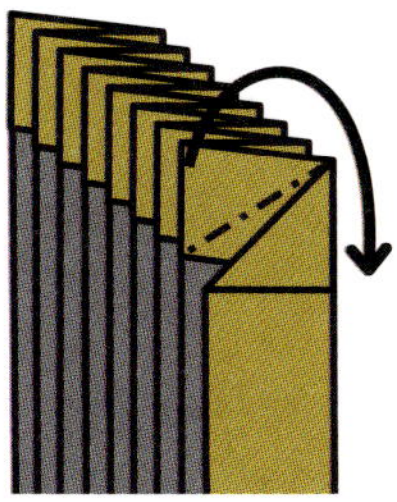

5 Die letzte Ecke über hinten diagonal nach rechts falten.

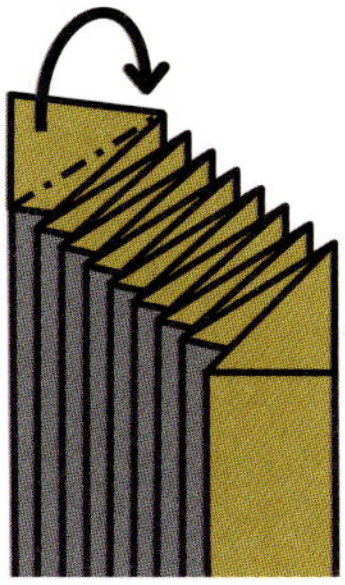

6 Die Zickzackfaltung etwas öffnen und das Papier mit der Rückseite nach oben hinlegen. Dann die kleinen Dreiecke (rot) an der gefalteten Kante nach oben klappen, sodass die gerade Kante an den Zacken entsteht.

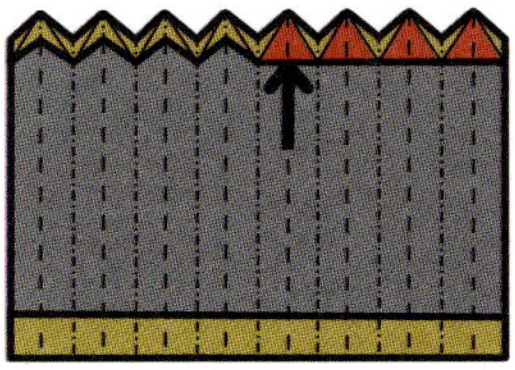

7 Schritt 2 bis Schritt 6 mit dem anderen Ende des Stapels wiederholen. Dann den Stapel flach hinlegen – mit der schönen Seite nach oben. Beide Enden auffächern, die rechte Hälfte und die linke Hälfte zusammenführen und aufeinanderkleben. Auf der anderen Seite wiederholen.

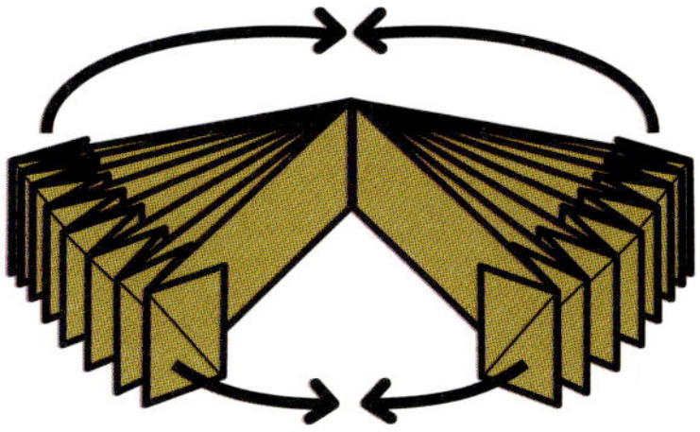

Tipp

Zum Aufhängen im letzten Schritt einen Faden zwischen die beiden Hälften legen und mit festkleben.

Schneeflocken-Stern

herrlich nostalgisch

Schwierigkeitsgrad ★

Modellgröße ø ca. 40 cm

Material

- 6 Faltblätter in Kraftpapier mit weißen Zuckerstangen, 15 cm x 15 cm
- Schere
- Lineal
- Bleistift
- Tacker

1 Das Papierquadrat einmal diagonal falten, sodass es zu einem Dreieck wird. Dann das Dreieck noch einmal mittig falten, sodass ein kleineres Dreieck entsteht.

2 Von der geschlossenen Faltkante aus im Abstand von 2,5 cm drei Linien anzeichnen. Die Linien verlaufen parallel zur langen Kante des Dreiecks und enden 1 cm vor der gegenüberliegenden Kante.

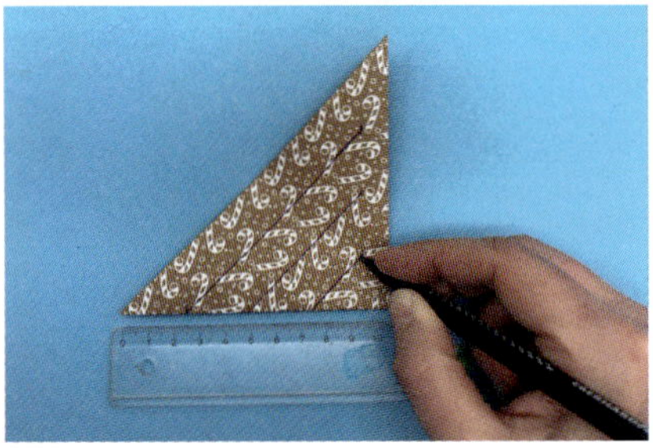

3 Die Linien einschneiden. Das Papier öffnen und mit der Rückseite nach oben hinlegen. Die kleinsten Zacken mit den Spitzen aufeinanderkleben. Dann die zweitgrößten Zacken ebenso aufeinanderkleben.

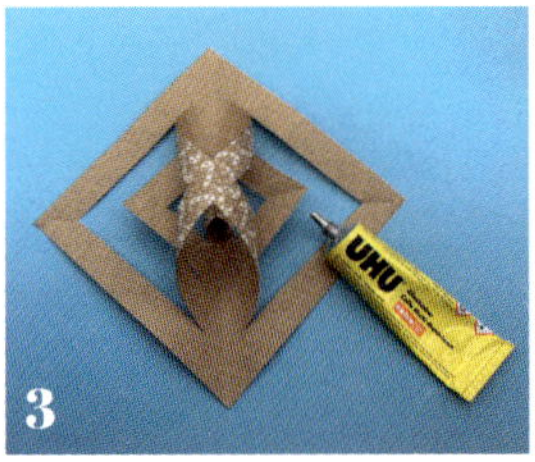

3

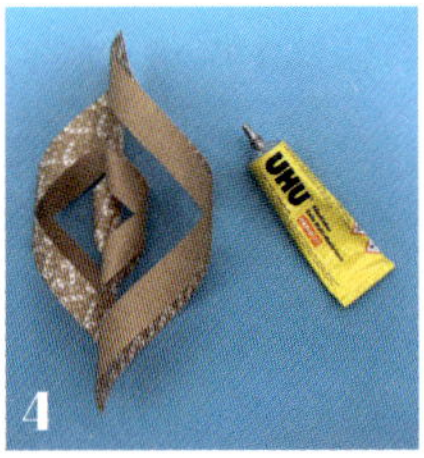

4

4 Das Papier wenden und die übrigen Zacken ebenso aufeinanderkleben. Dadurch entsteht ein rautenförmiges Sternsegment. Mit den übrigen fünf Faltblättern wiederholen.

5 Die sechs Segmente mit der unteren Spitze aufeinanderlegen (darauf achten, dass alle in die gleiche Richtung ausgerichtet sind) und zusammentackern. Die Segmente im Kreis anordnen und jeweils in der Mitte mit einer Tackerklammer verbinden. Dadurch entsteht ein stabiler Stern.

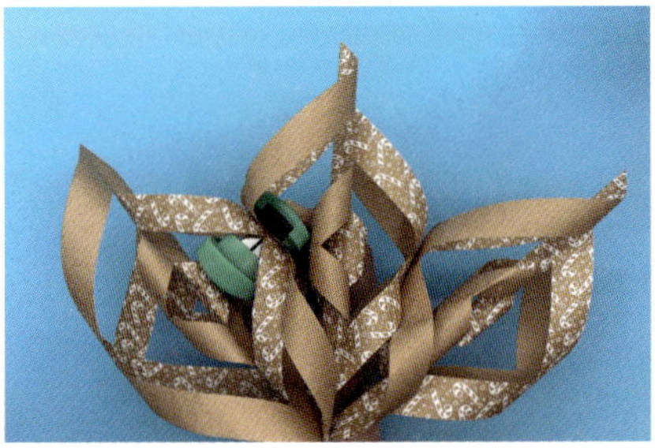

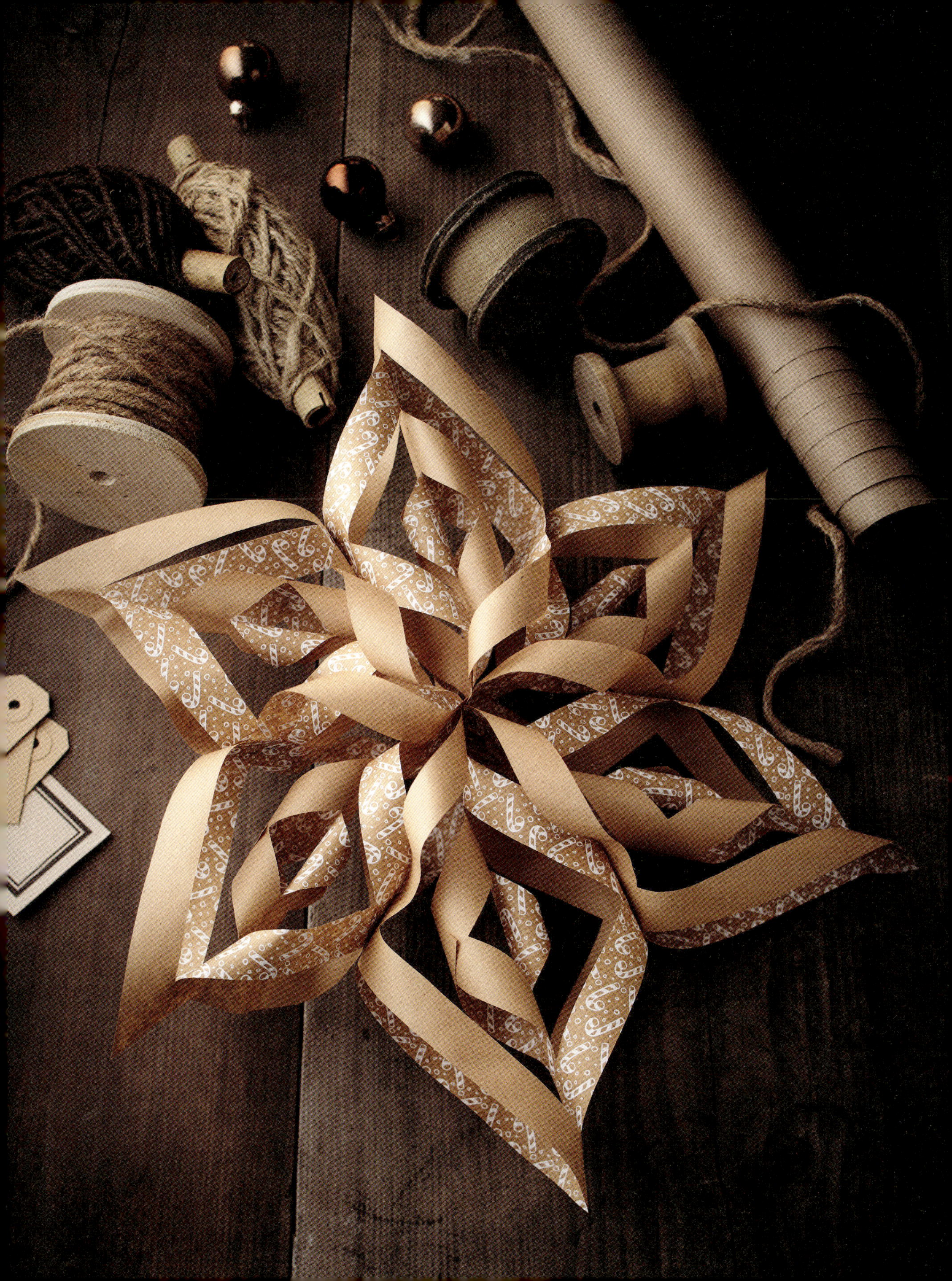

Leuchtende Sterne

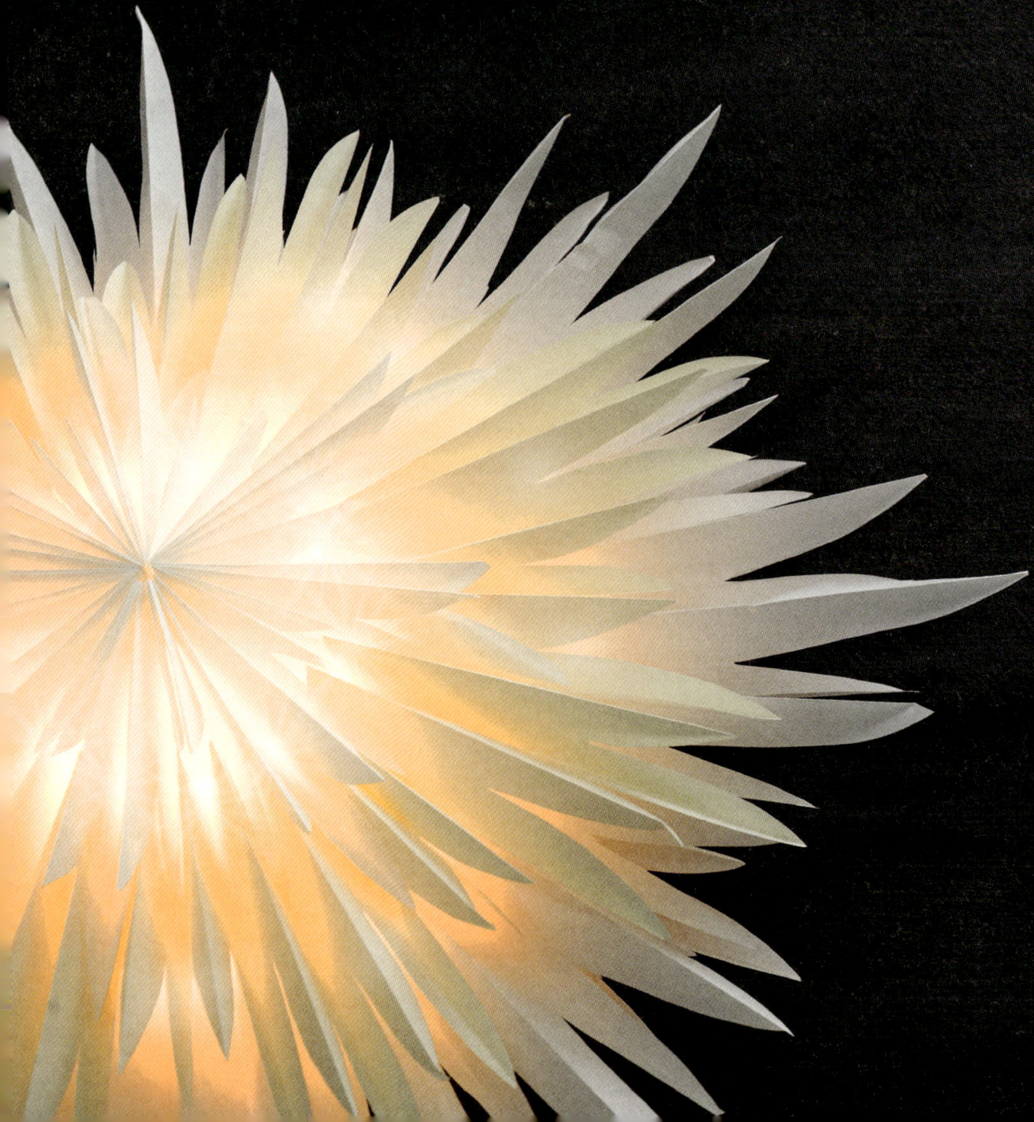

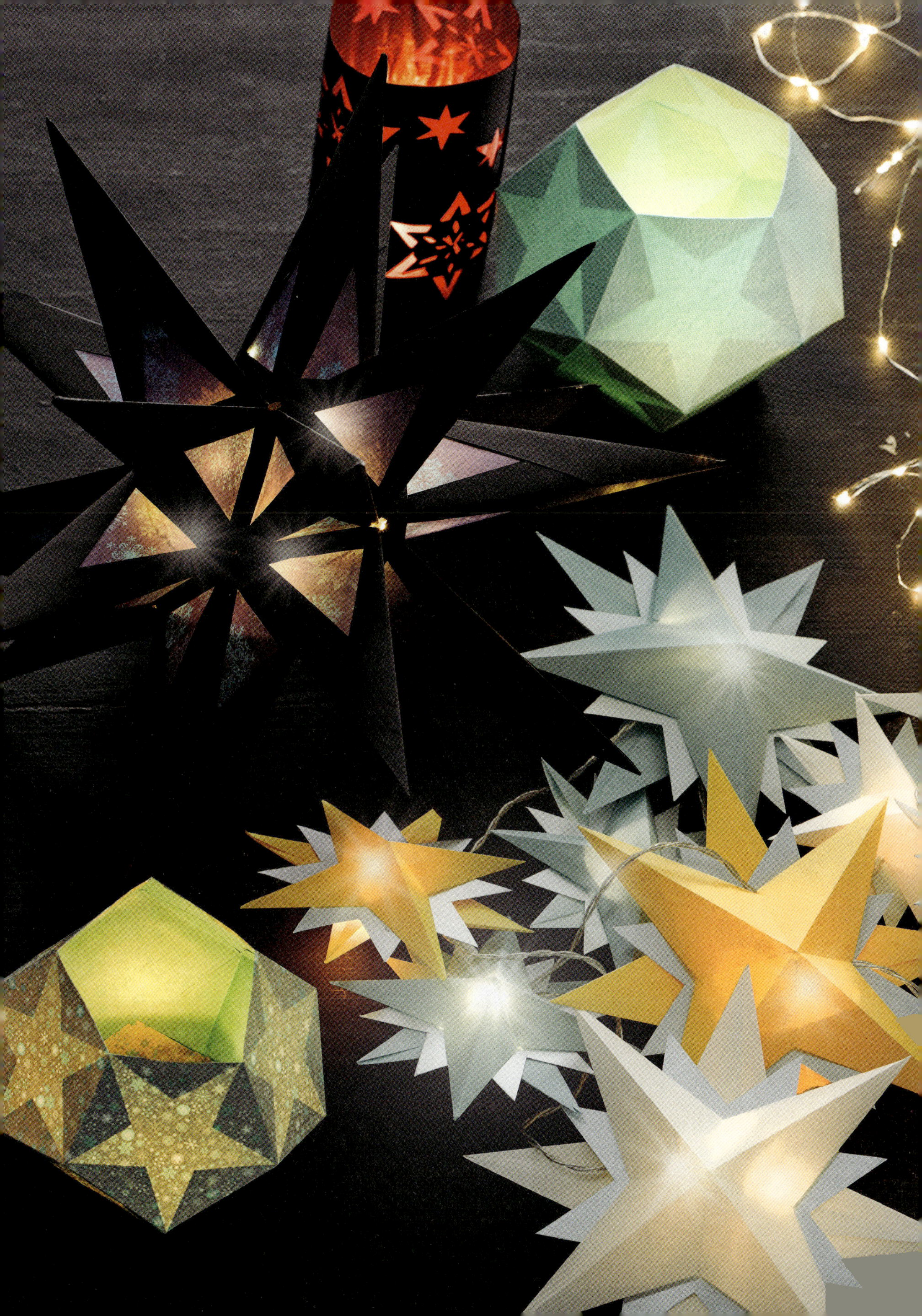

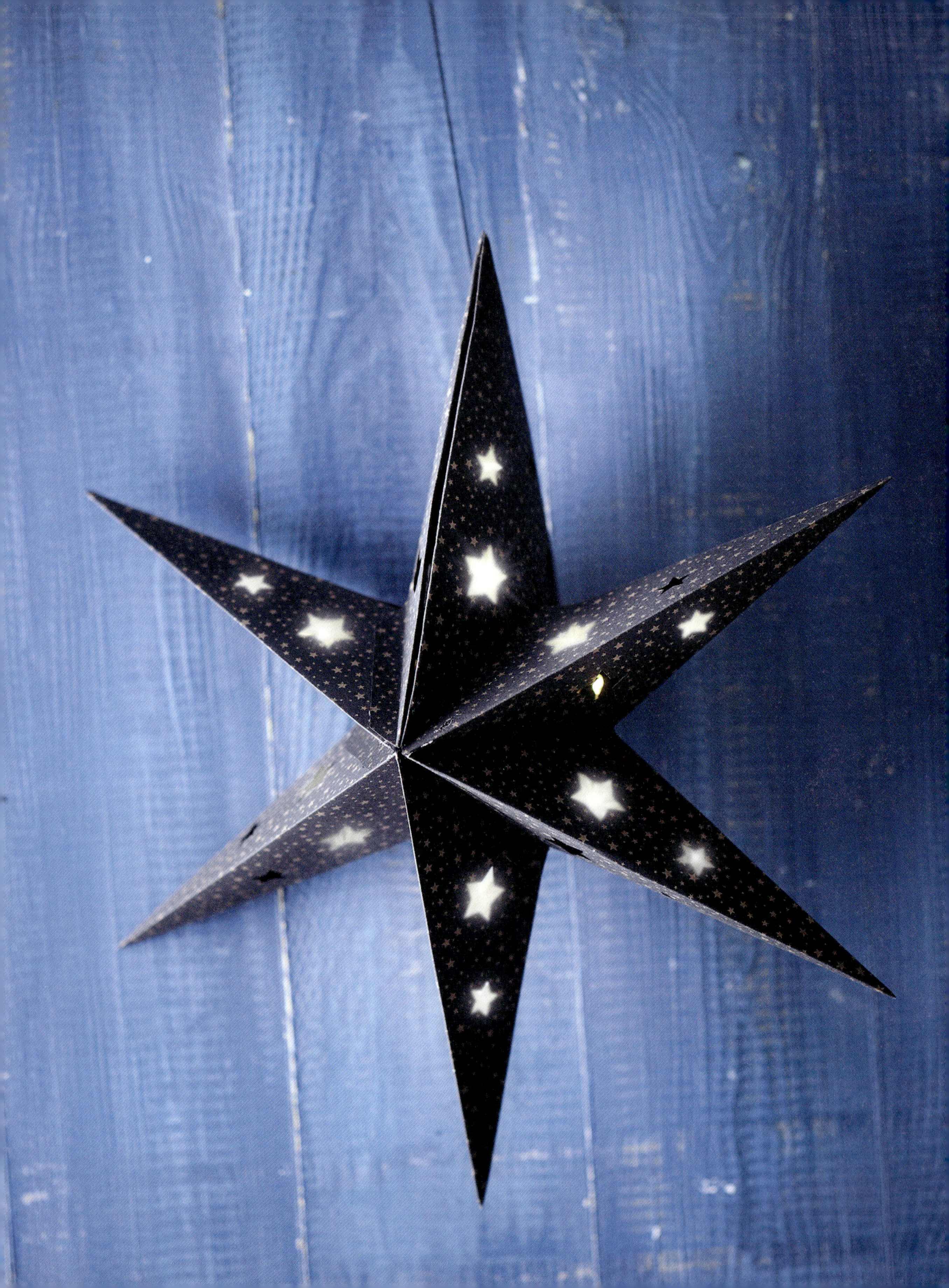

Messina-Stern
in edlem Schwarz

Schwierigkeitsgrad ★

Modellgröße ø 32 cm

Material
* 7 Faltblätter in Schwarz mit Sternen in Kupfer, 130 g/qm, 20 cm x 20 cm
* 2 Holzperlen in Natur, ø 4 mm
* Garn in Schwarz, 2x 60 cm lang
* Tacker
* Cutter und Schneideunterlage
* Schere, Metalllineal
* stumpfe, dicke Sticknadel
* UHU Alleskleber
* Lichterkette

Vorlage Seite 117

1 Drei Faltblätter passgenau aufeinanderlegen. Eine Fotokopie vom Zwischenzacken mit vier Heftklammern fixieren, die Klammern befinden sich an Stellen, die später abgeschnitten werden. Zuerst die Sternchen mit dem Cutter herausschneiden. Dann die Umrisslinie ausschneiden.

2 Die ausgeschnittene Fotokopie abnehmen und neben eines der beiden Zackenteile legen. Nun mit Lineal und dicker Sticknadel die Linien nachziehen. Anschließend die Linien falten. Dabei die Berg- und Talfalten (Strich-Punkt-Linien und gestrichelte Linien, siehe Seite 13) beachten.

3 Das Ganze nochmals mit einer zweiten Fotokopie und zwei Faltblättern wiederholen, sodass fünf Zwischenzacken ausgeschnitten und gefaltet sind. Jeweils auf den langen schmalen Randstreifen Klebstoff auftragen und jeden Zwischenzacken zusammenkleben.

4 Zwei Anfangs- und Endzacken wie beschrieben ausschneiden und falten. Zwei Papierquadrate (2,5 cm x 2,5 cm) in der Mitte falten und an der markierten Stelle aufkleben. Jeweils eine Perle an einen Faden knoten und die Fäden an der markierten Stelle durch die Sternzacken ziehen. Jeden Zacken zusammenkleben.

5 Die Zacken aneinanderkleben – zuerst die fünf Zwischenzacken, dann wird oben und unten ein Anfangs- und Endzacken angefügt (die Seite mit dem Faden zeigt nach außen). Die Zacken flach drücken, an den Laschen mit Klebstoff bestreichen und deckungsgleich aufeinanderdrücken.

6 Schließlich den Stern entfalten, die Lichterkette hineingeben und die beiden Fadenenden miteinander verknoten.

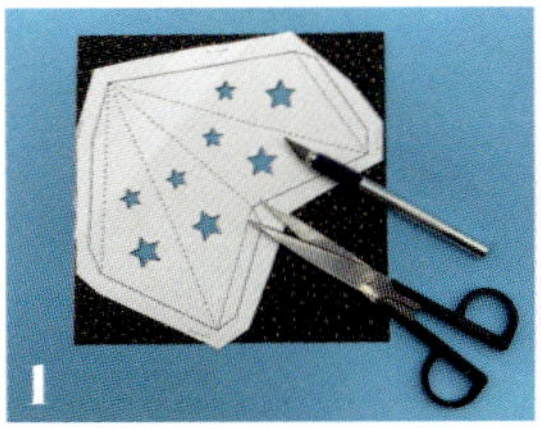
1

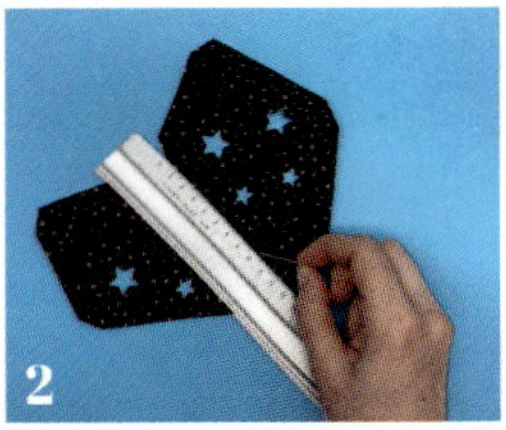
2

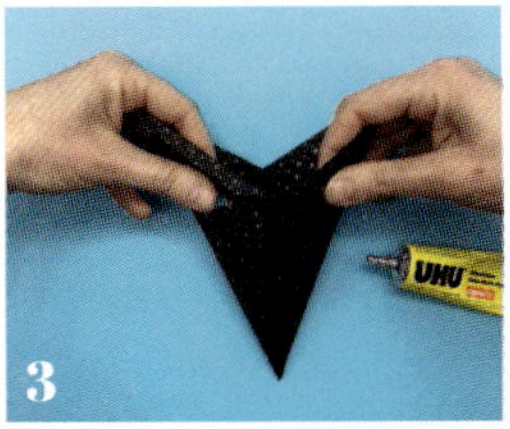

3

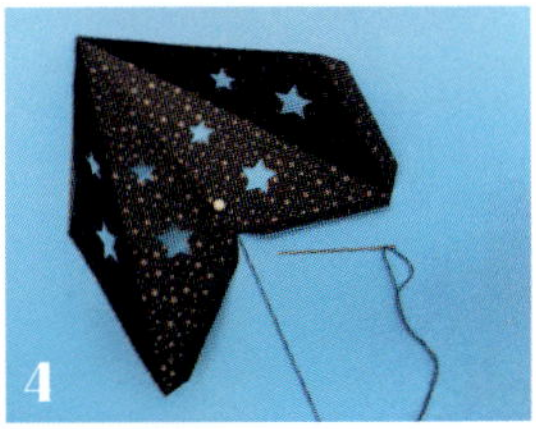
4

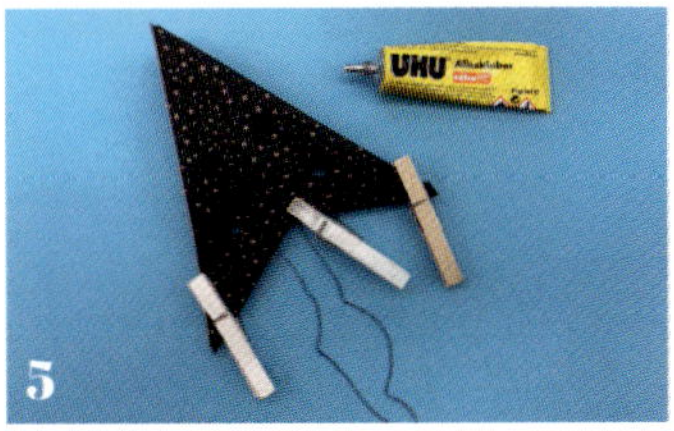

5

Stimmungsvolle Sternenlichter

weihnachtlich aufgetischt

Schwierigkeitsgrad ★★

Modellgröße ø 10,5 cm

Material

- 2 Faltblätter in Grün oder Rot gemustert, Rückseite einfarbig Grün oder Rot, 15 cm x 15 cm
- UHU Alleskleber
- Teelicht

Die Grundform

1 Das Faltblatt zweimal diagonal falten und jeweils wieder öffnen.

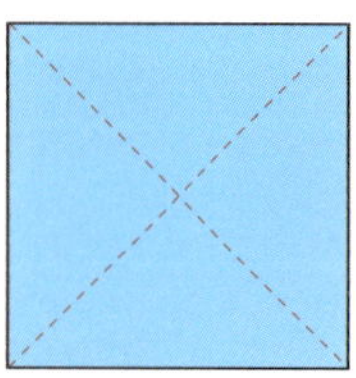

2 Die Ecke oben rechts zur Mitte und wieder nach außen falten.

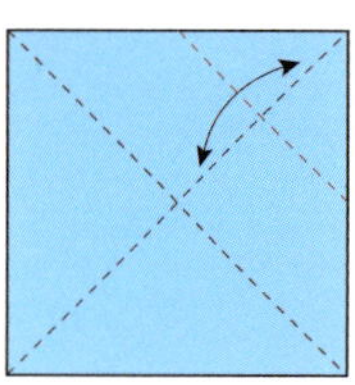

3 Mit den anderen Ecken wiederholen. Dann das Faltblatt wenden.

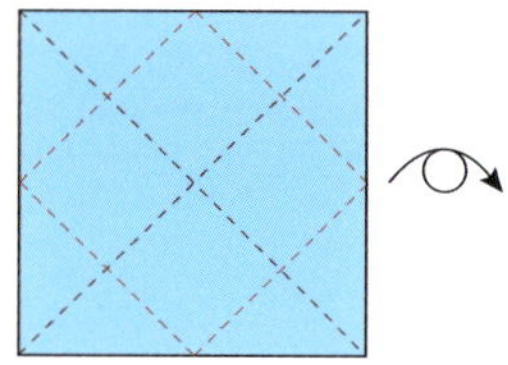

4 Die Talfalten werden dadurch zu Bergfalten.

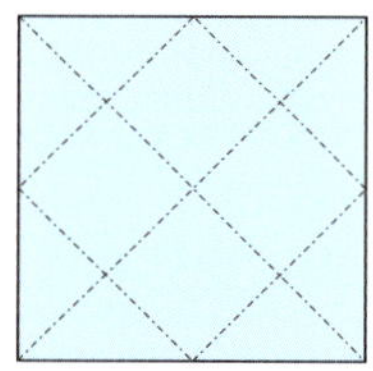

5 Die linke und rechte Seite an den rot gestrichelten Linien zur Mitte und wieder nach außen falten.

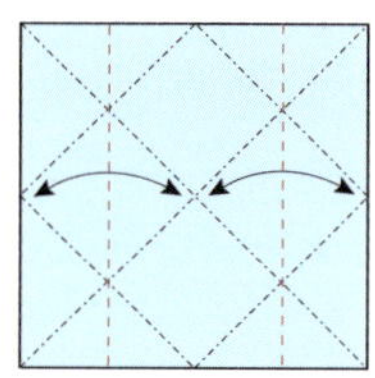

6 Die obere und untere Seite zur Mitte falten.

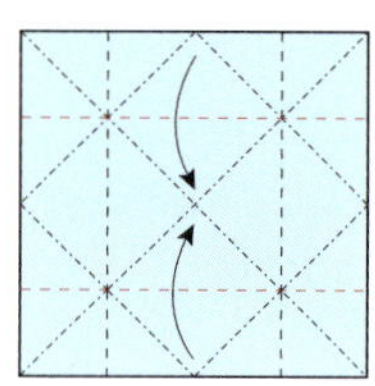

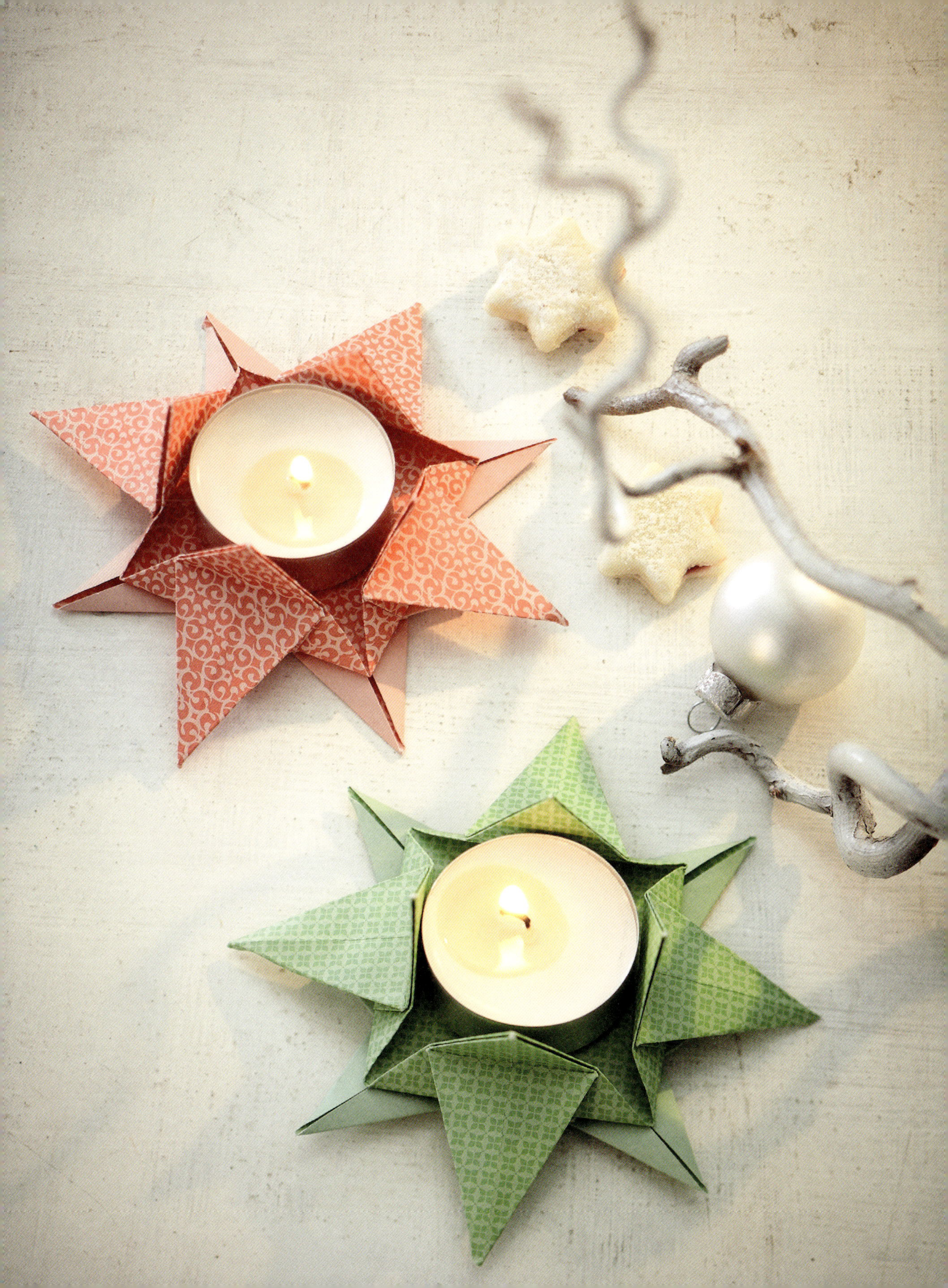

7 Nun die rechte Seite in Pfeilrichtung nach links schieben.

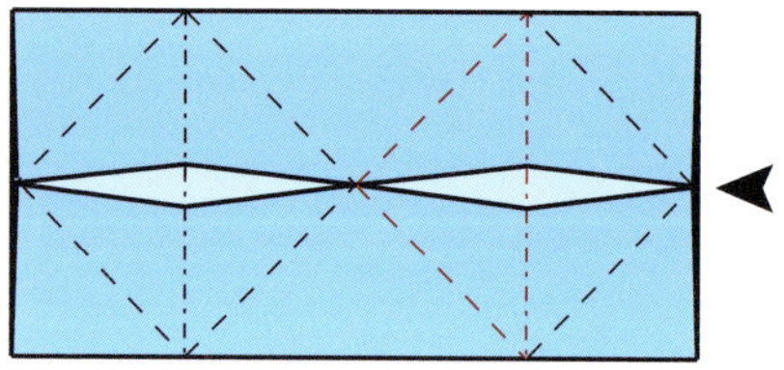

8 Dabei klappen zwei Taschen auf, die sich aufgrund der bestehenden Faltlinien als Quadrate darüber andrücken lassen.

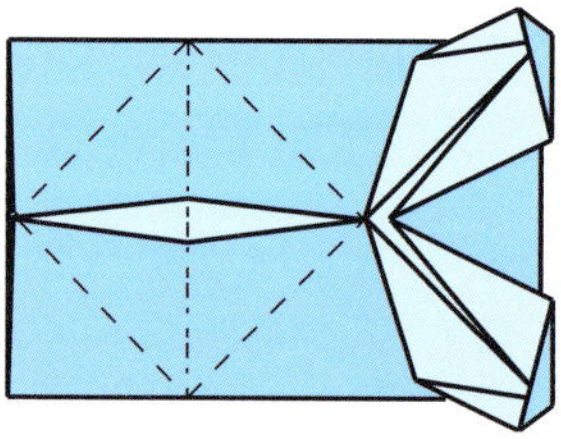

9 Dasselbe auf der linken Seite machen.

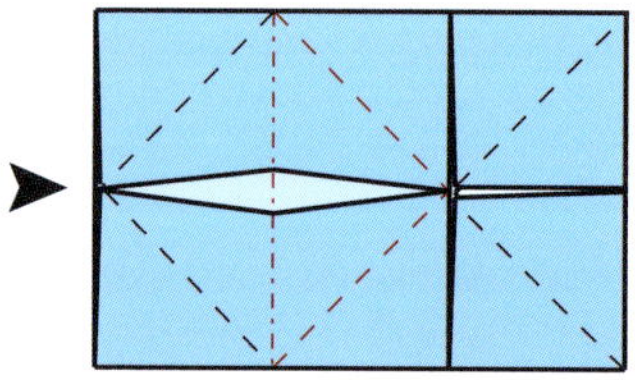

10 Es entsteht die quadratische Fröbelgrundform.

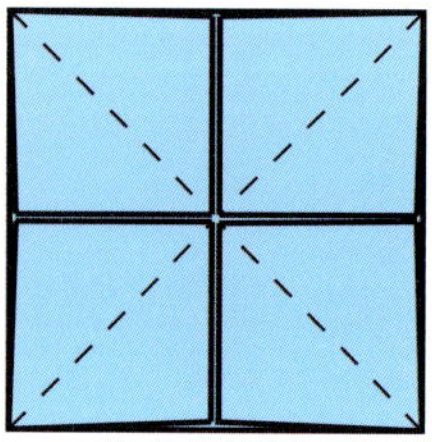

11 Vom Quadrat links oben die beiden Seiten in Pfeilrichtung falten, sodass eine Drachenform entsteht.

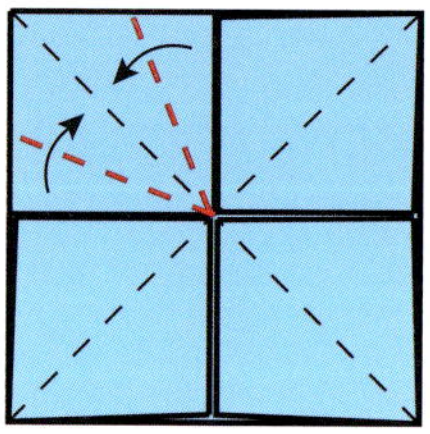

12 Die anderen drei Quadrate ebenso falten. Dann beim Quadrat links oben die Ecke an der roten Linie nach hinten und wieder nach vorne falten.

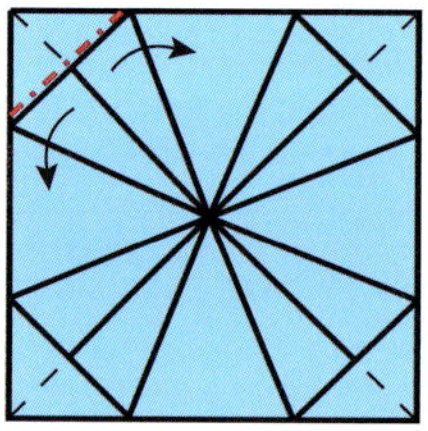

13 Die Seiten der Drachenform links oben wieder aufklappen.

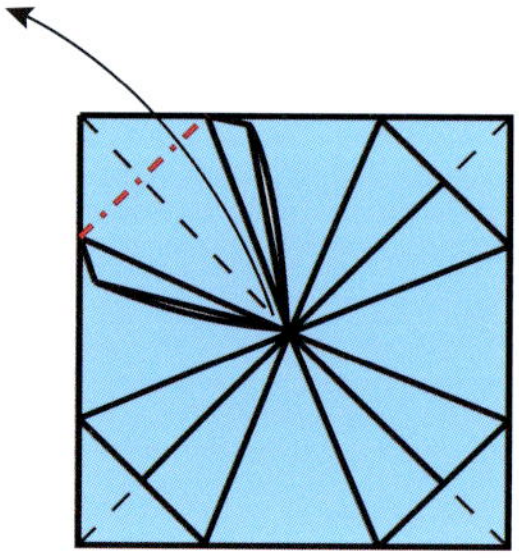

14+15 Die Spitze von der Mitte an der roten Linie nach außen klappen.

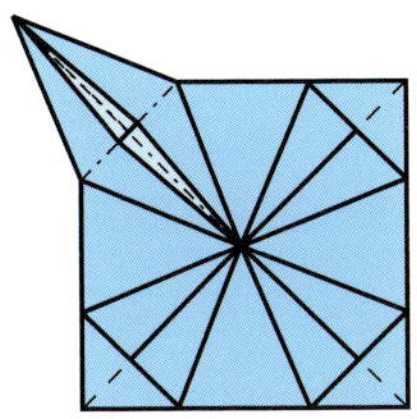

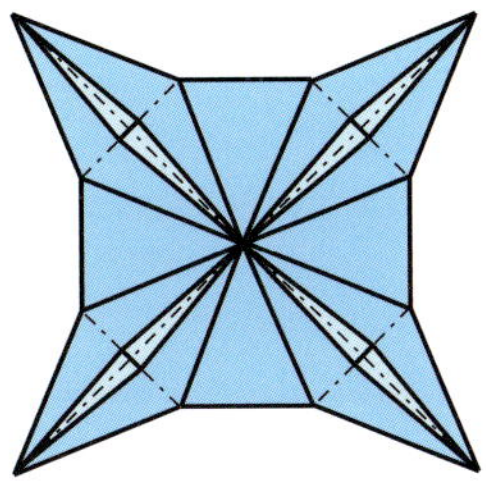

16 Die anderen drei Spitzen ebenso falten und nach außen klappen. Die kleinen Zacken auf der Rückseite nach innen knicken. Wenden.

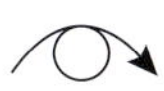

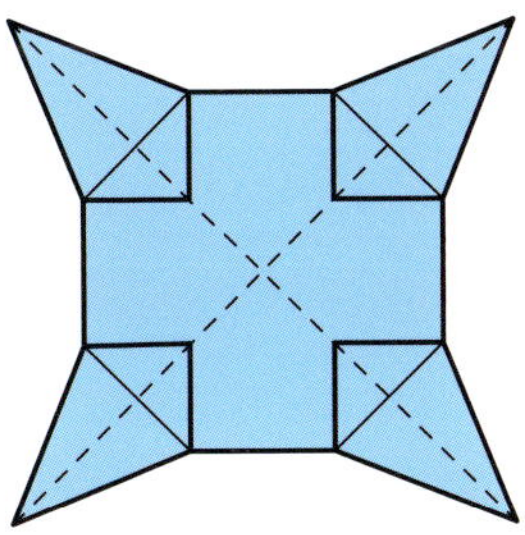

17 Nun nacheinander die kleinen Dreiecke zur Mitte ziehen (siehe rote Linie) ...

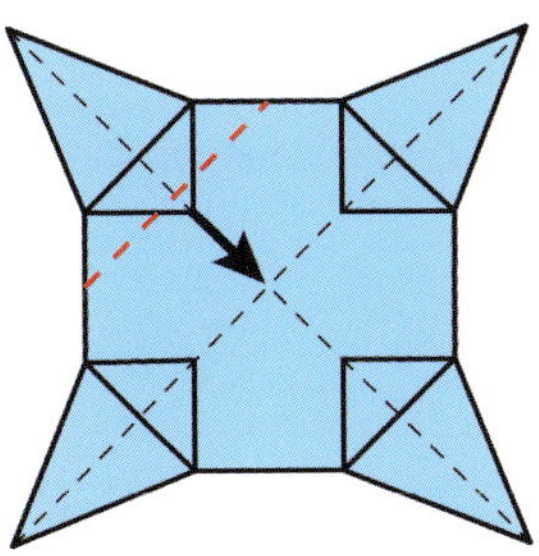

18 ... und andrücken.

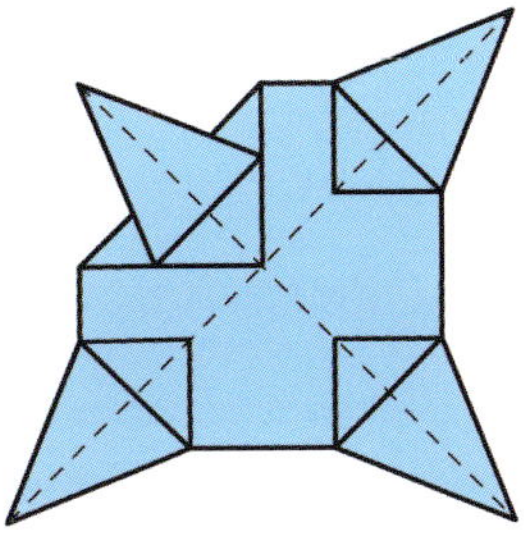

19+20 Die Dreiecke vom Mittelpunkt nach außen falten. Der obere Stern ist damit fertig.

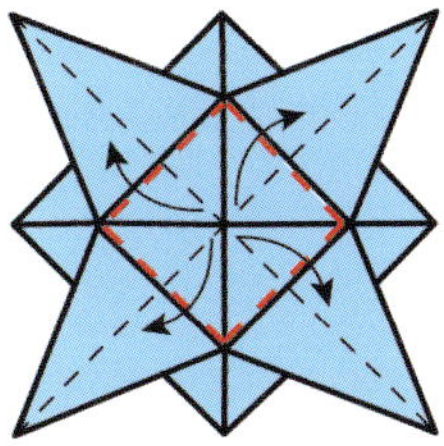

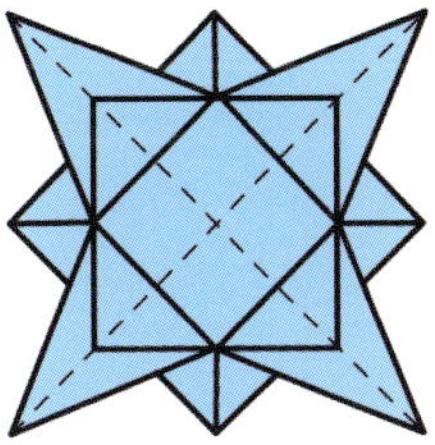

21 Schritt 1 bis Schritt 18 mit dem zweiten Papier wiederholen, allerdings dieses Mal das Papier in Schritt 1 mit der Rückseite nach oben hinlegen. Damit ist auch der untere Stern fertig.

22 Beide Sterne versetzt und Rücken an Rücken aufeinanderkleben. Zwischen die vier kurzen, nach oben geklappten Innenzacken das Teelicht setzen. Bitte beachten Sie, dass das Teelicht nie unbeaufsichtigt brennen sollte. Verwenden Sie sicherheitshalber Teelichtgläser.

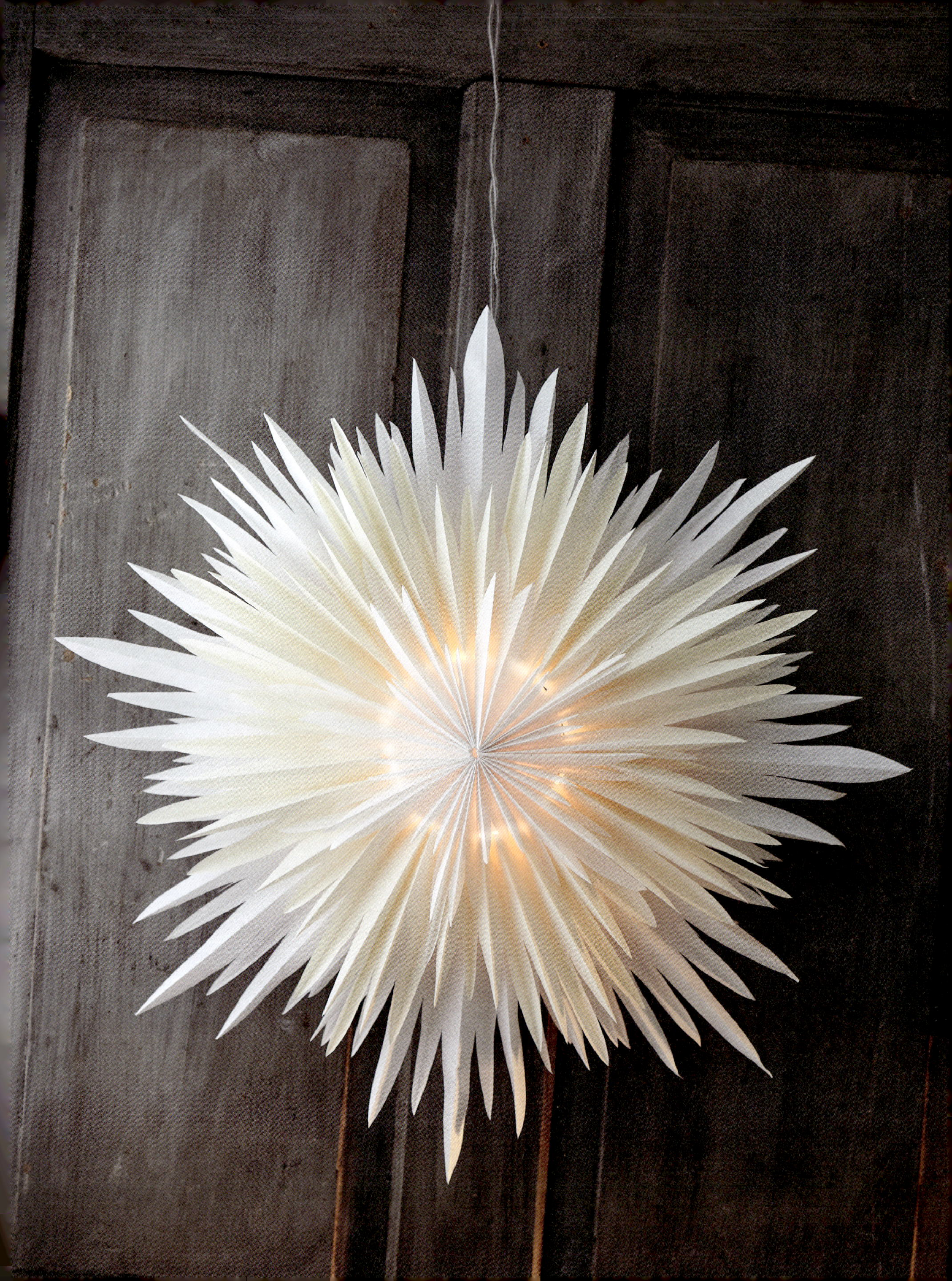

Dahlien-Stern

skandinavisch schön

Schwierigkeitsgrad ★★

Modellgröße ø ca. 50 cm

Material

- Geschenkpapier in Weiß, 40 cm x 100 cm, 2x 30 cm x 100 cm und 2x 25 cm x 100 cm
- Schreibpapier, 2x DIN A4
- 20er-Lichterkette in Weiß oder Transparent
- reißfestes Garn in Weiß
- UHU Alleskleber
- Lochzange
- Büroklammern
- Sticknadel
- Schere, Lineal

Vorlage Seite 117

Tipp

Für die verschiedenen Sternlagen können auch verschiedene Farben wie z.B. Weiß und Creme abgewechselt werden. Das macht die Sterne noch plastischer.

1 Legen Sie die fünf Papierstreifen in Falten. Folgen Sie dazu der Anleitung für die Plissée-Faltung auf Seite 63 (Schritt 1 bis Schritt 4). Den Faltvorgang noch einmal wiederholen, sodass jeder Streifen 32 Faltabschnitte hat. Anschließend jeden Streifen der Länge nach teilen. Sie haben nun zwei 20 cm breite Streifen, vier 15 cm breite Streifen und vier 12,5 cm breite Streifen mit jeweils 32 Faltabschnitten.

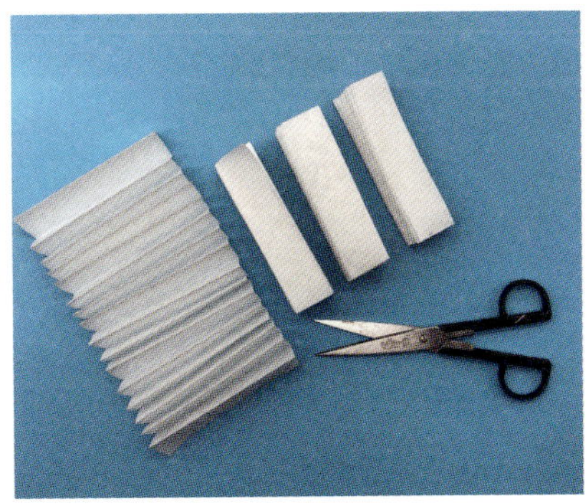

2 Die großen Papierstreifen öffnen und jeweils zu einem Stapel mit acht Papierlagen zusammenlegen. Jede Papierlage hat vier Faltabschnitte. Die Vorlage für den großen Stern passgenau auflegen und die Zacken mit Bleistift übertragen. Ausschneiden und die Bleistiftlinien vorsichtig ausradieren.

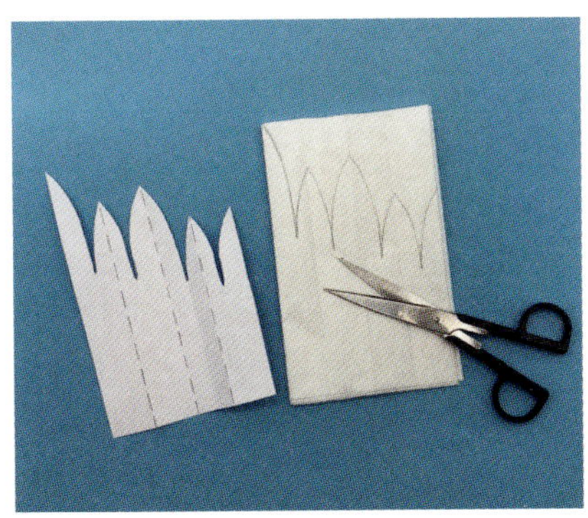

3 Nun die Papierstreifen erneut im Zickzack zusammenlegen. Danach die letzten Schritte mit den vier mittleren Papierstreifen und den vier kleinen Papierstreifen wiederholen.

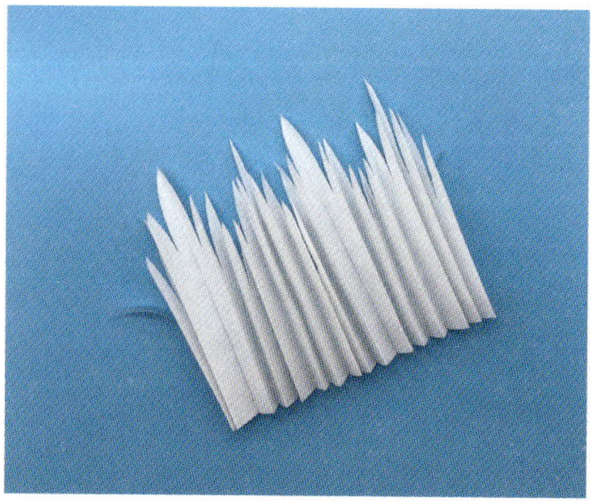

4 Als nächstes werden immer zwei Streifen miteinander verbunden. Dazu die letzte halbe Zacke des ersten Streifens mit Klebstoff bestreichen und deckungsgleich auf die erste halbe Zacke des zweiten Streifens kleben. Zur besseren Veranschaulichung sind die beiden halben Zacken auf dem Foto mit Bleistift schraffiert.

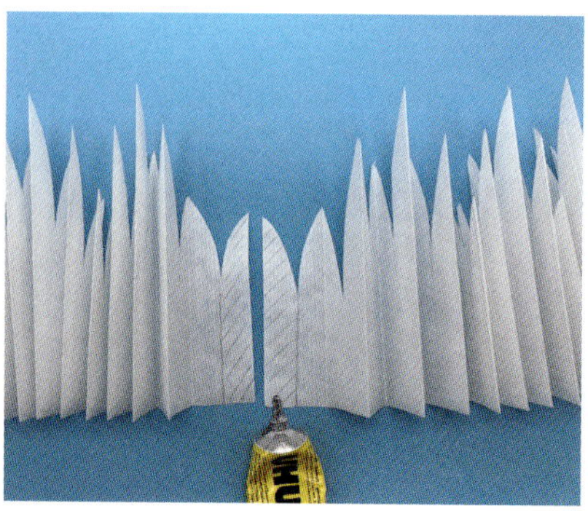

5 Den großen Streifen 1 cm über der unteren Kante mittig lochen. Das Loch sollte ca. 2 mm groß sein. Es reicht, wenn die Position des Lochs auf dem obersten Faltabschnitt bestimmt wird. Dann das Loch immer durch einen Stapel aus mehreren Papierlagen gleichzeitig stanzen und dabei ein dünnes Kartonstück unterlegen. Bei jedem neuen Stapel oben einen bereits gestanzten Abschnitt als Schablone auflegen.

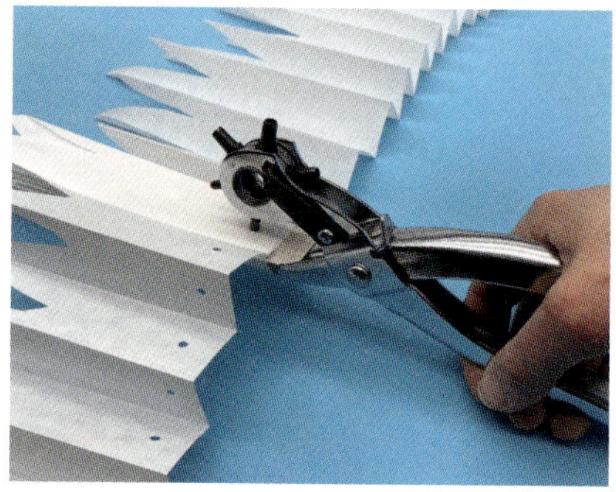

6 Aus dem Schreibpapier mithilfe der Vorlage zwei Ringe ausschneiden. Die Kreise in der Mitte sauber herausschneiden und zur Seite legen. Sie werden später noch gebraucht. Einen Ring auf die Arbeitsfläche legen. Einen etwa 50 cm langen Garnfaden durch die eingestanzten Löcher am großen Papierstreifen fädeln.

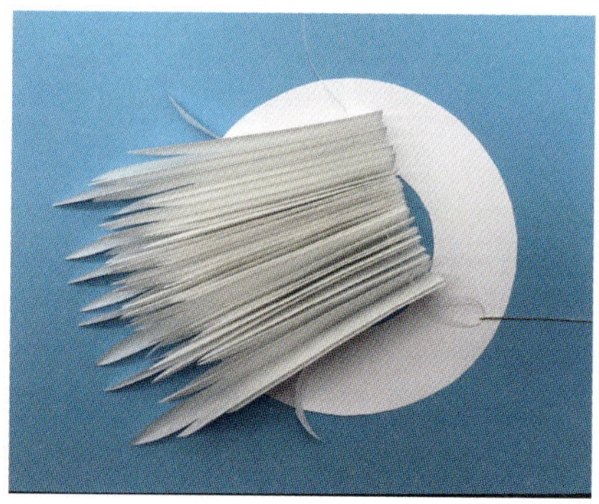

7 Die Faltabschnitte entlang der inneren Kreislinie des Rings auffächern. Anfang und Ende des Papierstreifens wie in Schritt 4 beschrieben zusammenkleben und zum Trocknen mit Büroklammern fixieren. Die beiden Enden des Fadens verknoten. Dabei darauf achten, dass die Öffnung im Innern nicht zusammengezogen wird.

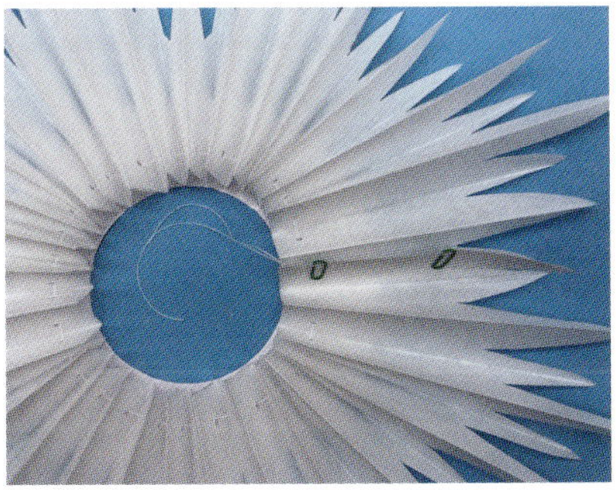

8 Die Büroklammern entfernen und die einzelnen Faltabschnitte gleichmäßig im Kreis verteilen. Den zweiten Ring auf einer Seite dick mit Klebstoff bestreichen und mittig auf den aufgefächerten Ring legen. Gut andrücken, bis der Klebstoff fest ist. Sie können den Ring dazu zum Beispiel mit einem dünnen, großen Buch beschweren. Danach die Arbeit wenden und den ersten Papierring ebenso aufkleben.

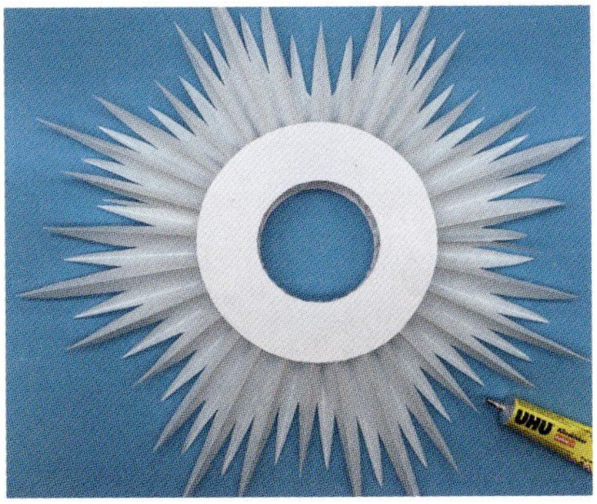

9 Die erste Runde des Sterns ist damit fertig. Für die zweite Runde einen mittleren Papierstreifen nehmen, im Kreis auffächern und Anfang und Ende wieder wie in Schritt 4 beschrieben zusammenkleben und zum Trocknen mit Büroklammern fixieren.

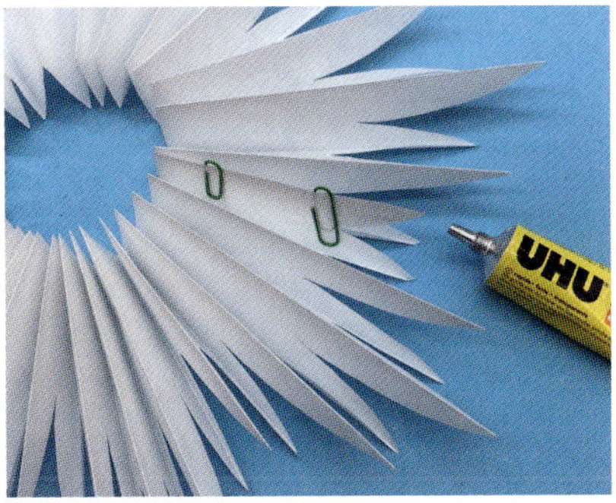

10 Den Papierkreis der ersten Runde dick mit Klebstoff bestreichen und den mittelgroßen Stern vorsichtig auflegen, sodass die Zacken der beiden Sterne versetzt zueinander sind. Die Falten zügig gleichmäßig verteilen und darauf achten, dass die Öffnungen im Innern bündig sind. Zum Trocknen am besten wieder mit dem Buch beschweren.

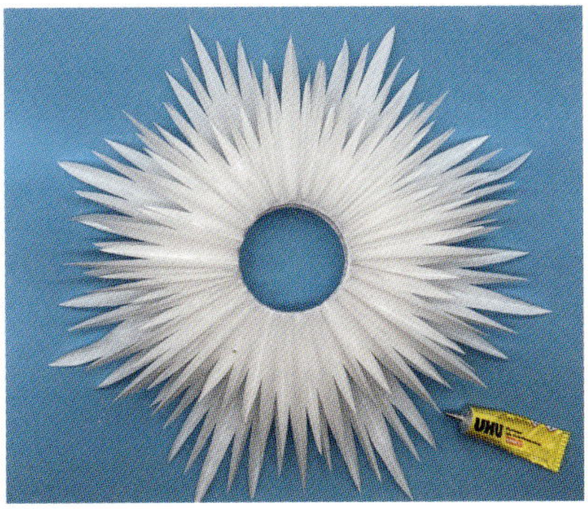

11 Für die dritte Runde einen kleinen Papierstreifen wie in Schritt 5 beschrieben lochen.

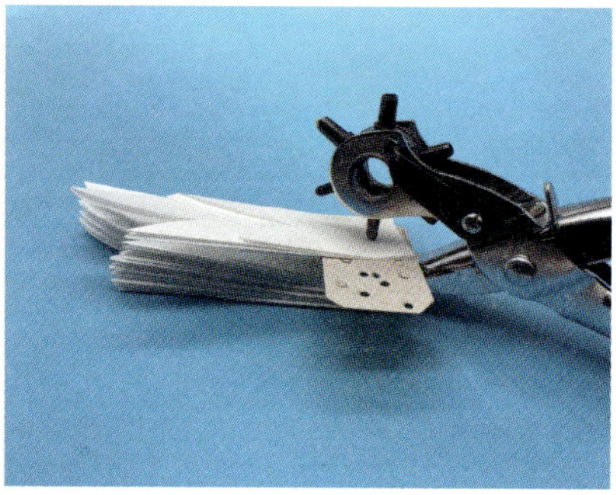

12 Die Faltabschnitte im Kreis auffächern und wie in Schritt 4 beschrieben Anfang und Ende zusammenkleben. Nach dem Trocknen die Büroklammern wieder entfernen.

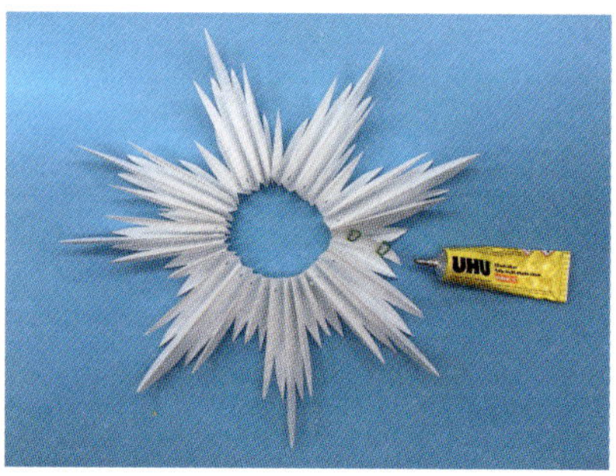

13 Einen etwa 30 cm langen Faden durch die Löcher ziehen, den Stern in der Mitte mit dem Faden eng zusammenziehen und die Fadenenden fest miteinander verknoten. Die Enden abschneiden.

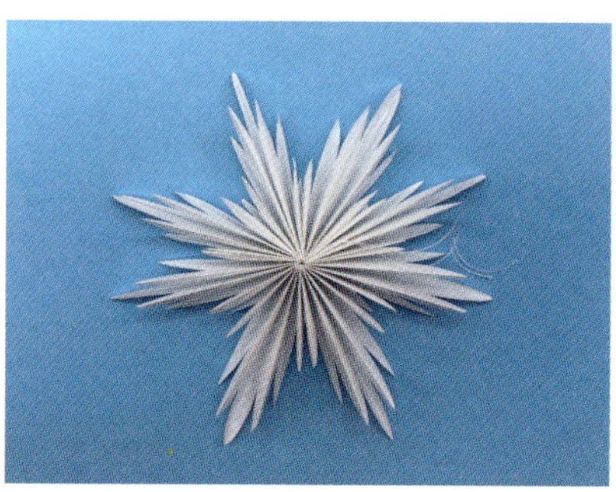

14 Den kleinen Stern mit der Rückseite nach oben hinlegen (Seite mit den langen Zacken). Die Faltabschnitte und die Zacken gleichmäßig ausrichten. Dann einen der Papierkreise dick mit Klebstoff bestreichen und mittig aufkleben. Zum Trocknen am besten wieder mit dem Buch beschweren.

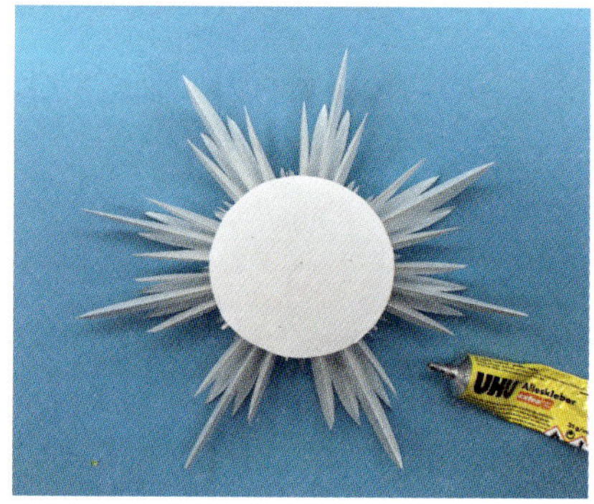

15 Auf der Rückseite des kleinen Sterns die Faltabschnitte einmal um den Papierkreis herum mit Klebstoff bestreichen.

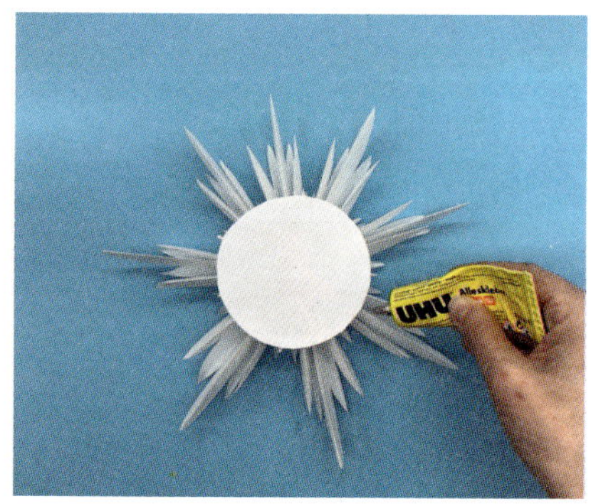

16 Den kleinen Stern so auf dem mittleren Stern platzieren, dass der Papierkreis in der Öffnung liegt und die Sternzacken in die gleiche Richtung wie beim großen Stern zeigen. Der kleine Stern etwas andrücken, sodass er in den mittleren Stern sinkt. Die erste Seite des Sterns ist fertig.

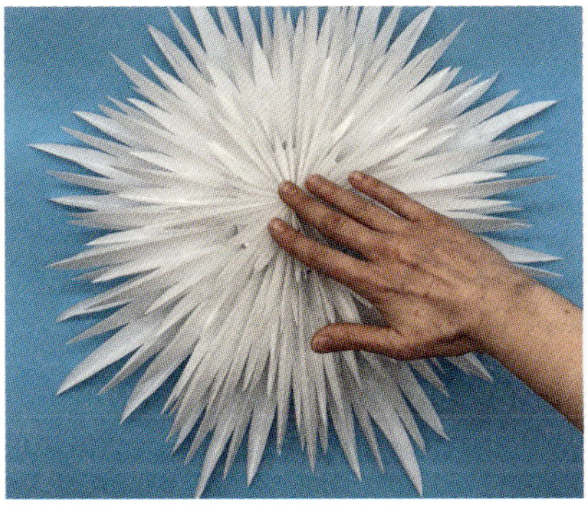

17 Nun wird die Beleuchtung angebracht. Fädle die Lichterkette an einer Zacke des großen Sterns zwischen den beiden Papierringen durch und ziehe die Lichter komplett in das Innere.

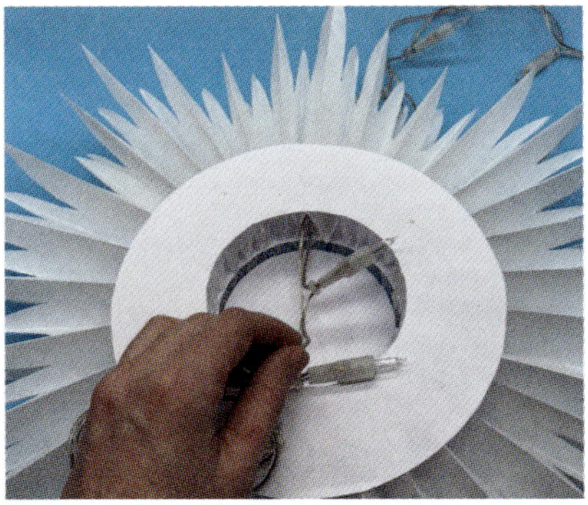

18 Je nach Lichterkette hält diese bereits fest im Stern und kann somit zugleich als Aufhängung verwendet werden. Ansonsten kann die Lichterkette mit einem Faden am Rundfaden des großen Sterns festgeknotet werden. Die Enden des Fadens abschneiden oder gegebenenfalls durch die Sternzacke nach außen führen und als Aufhängung verwenden.

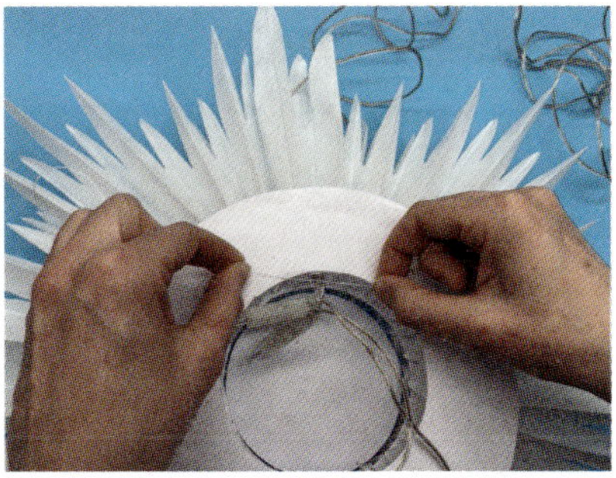

19 Nun kann die zweite Sternseite geschlossen werden. Dazu zuerst wie in Schritt 9 und Schritt 10 beschrieben den mittleren Stern anbringen.

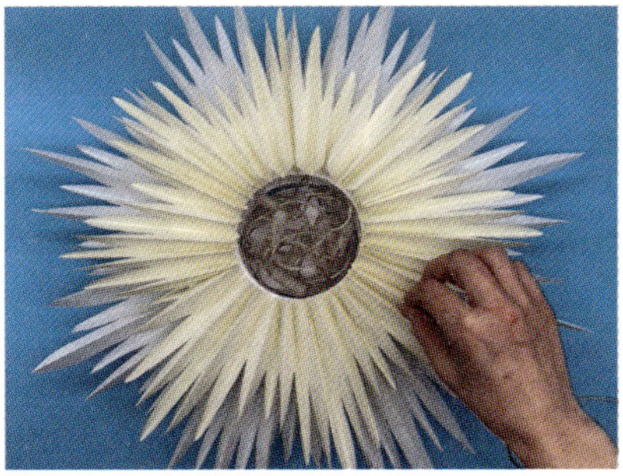

20 Dann wieder wie in Schritt 11 bis Schritt 16 beschrieben den kleinen Stern anfertigen und in die Mitte kleben.

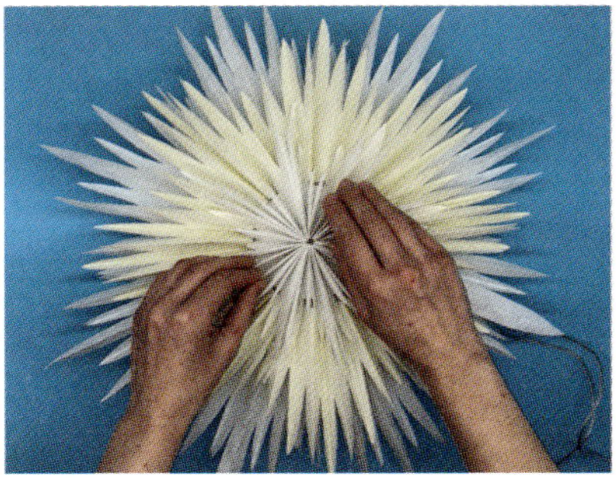

Lichterglanz zum Träumen

geschickt geknickt

Schwierigkeitsgrad ★

Modellgröße Windlicht
15 cm hoch, Stern ø 12 cm

Material

WINDLICHT

* Fotokarton in Purple, gerippt, A4
* Transparentpapier in Pink, A4
* Cutter und Schneideunterlage
* UHU Alleskleber
* Glaswindlicht

STERN

* Fotokarton in Purple, 2x 15 cm x 15 cm
* Cutter und Schneideunterlage
* UHU Alleskleber

Vorlage Seite 116

Windlicht

1 Die Vorlage auf den Fotokarton übertragen und das Motiv mit dem Cutter ausschneiden. Am besten mit den kleinen Sternen beginnen. Danach die Schnitte für die großen Sterne machen. Dabei am besten immer von außen nach innen arbeiten, damit das Messer beim Schneiden mehr Halt im Papier hat.

2 An den großen Sternen die äußeren Zacken nach innen falten, sodass sie alle zur Mitte zeigen. Auf der Rückseite das Transparentpapier aufkleben. Dann das Papier wenden und die gefalteten Sternzacken mit wenig Klebstoff fixieren.

3 Die Banderole zum Ring kleben. Das gelingt leichter, wenn das Papier davor einmal aufgerollt wird. Zuletzt das Windlicht hineinstellen.

Stern

1 Die Vorlage auf die beiden Fotokartonstücke übertragen und ausschneiden. Mit den Innenschnitten beginnen, dann den kleinen Stern in der Mitte ausschneiden. Zum Schluss den Stern an der Kontur herauslösen.

2 Die zweiten Zacken von außen rundum nach innen falten, sodass sie zur Mitte zeigen. Die Faltkanten gut glattstreichen. Danach beide Sterne Rücken an Rücken und mit versetzten Zacken aufeinanderkleben.

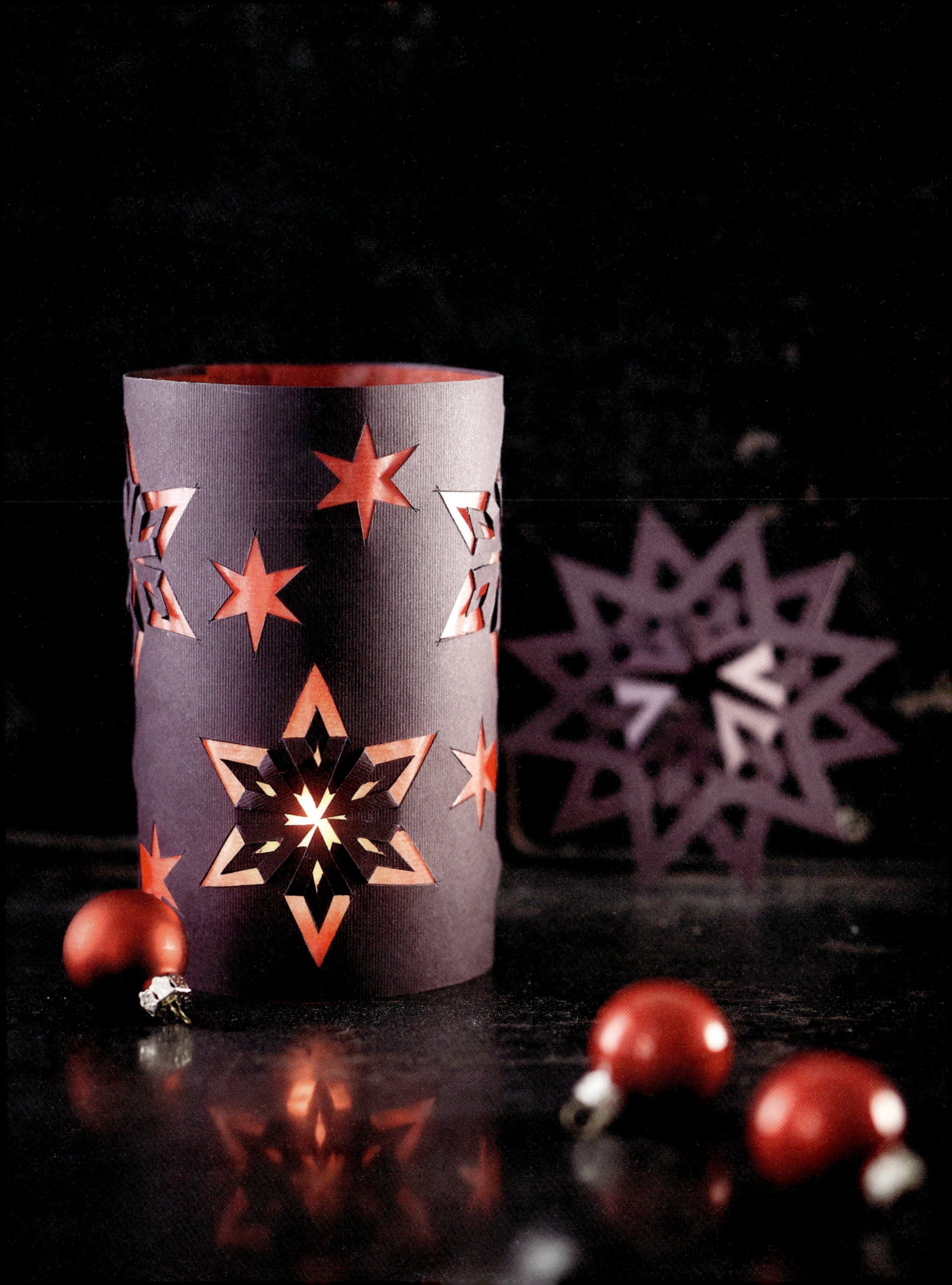

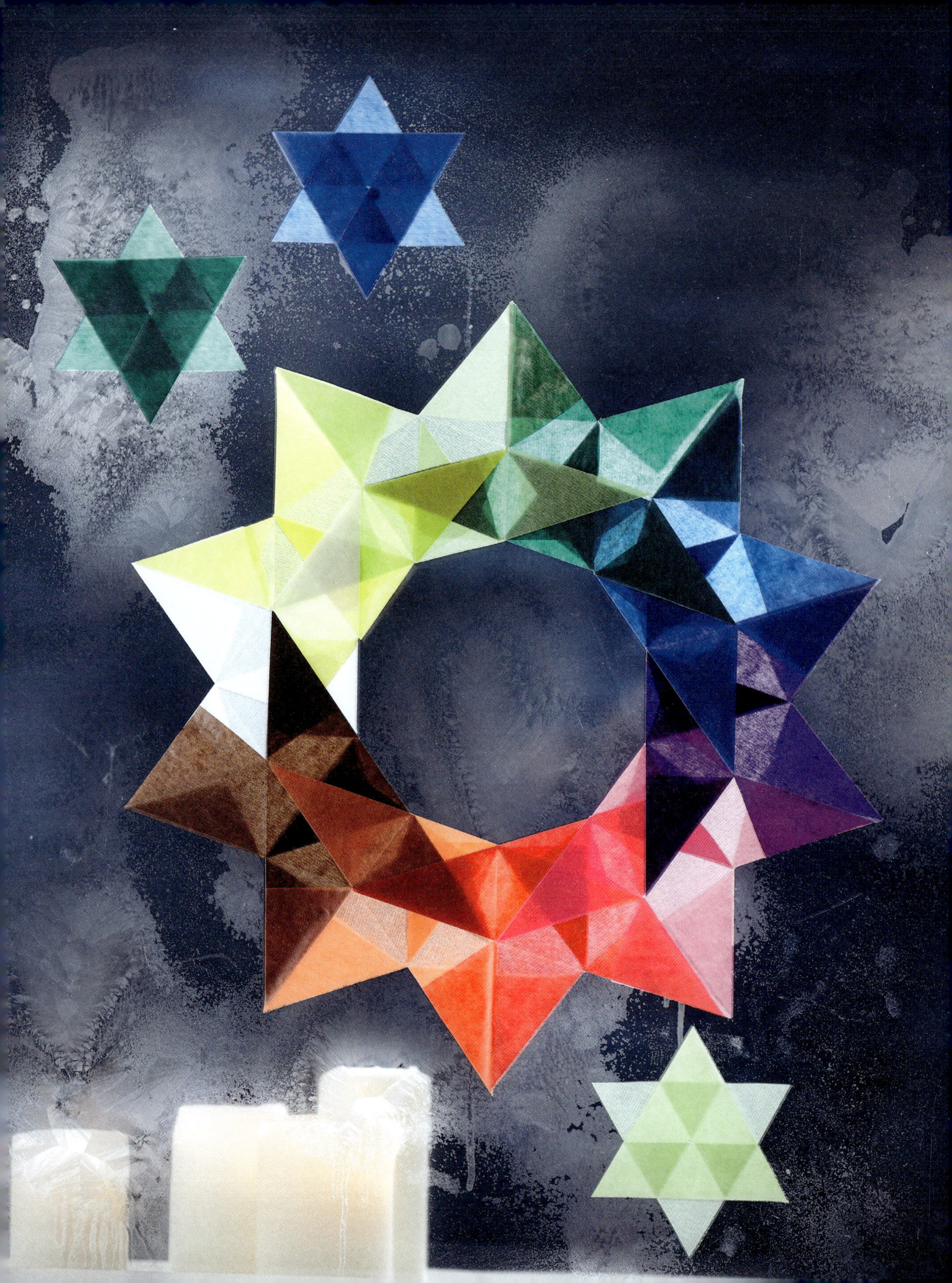

Farbenfrohe Fenstersterne

leuchten wie der Regenbogen

Schwierigkeitsgrad ★

Modellgröße ø 38 cm und 11 cm

Material

GROSSER STERN

- 10 transparente Faltblätter in verschiedenen Farben, 20 cm x 20 cm
- UHU Stick
- Schere

KLEINER STERN

- Transparentes Faltblatt in Wunschfarbe,
- 20 cm x 20 cm
- Schere
- Bleistift

Vorlage Seite 116

Großer Stern

1 Mithilfe der Vorlage aus jedem Faltblatt ein Fünfeck ausschneiden. Das Fünfeck mit der unteren Kante gerade ausrichten. Die obere Ecke an den seitlichen Ecken nach unten falten und wieder öffnen.

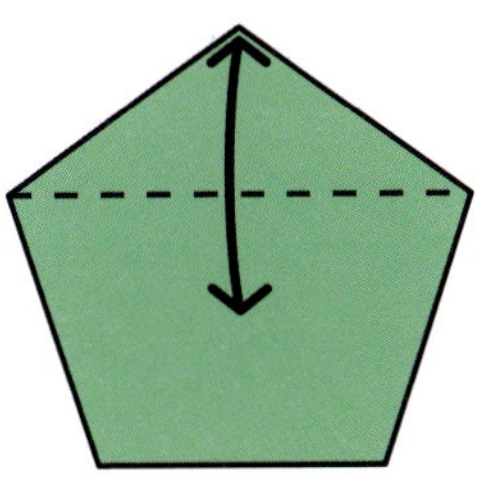

2 Mit den anderen Ecken wiederholen. Auf dem Fünfeck ist nun ein fünfzackiger Stern zu sehen.

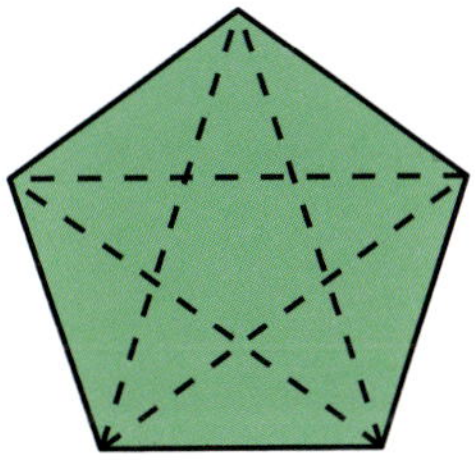

3 Die Mitte der Kanten mit einem Knick markieren und das Papier jeweils bis zur Ecke zwischen den Sternspitzen einschneiden.

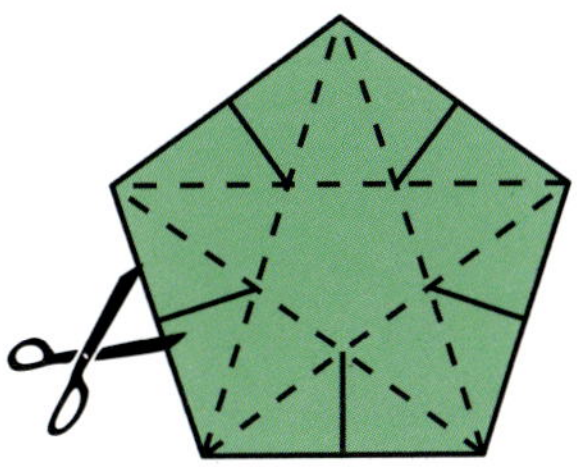

4 Das Dreieck rechts neben der Sternzacke nach links falten.

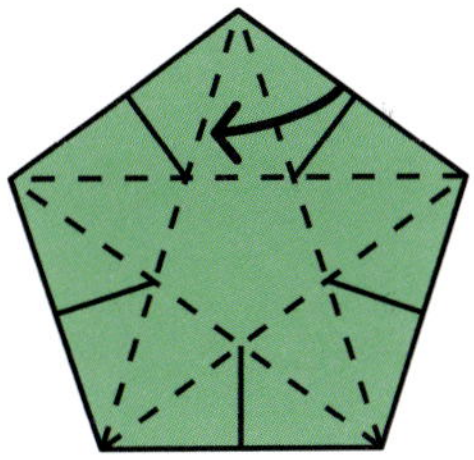

5 Dann das Dreieck links neben der Sternzacke nach rechts falten. Mit den anderen Sternzacken wiederholen.

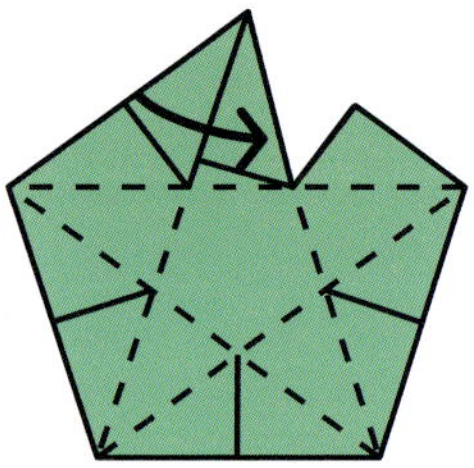

6 Der erste Stern ist fertig. Mit den anderen Papieren neun weitere Sterne anfertigen.

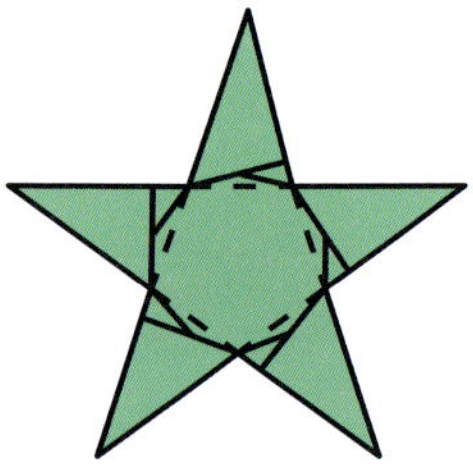

7 Zum Verbinden an jedem Stern die obere Sternzacke nach unten falten.

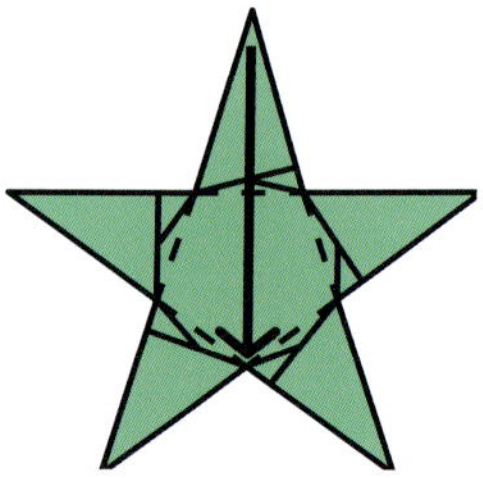

8 Dann die Lasche am Sternzacken rechts unten öffnen.

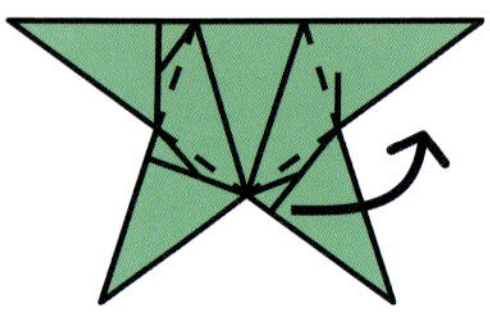

9 So sehen die Sternmodule nun aus.

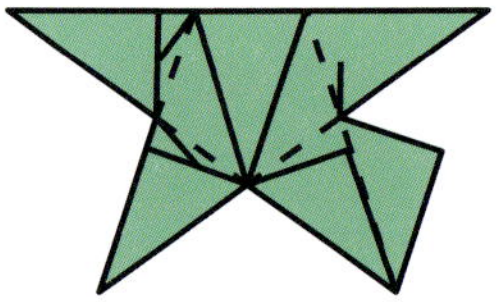

10 Die ersten beiden Sternmodule zusammenfügen. Zuerst die Lasche und die rechte Zacke des grünen Moduls mit Klebstoff bestreichen, dann das blaue Modul in das grüne Modul stecken, sodass die seitliche Zacke unter der eingeklappten Zacke des grünen Moduls liegt.

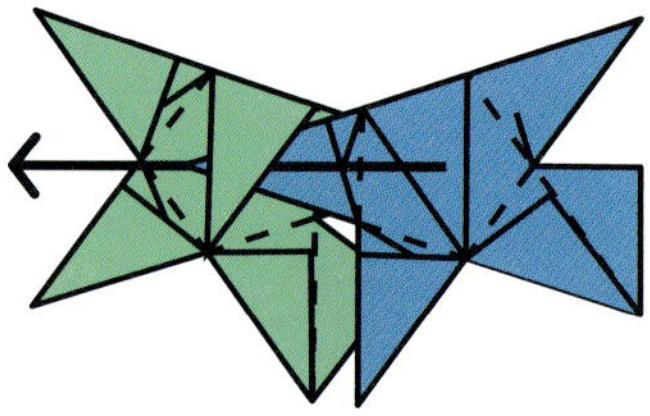

11 Die eingeklappte Sternzacke des grünen Moduls auf der Unterseite mit Klebstoff bestreichen und auf die blaue Sternzacke kleben. Danach die übrigen Sternzacken wie beschrieben anfügen und schließlich die Module zum Kreis schließen.

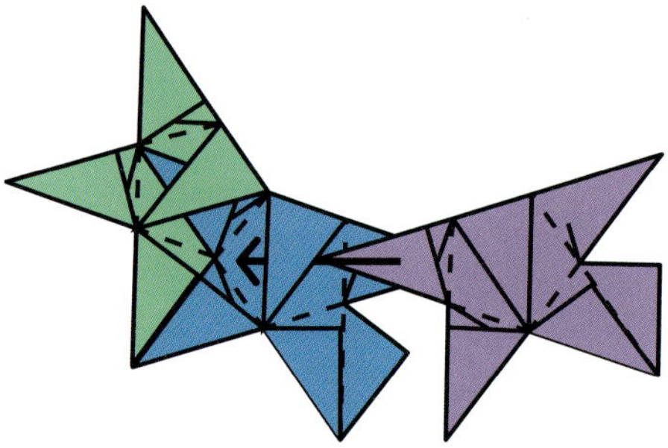

Kleiner Stern

1 Die Vorlage auf das Faltpapier übertragen und dabei auch die Markierungen an den Kanten anzeichnen. Das Dreieck ausschneiden, wenden und auf der Rückseite die Markierung in der Mitte des Dreiecks anzeichnen. Das Papier wieder wenden.

2 Nun wird gefaltet. Die untere Ecke des Dreiecks zur Markierung an der oberen Kante falten und wieder öffnen.

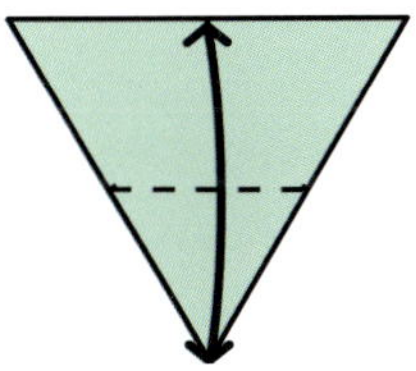

3 Die Faltung mit den anderen beiden Ecken wiederholen. Anschließend das Papier wenden.

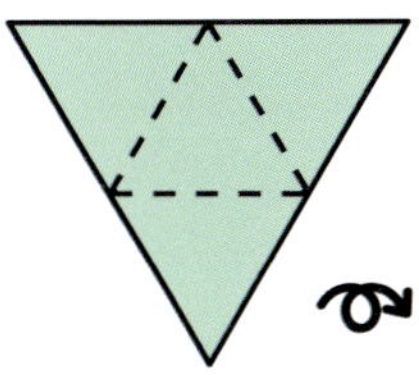

4 Die untere Ecke des Dreiecks zur Markierung in der Mitte falten und wieder öffnen.

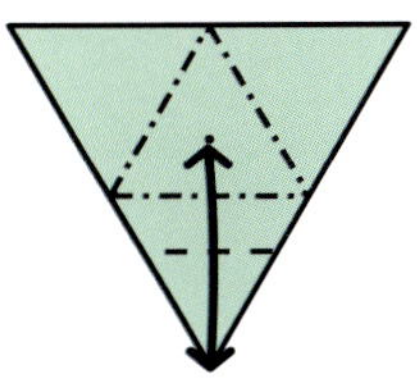

5 Die Faltung mit den anderen beiden Ecken wiederholen. Danach das Papier wieder wenden.

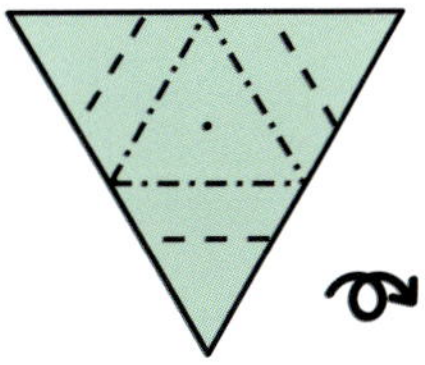

6 Die Faltkanten der Ecken nacheinander zur Mitte legen. Die letzte Kante dabei unter der ersten einstecken.

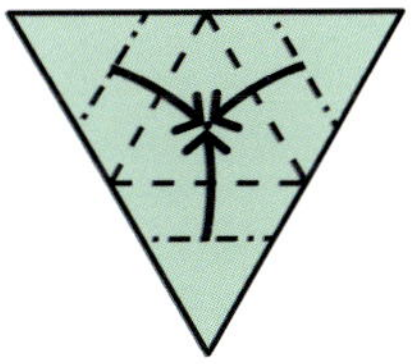

7 Der fertig gefaltete Stern.

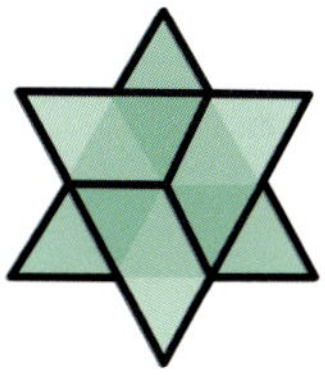

Tipp

Damit der Stern flach zusammenhält, können die einzelnen Lagen noch mit etwas UHU stic zusammengeklebt werden.

Geometrisches Windlicht

mit fünfzackigen Sternen

Schwierigkeitsgrad ★

Modellgröße 11 cm hoch

Material

- 10 Faltblätter in Silber-Mintgrün gemustert, 13 cm x 13 cm
- Schere
- Bleistift
- Lineal
- UHU stic
- LED-Teelicht

Vorlage Seite 118

1 Je fünf Faltblätter deckungsgleich aufeinanderlegen, eine Fotokopie der Vorlage auflegen und außerhalb des Motivs festtackern. Beide Fünfecke durch alle Lagen hindurch ausschneiden.

2 Auf der Rückseite der Fünfecke wie auf der Vorlage abgebildet die Hilfslinien anzeichnen. Dann alle Ecken der Fünfecke bis zur nächsten Linie nach innen falten, sodass etwas kleinere Fünfecke entsteht.

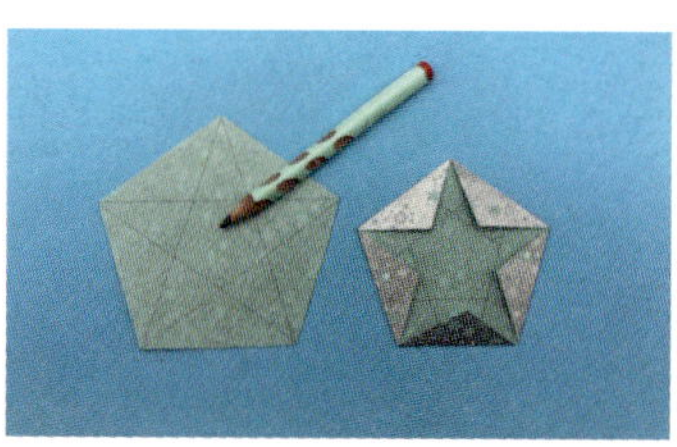

3 Die ersten beiden Fünfecke miteinander verbinden. Dazu jeweils eine Klebelasche öffnen. Die Lasche des linken Fünfecks auf der Rückseite mit Klebstoff bestreichen, die Lasche des rechten Fünfecks auf der Vorderseite des Papiers.

4 Auf diese Weise fünf Sterne in einem Halbkreis aneinanderfügen und dann zum Kreis schließen. Die Laschen an der unteren Kante mit Klebstoff bestreichen und nach oben falten.

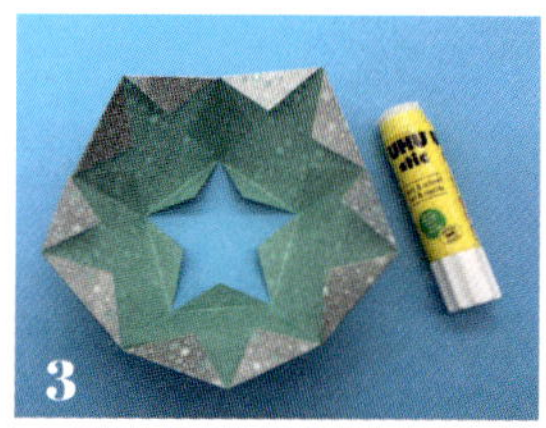

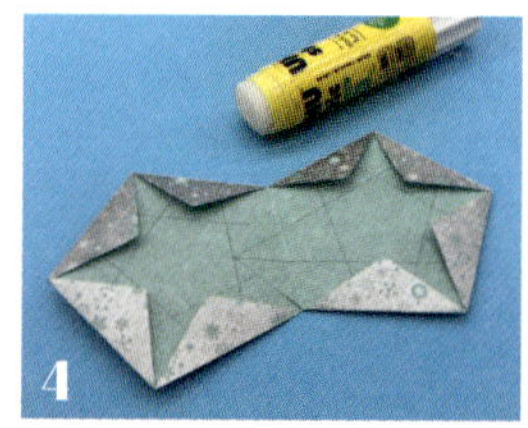

5 Den zweiten Ring ebenso anfertigen und dann mithilfe der Klebelaschen mit dem ersten verbinden. Die Fünfecke der beiden Ringe greifen dabei immer versetzt ineinander.

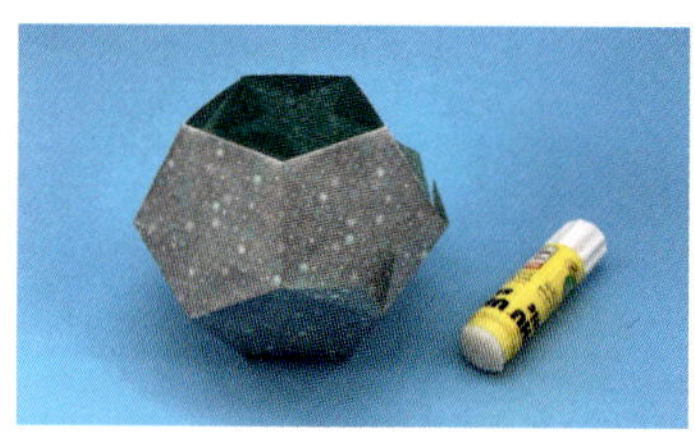

6 Zum Schluss das Teelicht anschalten und in das Dodekaeder-Windlicht stellen.

Tipp

Sie können die Vorlage auch etwas vergrößern und eine etwas größere Windlichthülle basteln.

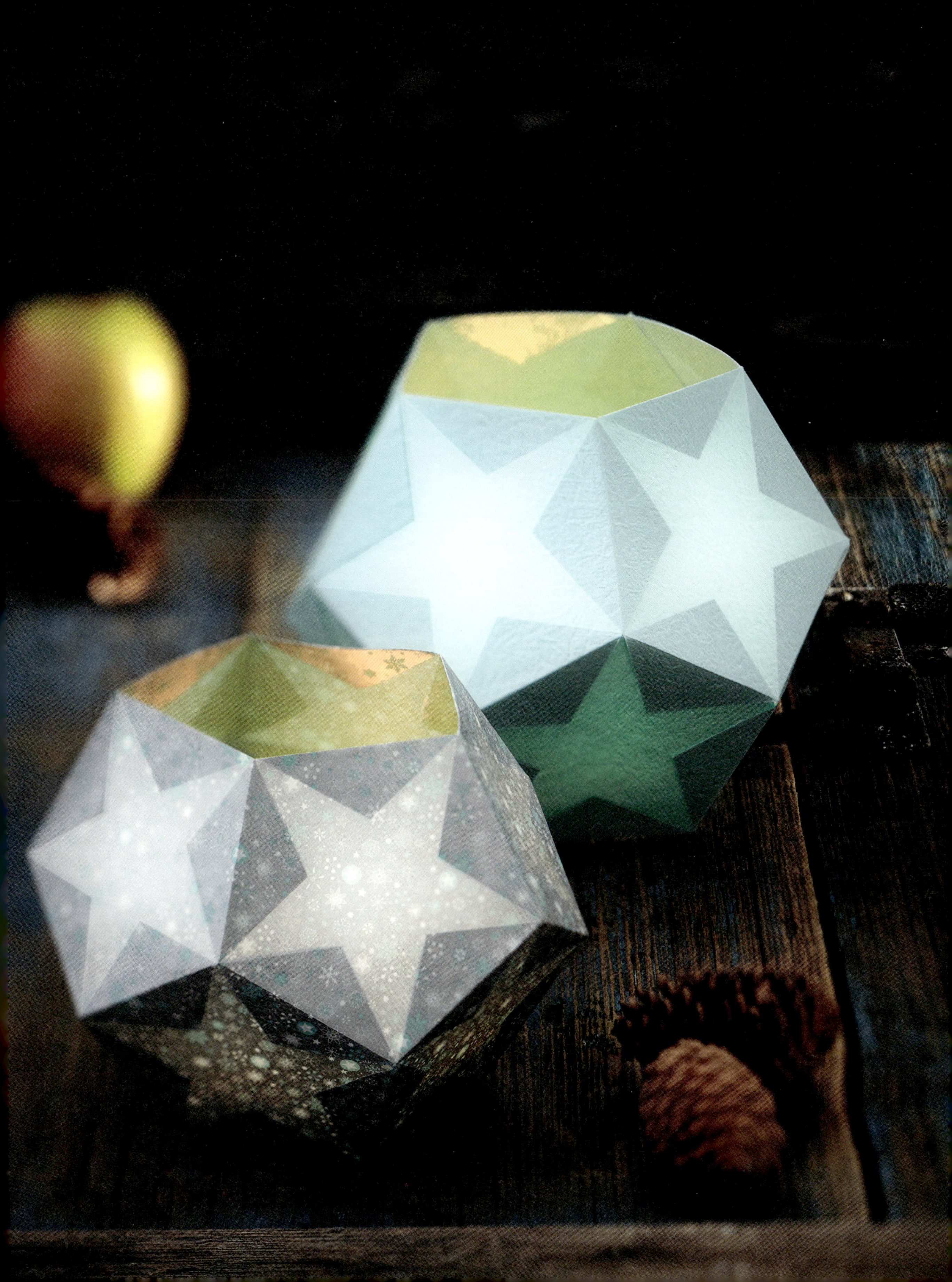

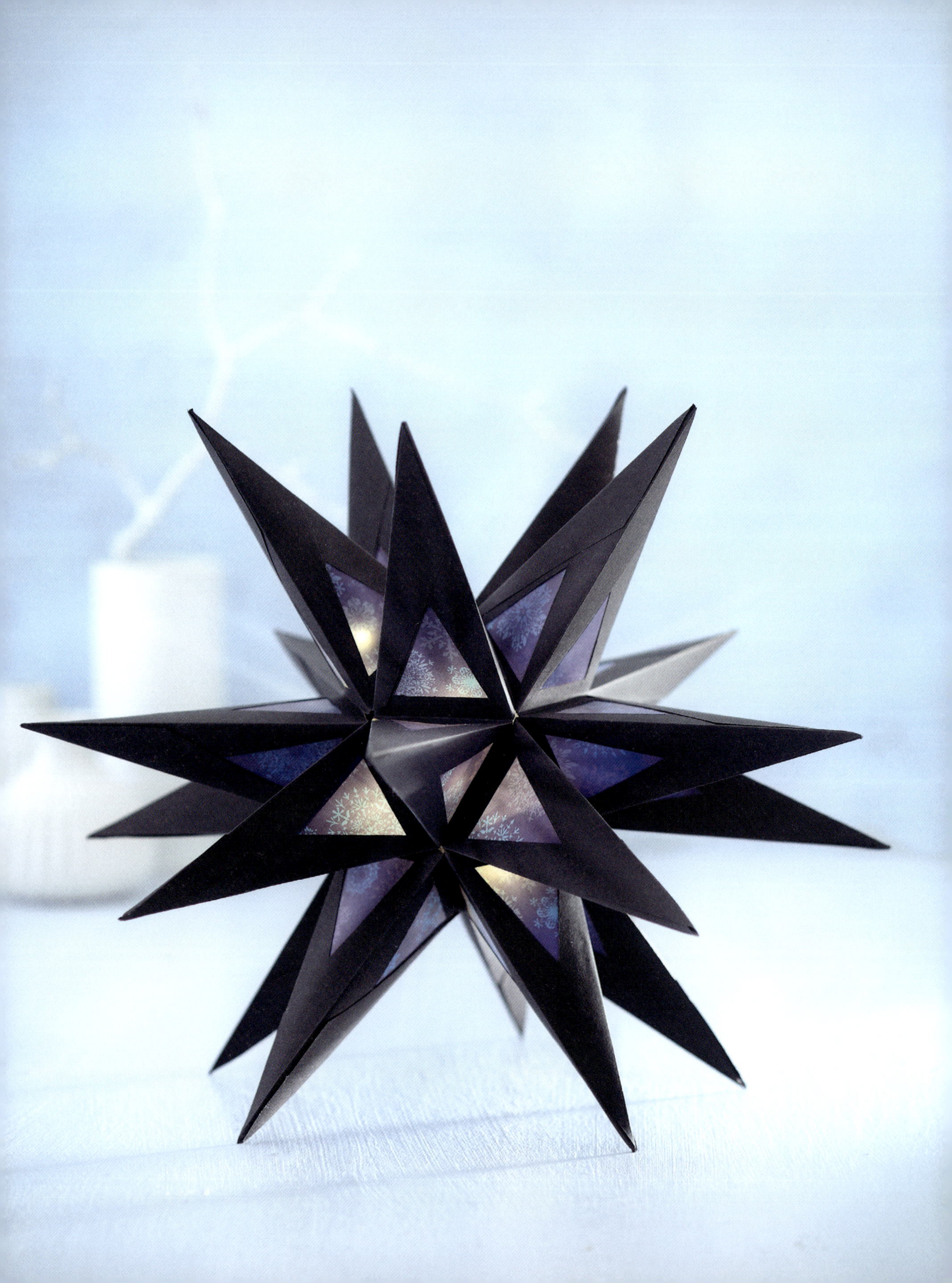

Venezia-Stern

der schönste Stern am Abendhimmel

Schwierigkeitsgrad ★★★

Modellgröße ø ca. 40 cm

Material

* Tonpapier in Schwarz, 10 x DIN A4
  extrastarkes Transparentpapier in Blau-Violett gemustert, 50 cm x 60 cm
* 10 Wäscheklammern
* UHU Alleskleber oder doppelseitiges Klebeband
* Schere
* Cutter mit Schneideunterlage
  stumpfe Sticknadel
* Lineal
* LED-Lichterkette

Vorlage Seite 119

Sternzuschnitte vorbereiten

Den Tonkarton in 30 Papierstreifen à je 7 cm x 29 cm schneiden und mithilfe der Vorlage jeweils einen Sternzuschnitt ausschneiden. Die Dreiecke im Innern ausschneiden, die Faltlinien mit der dicken Nadel am Lineal entlang falzen und die Module anschließend falten. Dabei die Linien für die Berg- und Talfalten beachten (siehe Seite 15). Aus dem Transparentpapier 58 kleine Dreiecke ausschneiden (siehe Vorlage) und hinter die Ausschnitte in den Sternzuschnitten kleben. Ein Sternzuschnitt bleibt ohne Transparentpapier.

Den Stern zusammenfügen

1 Drei Sternzuschnitte zusammenkleben. Die Randstreifen, auf die der Klebstoff aufgebracht wird, sind mit einem schwarzen Punkt markiert (siehe Vorlage). Um Ihnen das Zusammensetzen besser zu veranschaulichen, wird der Stern hier aus gelben und roten Zuschnitten gearbeitet.

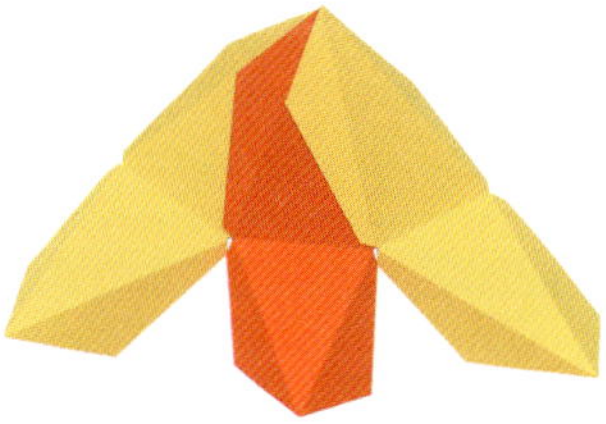

2 Den ersten und den dritten Sternzuschnitt (gelb) zur ersten Zacke zusammenkleben.

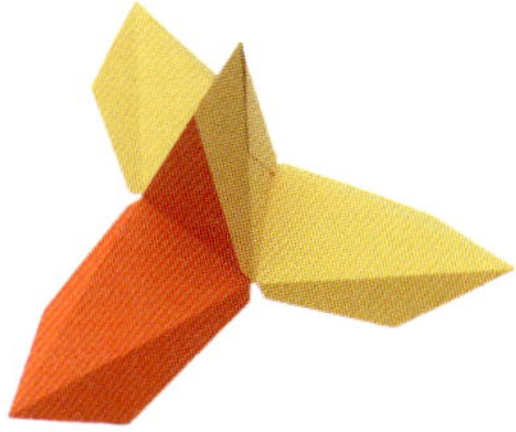

3 Einen zweiten Zacken anfertigen und die beiden Zacken nebeneinanderstellen.

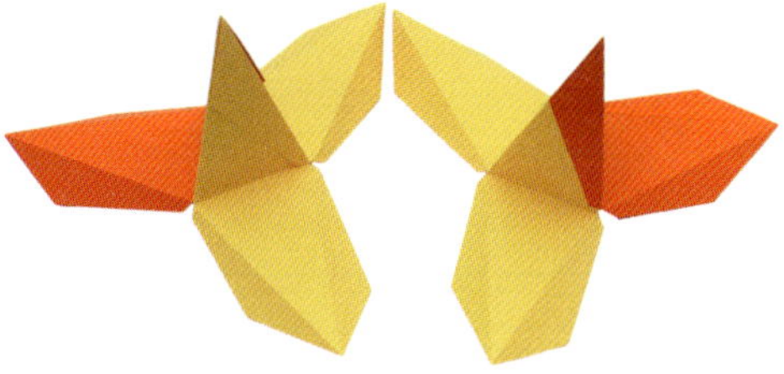

4 Die nach hinten weisenden Spitzen der beiden Zacken verbinden. Die beiden nach vorne weisenden Spitzen überkreuzen sich dadurch.

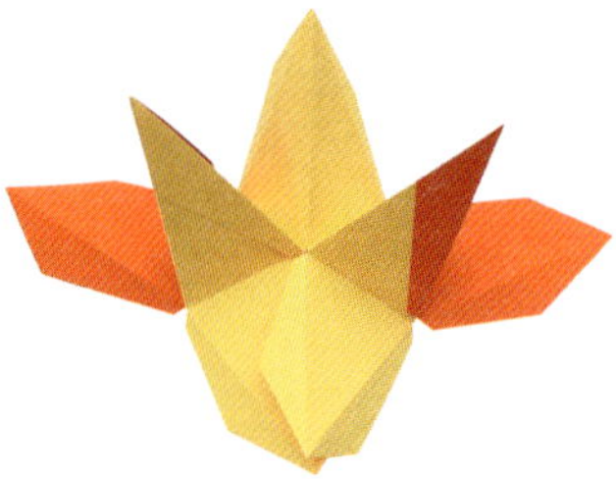

5 Zwischen den beiden nach vorn weisenden Spitzen einen weiteren Sternzuschnitt anbringen (gelb). Er liegt quer zwischen den Spitzen.

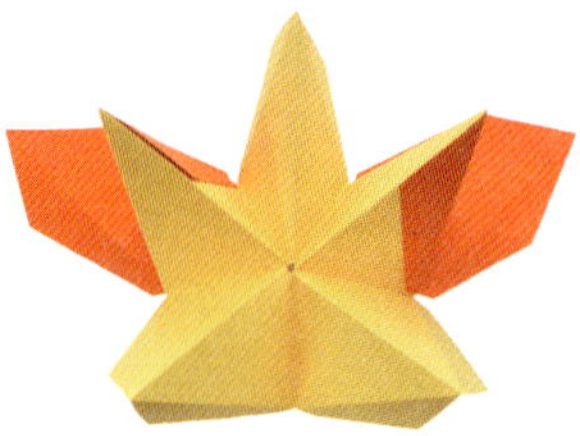

6 An der rechten Spitze einen weiteren Zuschnitt an der linken Kante anbringen (rot).

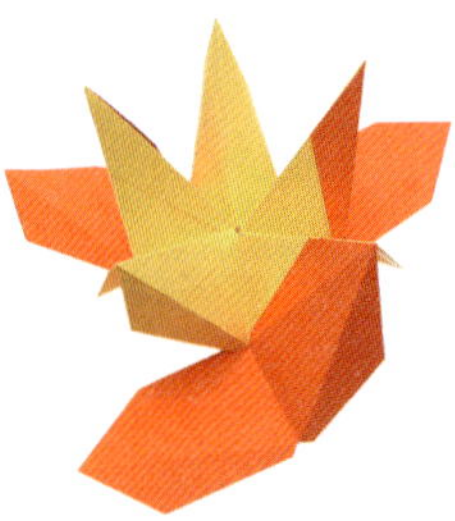

7 Den Zuschnitt nach rechts klappen und den dritten Zacken kleben.

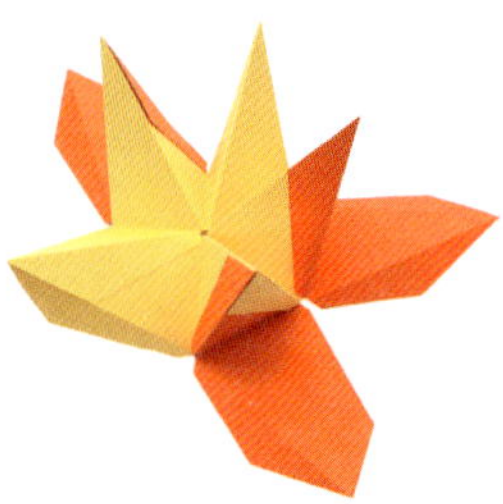

8 Nun an der linken vorderen Spitze ebenso einen weiteren Zuschnitt anbringen (rot) und die vierte Zacke kleben.

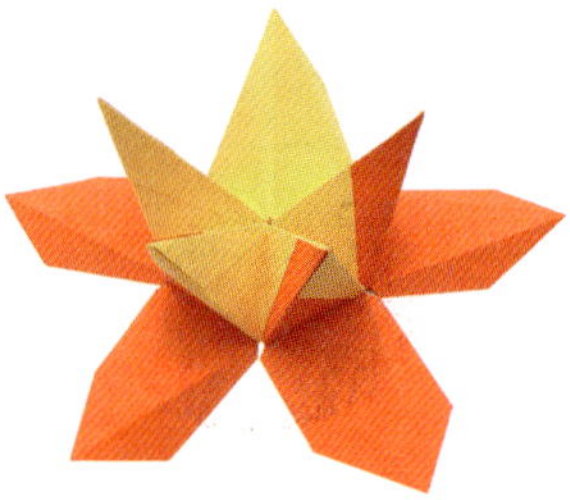

9 Zuletzt mit der nach hinten weisenden Spitze wiederholen. Der Stern hat nun fünf Zacken.

10 Das Ganze wenden.

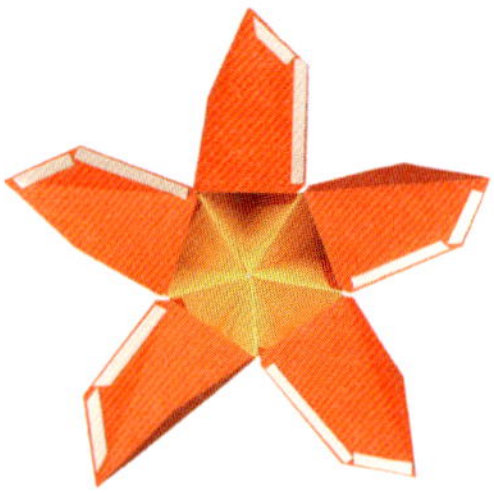

11 An der linken Kante der rechten vorderen Spitze einen Zuschnitt (gelb) ankleben.

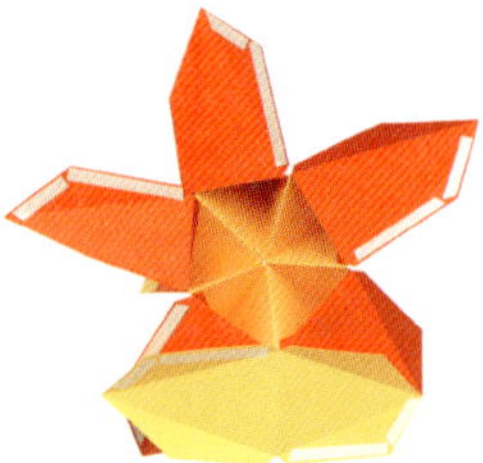

12 Dann an der rechten Kante der Spitze ebenfalls einen Zuschnitt (gelb) ankleben.

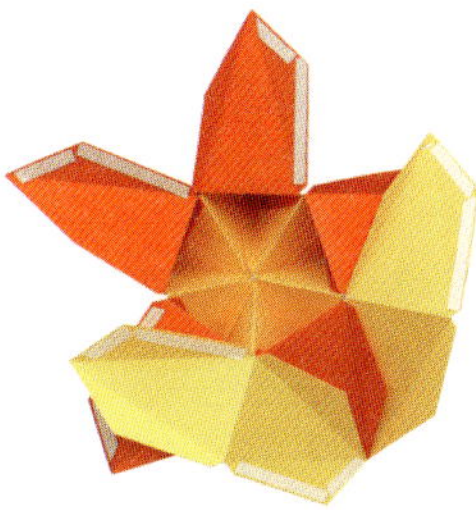

13 Die beiden Zuschnitte (gelb) miteinander verbinden, sodass der sechste Zacken entsteht.

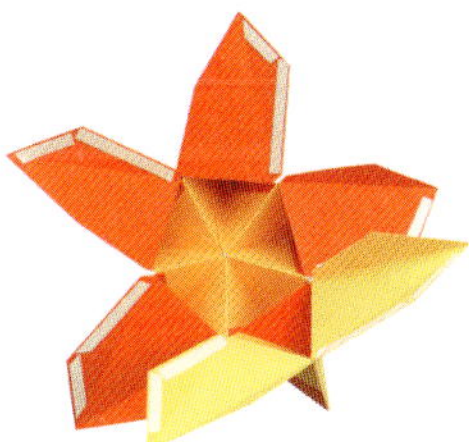

14 Schritt 11 bis Schritt 13 mit den restlichen vier roten Spitzen wiederholen. Der Stern hat nun zehn Zacken.

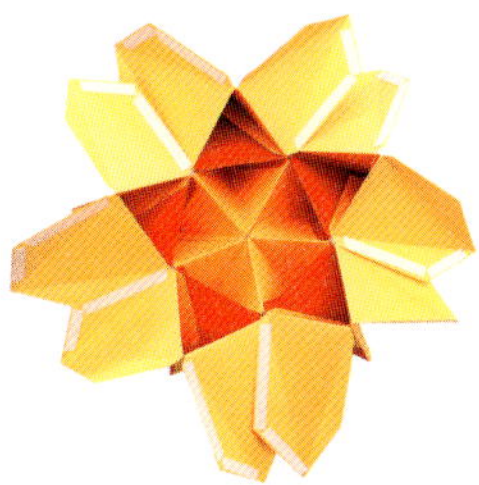

15 Zur besseren Übersicht werden die zehn nach außen weisenden Spitzen (gelb) mit Klammern fixiert.

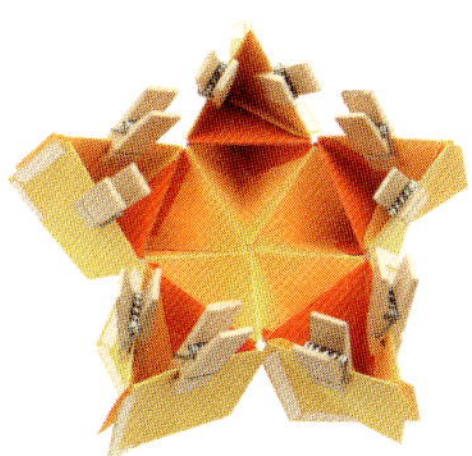

16 Von den beiden nach vorne weisenden gelben Spitzen die Klammern lösen und diese beiden Spitzen zu einer breiten Spitze zusammenkleben.

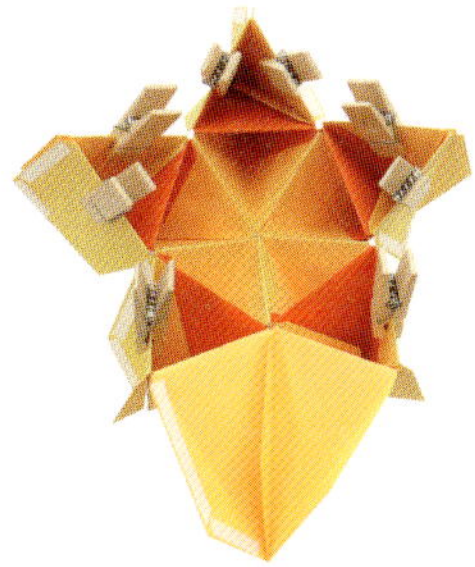

17 Rundum noch viermal wiederholen. Sie haben jetzt fünf breite Spitzen.

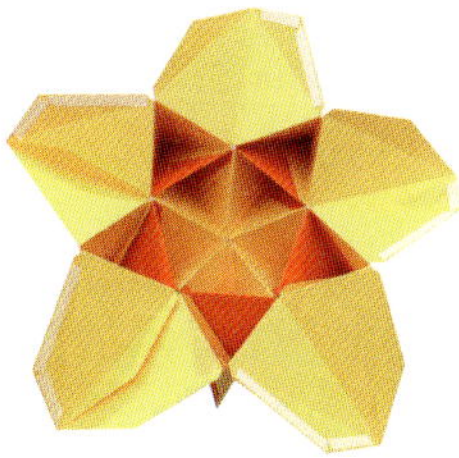

18 Am oberen Rand der rechten Spitze einen Zuschnitt (rot) von außen ankleben.

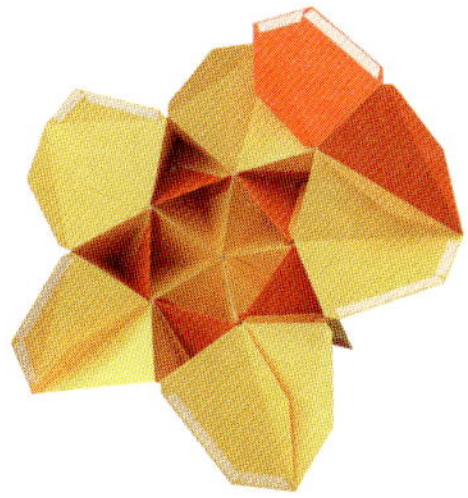

19 Den roten Zuschnitt nach unten klappen und mit dem gelben Zuschnitt verbinden. So entsteht der elfte Zacken.

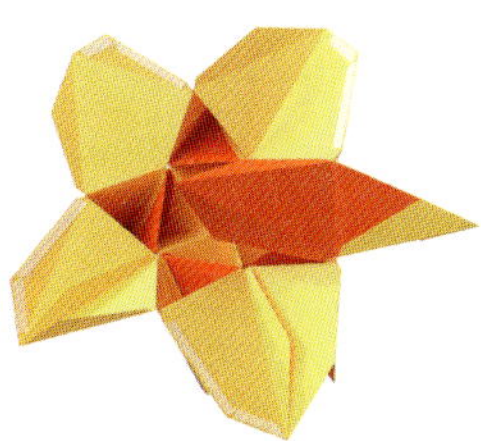

20 Die Spitze des roten Zuschnitts weist nach links. Diese Spitze nach rechts umklappen.

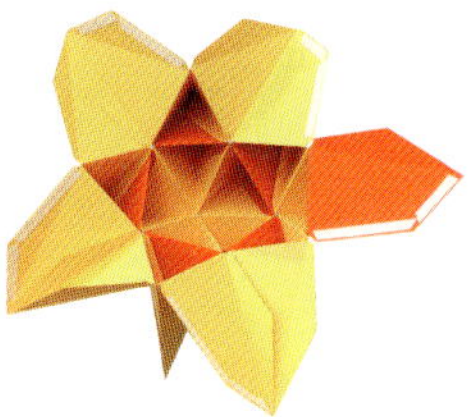

21 Schritt 18 bis Schritt 20 rundum viermal wiederholen. Jetzt haben Sie drei Runden mit jeweils fünf Zacken gearbeitet.

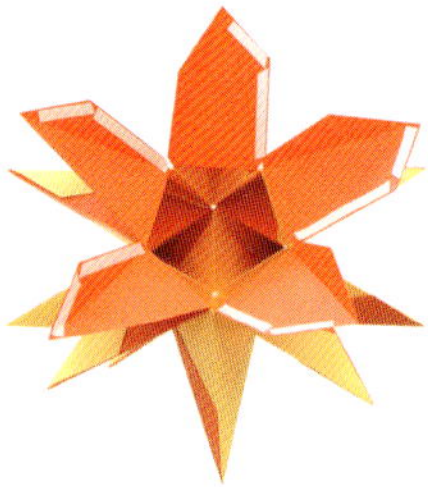

22 Zur besseren Übersicht werden die roten Spitzen wieder festgeklammert.

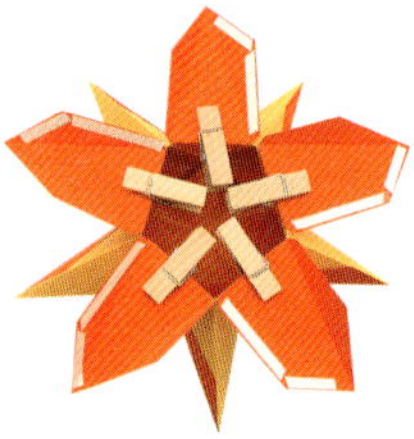

23 Die Klammer der hinteren Spitze lösen und an der rechten Kante einen Zuschnitt (gelb) ankleben.

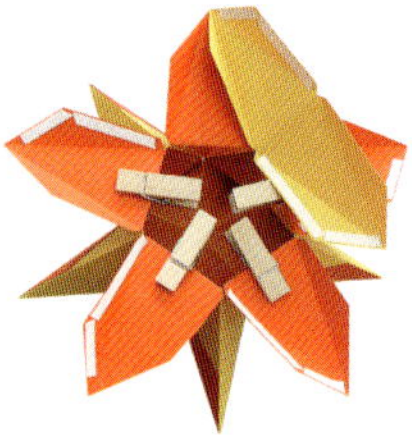

24 Die Klammer der rechten Spitze lösen und den Zuschnitt (gelb) ankleben, sodass er quer zwischen den beiden Spitzen liegt.

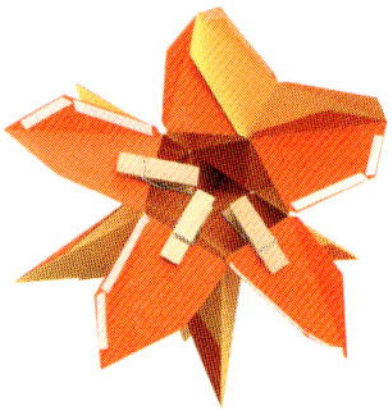

25 Die Klammer der linken Spitze lösen und einen weiteren Zuschnitt (gelb) quer zwischen die Spitzen kleben.

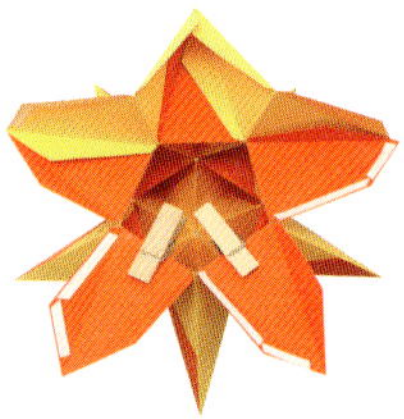

26 Die beiden gelben Zuschnitte zum sechzehnten Zacken zusammenkleben.

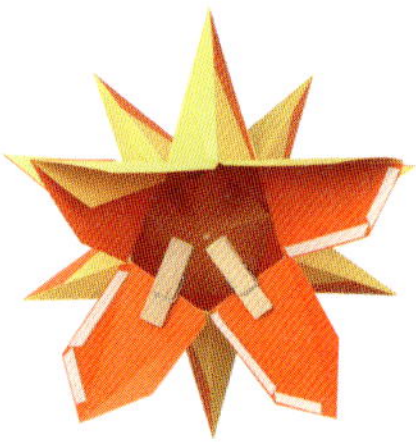

27 Die Klammer vorne rechts lösen und einen weiteren Zuschnitt (gelb) anbringen.

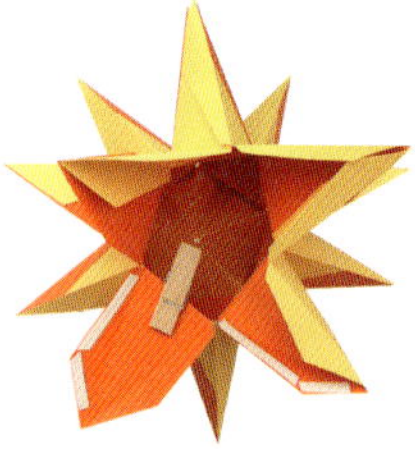

28 Daraus rechts den siebzehnten Zacken bilden.

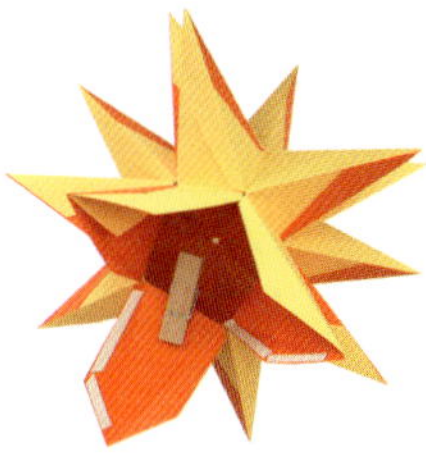

29 Die letzte Klammer lösen und zwischen den Spitzen vorn den vorletzten Zuschnitt anbringen.

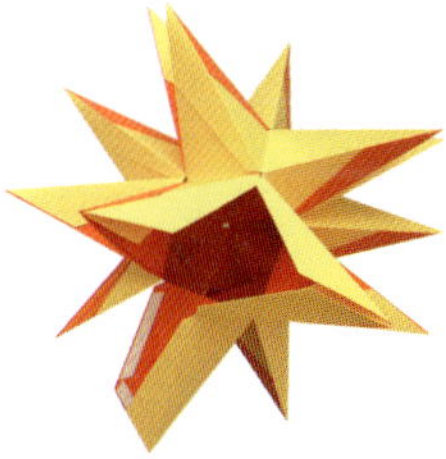

30 Den achtzehnten Zacken kleben.

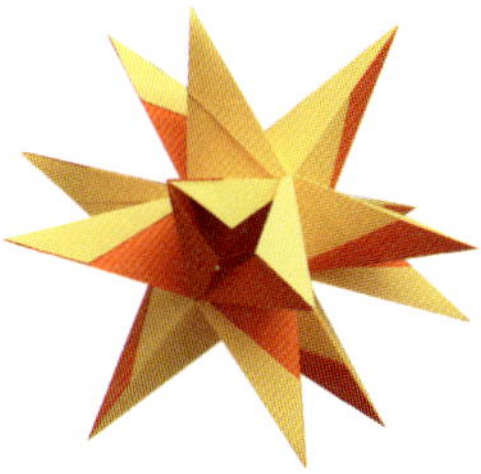

31 Als letztes wird der Zuschnitt ohne Transparentpapier in die Spalte eingefügt, um die beiden letzten Zacken zu bilden. Den Zuschnitt auf der rechten Seite ankleben, ...

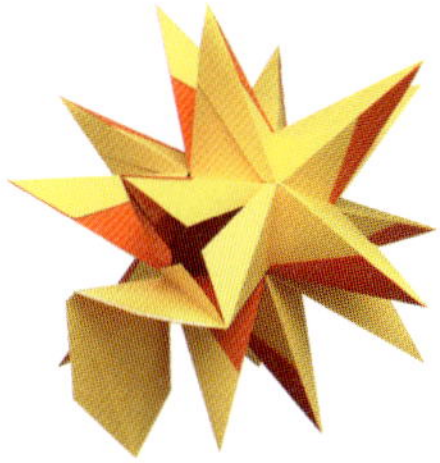

32 ... dann in den Spalt klappen und ankleben.

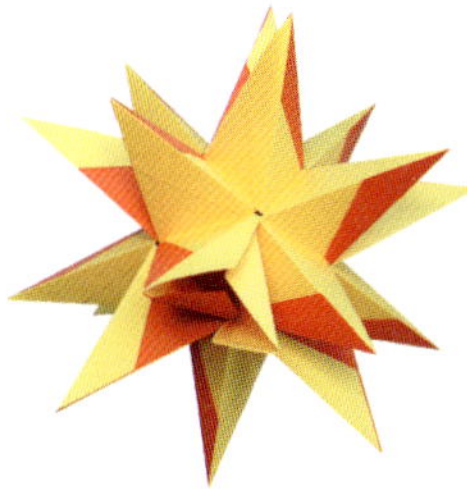

33 Dadurch werden die letzten beiden Zacken zusammengeklebt und der Stern ist fertig!

Tipp

Egal wie man den Stern auch dreht, die Zacken bilden immer Fünfergruppen. Ist eine Vierer- oder Sechsergruppe darunter, den letzten Zuschnitt sofort wieder lösen.

Fertigstellung

Durch die beiden Öffnungen führen Sie das Kabel der Lichterkette ein. Der Steg, der sich zwischen den beiden dreieckigen Öffnungen befindet, kann von innen zusätzlich noch mit einem oder mehreren aufgeklebten Pappstreifen verstärkt werden.

Ein Himmel voller Sterne

stimmungsvolle Lichterkette

Schwierigkeitsgrad ★

Modellgröße Stern ø 20 cm und 13,5 cm

Material

- Lichterpapier in 4x Blau, 4x Gelb und 4x Weiß, 15 cm x 15 cm
- Lichterpapier in 4x Blau, 4x Gelb und 4x Weiß, 10 cm x 10 cm
- Fotokarton Pearl in Hellblau, 50 cm x 50 cm
- 12er-Lichterkette in Weiß oder Transparent
- Schere
- UHU Alleskleber

Vorlage Seite 118

1 Die Faltblätter einmal in jede Richtung zur Hälfte falten und wieder öffnen. Danach wenden und die Diagonalen falten und wieder öffnen.

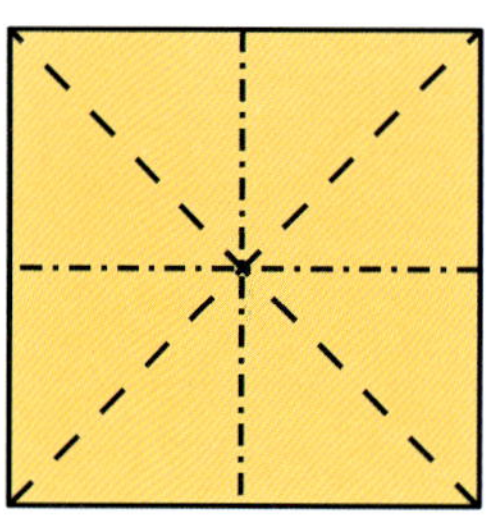

2 Die Faltlinien beim großen Stern 3 cm tief, beim kleinen Stern 2 cm tief einschneiden (rot). Dann die Ecken zu den Diagonalen falten.

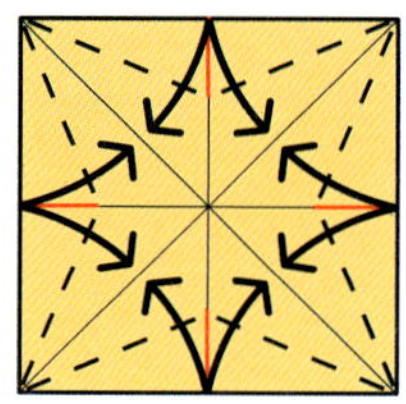

2

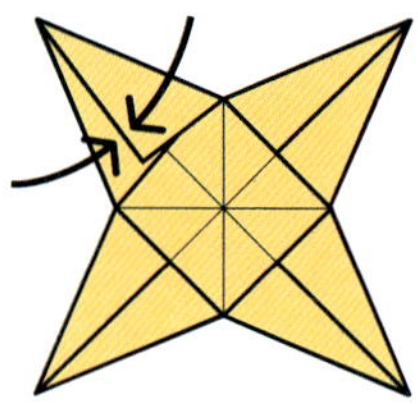

3

3 Die Ecken etwa 1 cm überlappend aufeinanderkleben, sodass ein Stern mit vier Zacken entsteht.

4 Mithilfe der Vorlage sechs große und sechs kleine Sterne aus dem Fotokarton ausschneiden. In der Mitte jeweils den Kreis herausschneiden.

5 Von beiden Seiten einen gefalteten Stern auf den Fotokartonstern kleben, sodass die Zacken versetzt zueinander sind. Dabei an einer Seite eine Öffnung lassen.

6 Nach dem Trocknen des Klebstoffs in jeden Stern ein Licht der Lichterkette stecken. Fertig!

Tipp

Als Partybeleuchtung mit Sternen aus kunterbunten Papieren sorgt diese Lichterkette das ganze Jahr über für gute Laune.

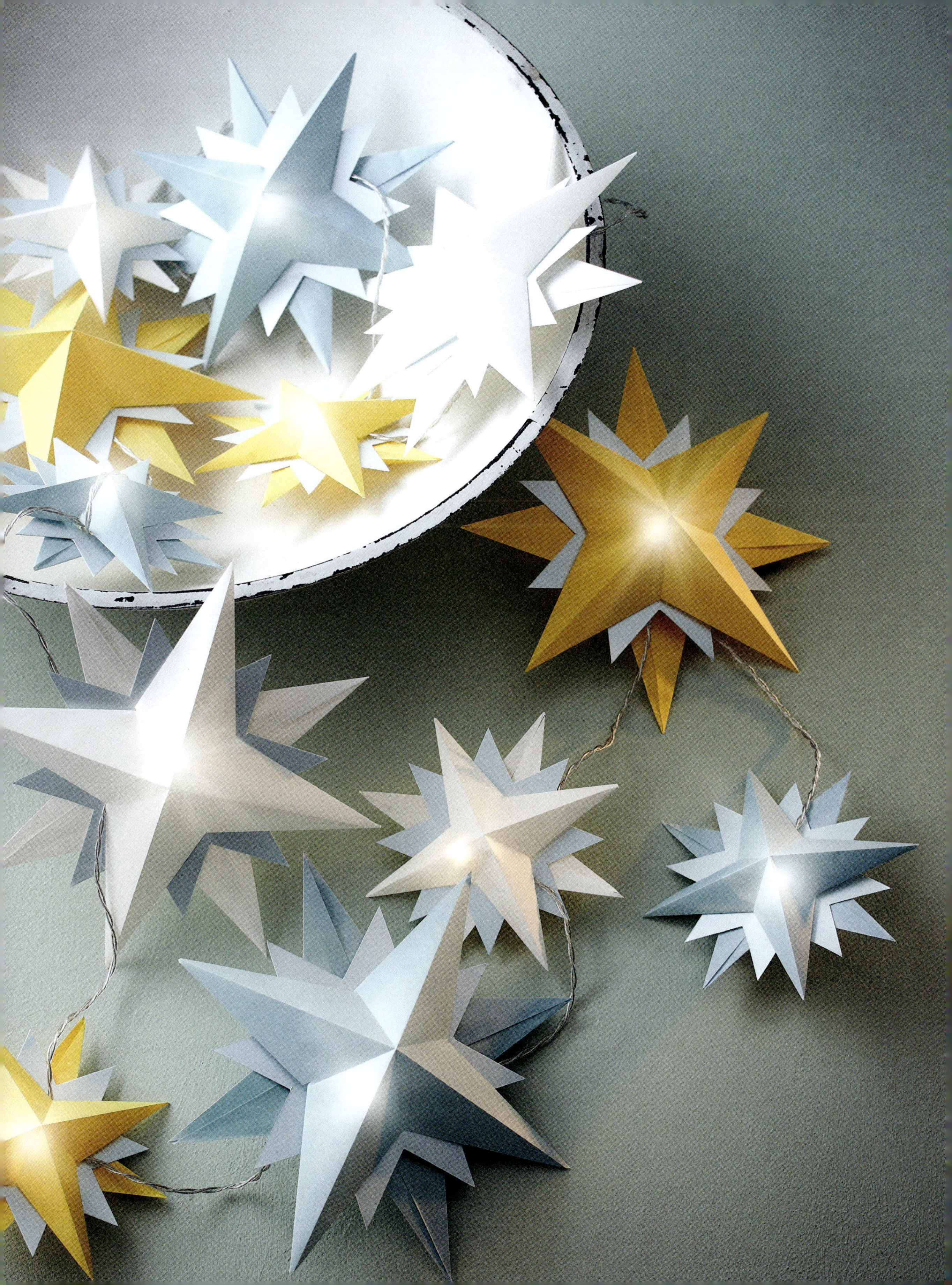

Ein Stern für dich

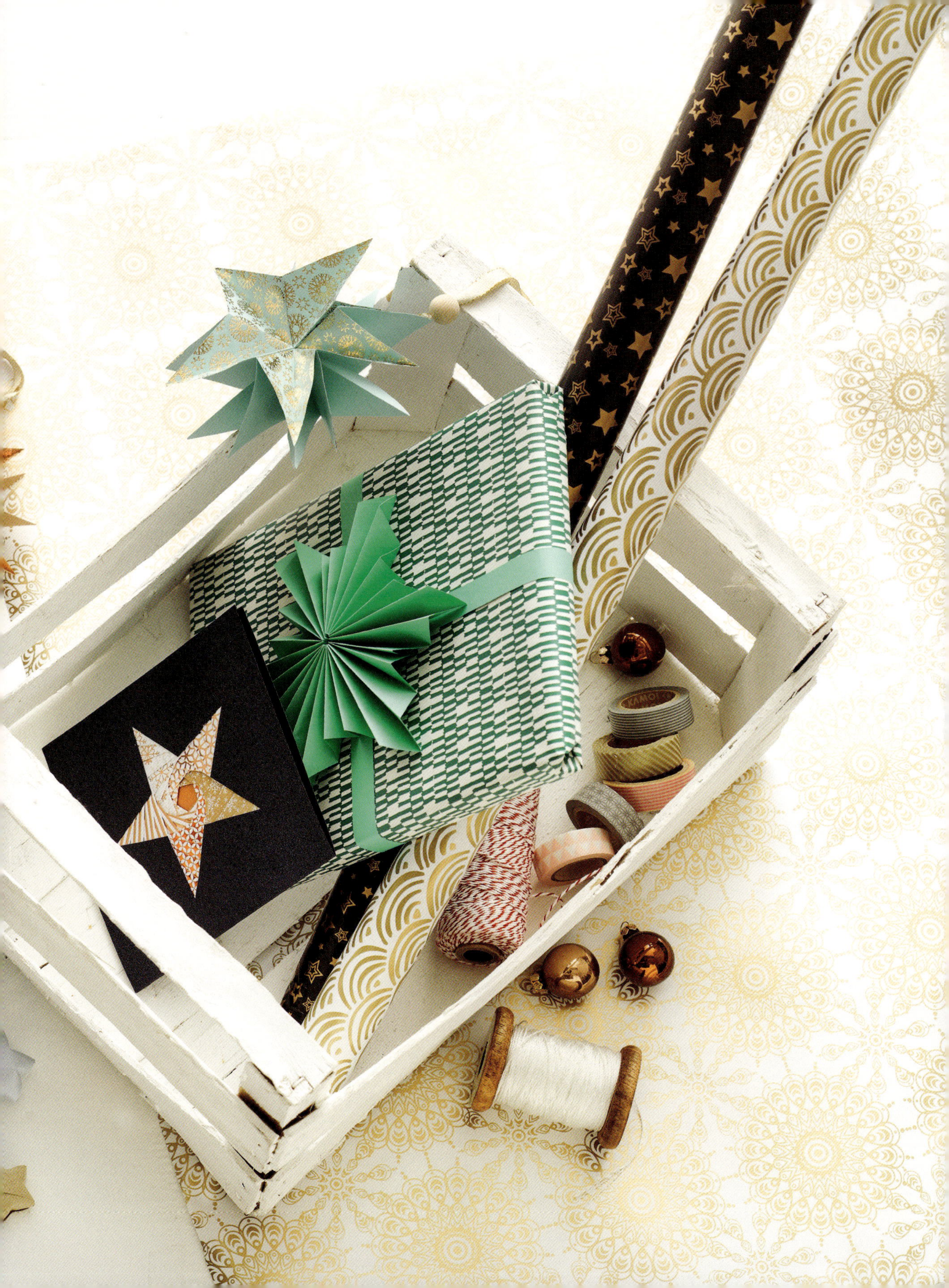

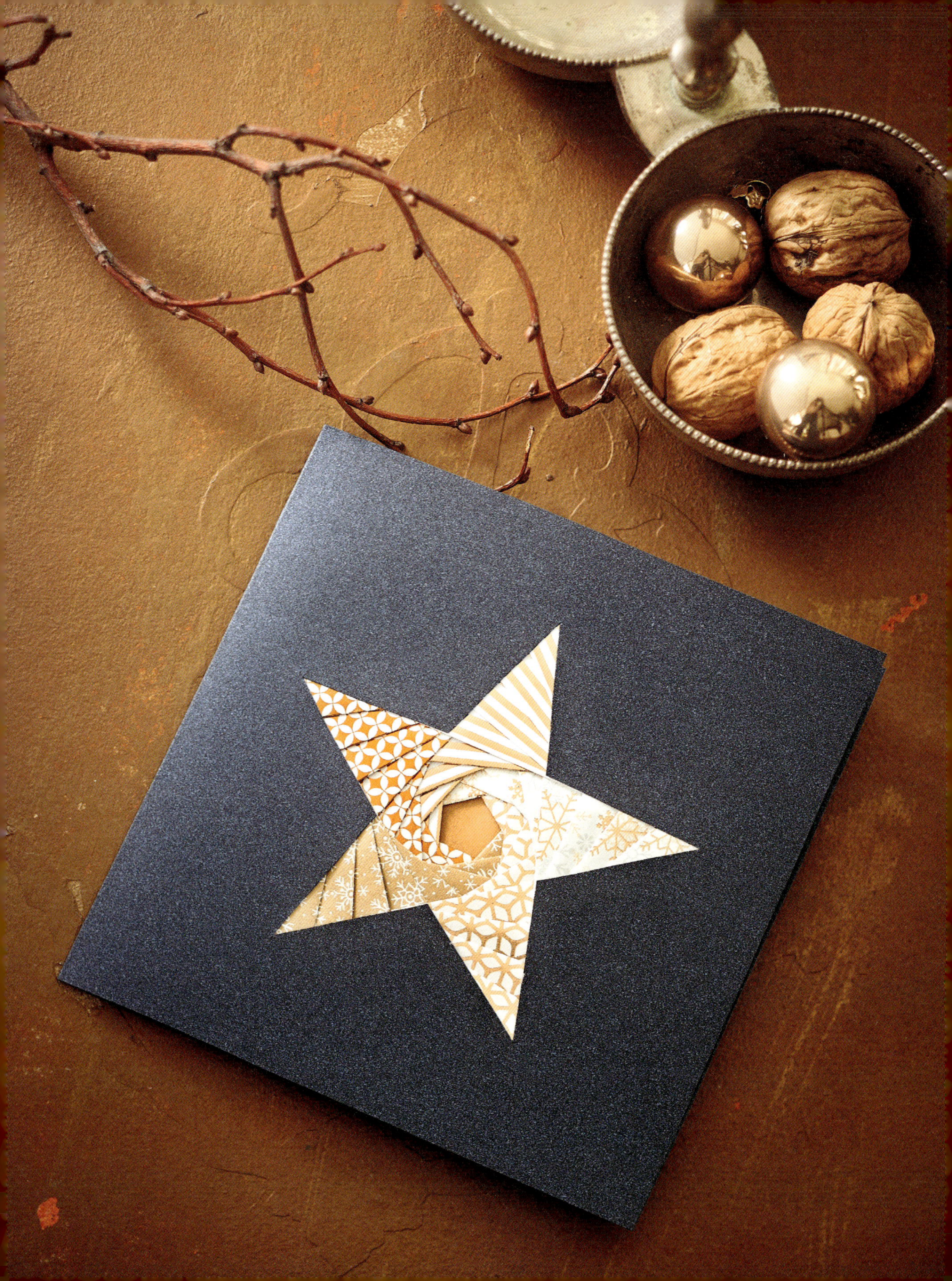

Festliche Sternengrüße

Karte mit Irisfaltung

Schwierigkeitsgrad ★★

Modellgröße 15 cm x 15 cm

Material

* Fotokarton Pearl in Dunkelblau, 15 cm x 30 cm
* 5 Faltpapiere in Kupfer, Weiß und Kraftpapier gemustert, 15 cm x 15 cm
* Papier in Kupfer metallic, 14 cm x 14 cm
* Schere
* Cutter und Schneideunterlage
* UHU Patafix
* UHU Alleskleber

Vorlage Seite 119

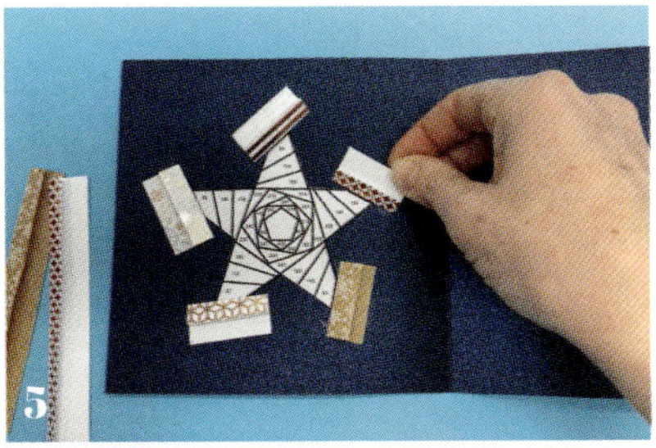
5

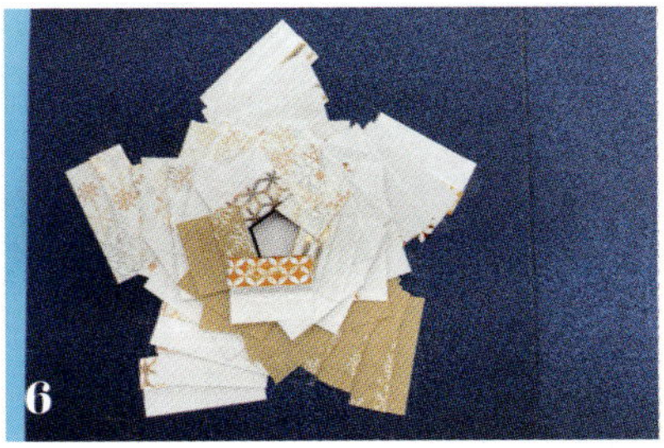
6

1 Den Fotokarton zur Klappkarte falten. Anschließend die Kontur des Sterns auf die Rückseite der vorderen Klappe übertragen und mit dem Cutter ausschneiden.

2 Die Karte öffnen, sodass die Innenseite nach oben zeigt. Die Schablone für die Irisfaltung hinter den Ausschnitt legen und mit etwas UHU Patafix fixieren.

3 Von jedem Faltpapier zwei 2 cm breite Streifen abschneiden und an jedem Streifen eine der langen Kanten zur Mitte einschlagen.

4 Die Schablone hat Zahlen und Buchstaben. Die Zahl gibt die Reihenfolge an, in der die Streifen aufgeklebt werden. Der Buchstabe gibt an, welches Papier zum Einsatz kommt. Aus diesem Grund wird jedes der fünf Papiere einem festen Buchstaben zugeordnet.

5 Vom ersten Papierstreifen (Papier A) ein Stück in passender Länge abschneiden und mit der schönen Seite nach unten auf das Feld 1A kleben. Die eingeschlagene Kante zeigt dabei Richtung Sternmitte. Dann kleben Sie Papier B auf 2B, Papier C auf 3C, Papier D auf 4D und Papier E auf 5E. An jeder Sternzacke kommt also ein anderes Papier zum Einsatz.

6 So fortfahren, bis alle Felder beklebt sind und in der Mitte nur noch ein kleines Fünfeck frei ist. Das kupferfarbene Papierquadrat am Rand entlang mit Klebstoff bestreichen und über die Papiere kleben, sodass diese kaschiert werden.

7 Zum Schluss die Schablone und das UHU Patafix auf der Vorderseite entfernen und die Karte schließen.

Zum Verschenken schön

festlicher Stern statt Schleife

Schwierigkeitsgrad ★

Modellgröße Stern ø 9 cm

Material

- Geschenkpapier in Grün-Creme gemustert, nach Bedarf
- Geschenkpapier oder Schreibpapier in Grün, 3x 9 cm x 30 cm und Rest
- Schere
- UHU Alleskleber
- Lineal

Vorlage Seite 118

1 Die grünen Papierstreifen wie bei der Plissée-Faltung auf Seite 65 beschrieben in 16 Faltabschnitte falten.

2 Die Streifen wieder öffnen und dann jeweils zweimal mittig doppeltlegen, sodass vier Lagen Papier übereinander liegen und jede Lage vier Faltabschnitte breit ist.

3 Die Papierstreifen mithilfe der Vorlage schräg zuschneiden und anschließend wieder im Zickzack zu einem Stapel zusammenlegen.

4 Die Stapel an den äußeren Faltabschnitten zu einem großen Stapel aufeinanderkleben. Im Kreis zum Stern auffächern, dann den ersten und den letzten Streifen verbinden.

5 Einen Papierrest (ca. 5 cm x 5 cm) auf einer Seite dick mit Klebstoff bestreichen. Den Stern mittig auflegen (Rückseite nach unten) und die Zacken zusammenschieben, sodass die Öffnung in der Mitte geschlossen wird. Die Zacken gleichmäßig ausrichten. Zum Trocknen mit der flachen Hand andrücken.

6 Das Geschenk in das Geschenkpapier einpacken. Vom grünen Papier 1,5 cm breite Streifen abschneiden, über Kreuz um das Geschenk kleben und den Stern mittig aufbringen.

Tipp

Je nach Größe des Geschenks können Sie den Stern einfach anpassen und die Streifen entsprechend etwas kleiner oder etwas größer zuschneiden.

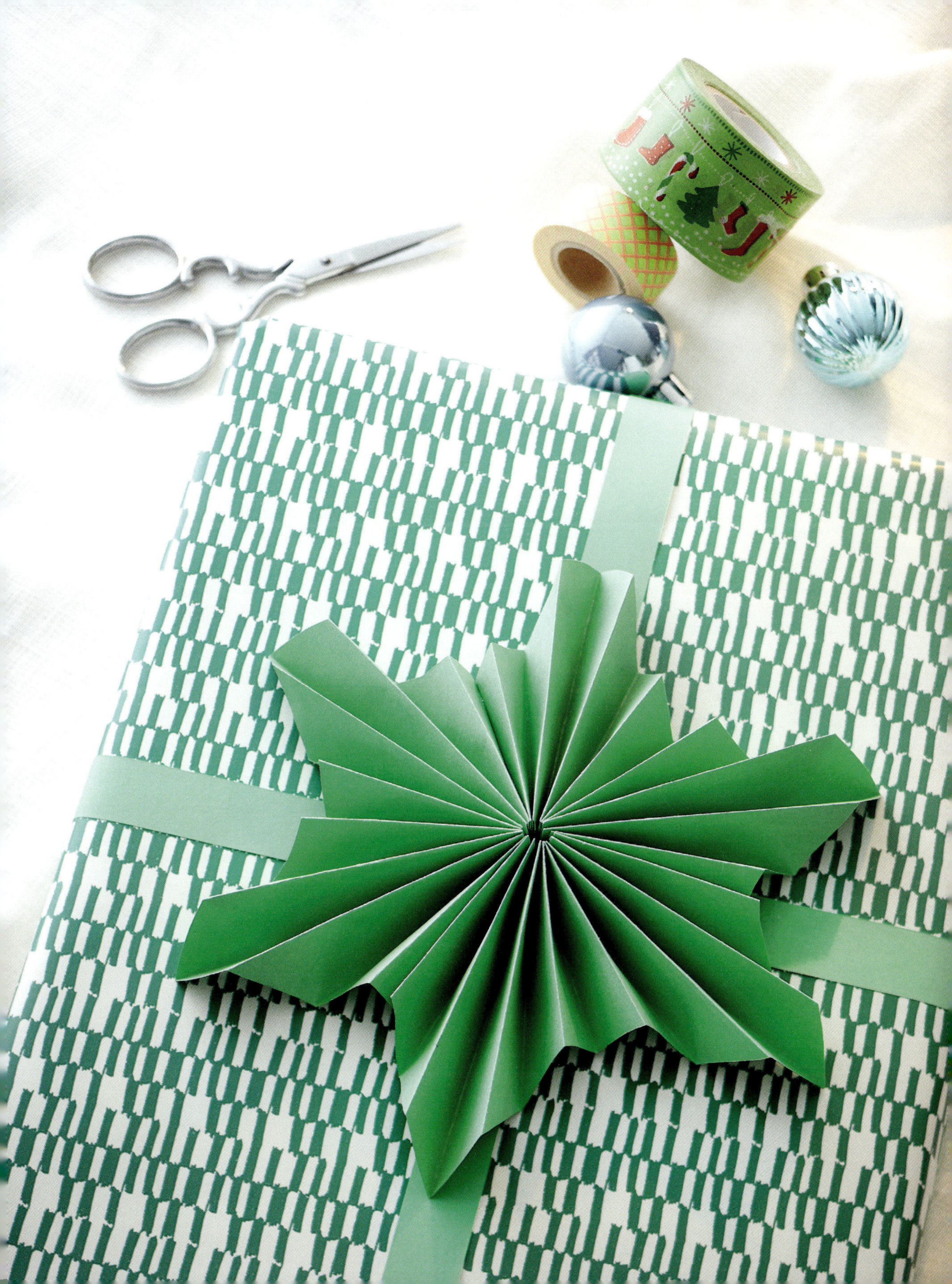

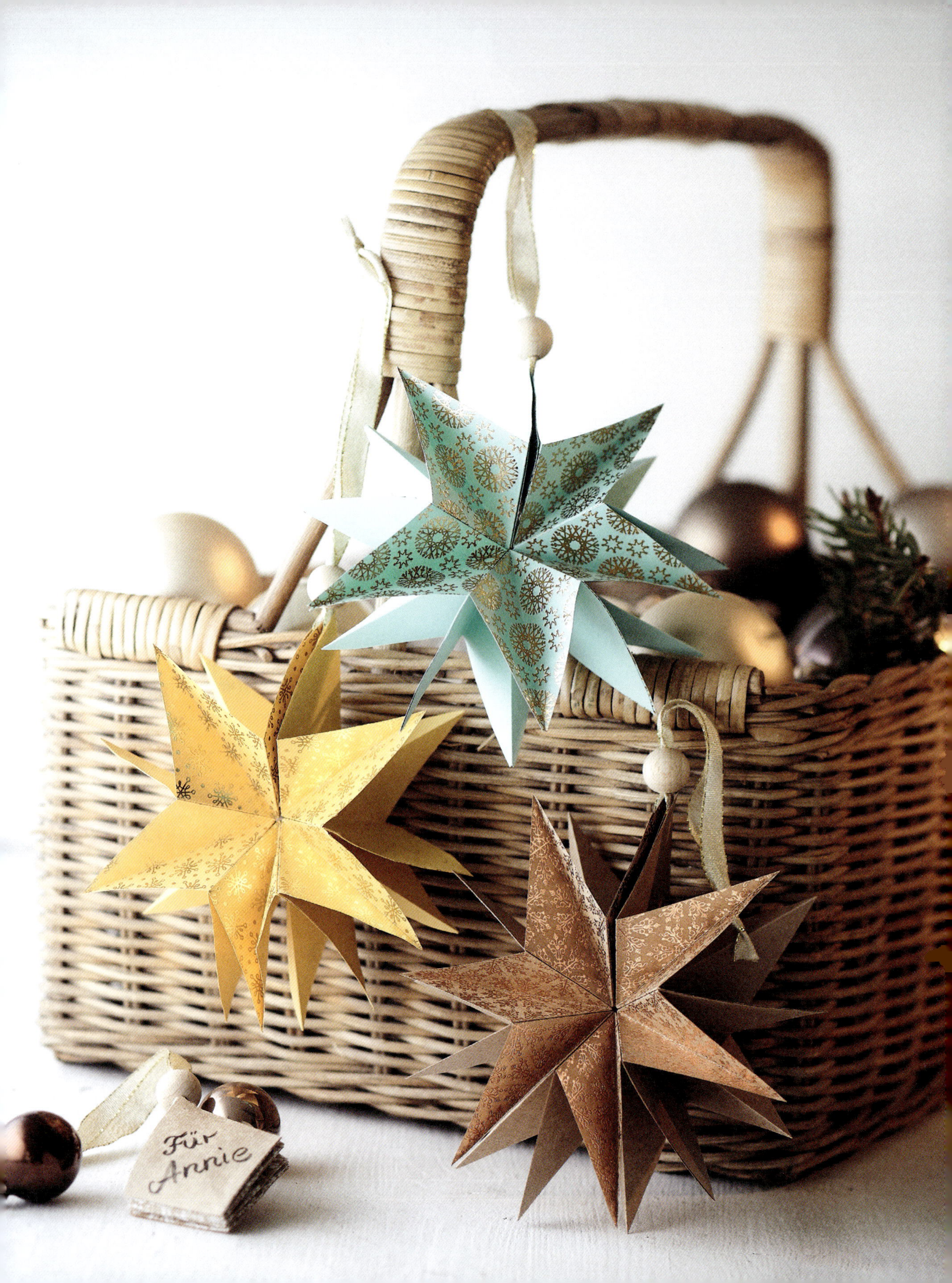
Für Annie

Zauberhafte Sterne

ganz schön anhänglich

Schwierigkeitsgrad ★

Modellgröße ø 10 cm

Material pro Stern

- 6 oder 7 Faltblätter in Mintgrün, Gold oder Kraftpapier mit Metallicprint, 15 cm x 15 cm
- Holzperle in Natur, ø 1,5 cm
- Dekoband in Gold, 7 mm breit, 40 cm lang
- Schere
- UHU Alleskleber

Vorlage Seite 119

1 Für den Stern je nach Wunsch fünf oder sechs Quadrate von 11 cm x 11 cm zuschneiden und falten: erst die untere Kante auf die obere und wieder öffnen, dann die rechte Kante auf die linke und wieder öffnen. Danach das Papier wenden, einmal diagonal falten und wieder öffnen.

2 Das Papier an den vorgefalteten Linien zu einem kleinen Quadrat zusammenfalten und dabei die diagonale nach innen einschlagen.

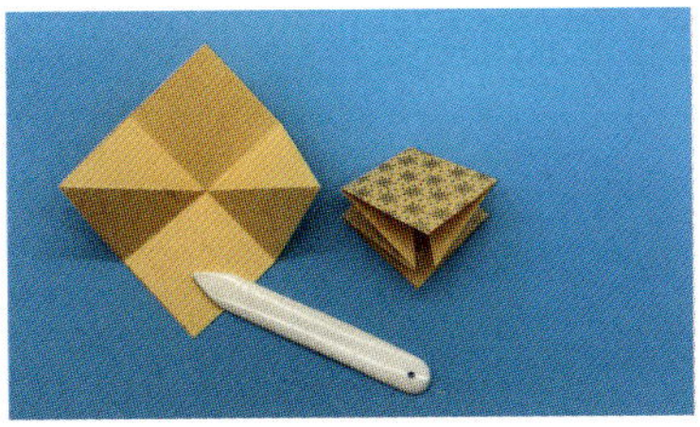

3 Die Vorlage auf die Quadrate legen, sodass die Spitze der Raute zur offenen Ecke des gefalteten Quadrats zeigt. Die Außenlinien aufzeichnen und ausschneiden.

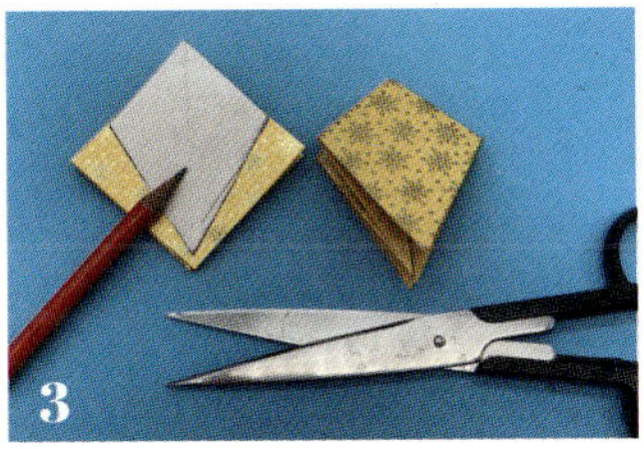

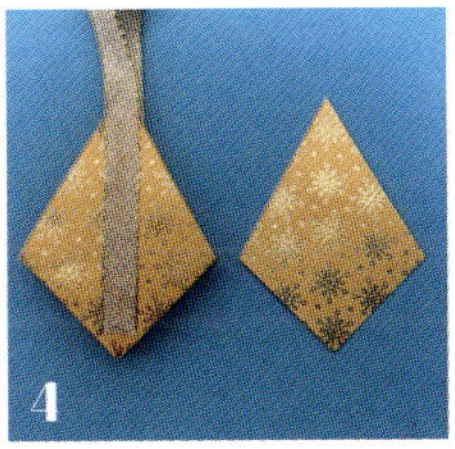

4 Die Sternenteile aneinanderkleben, sodass ein „Stapel" entsteht. Das Chiffonband in zwei gleiche Teile schneiden und senkrecht mittig an die Sternenaußenseiten kleben. Aus dem übrigen Faltblatt zwei Rauten mithilfe der Vorlage zuschneiden und deckungsgleich auf beide Außenseiten kleben.

5 Die Holzperle über beide Chiffonbänder ziehen und die Bandenden verknoten. Zum Öffnen des Sterns die Perle nach oben ziehen, die Zacken auffächern und die Perle wieder nach unten schieben.

Mein Tipp für Sie

Die flachen Sterne mit dem Namen beschriften und als Geschenkanhänger anbringen. Nach der Bescherung kann der Stern geöffnet und aufgehängt werden.

Jeden Tag ein Sternchen

dekorativer Adventskalender

Schwierigkeitsgrad ★

Modellgröße ø 16 cm, 13 cm und 10 cm

Material

- Tonkarton oder Designkarton in 5 passenden Farben und Designs, 160-220 g/qm, je 70 cm x 50 cm
- dekorativer Ast
- reißfester Faden
- UHU Bastelkleber
- Falzbein
- Lineal
- Wäscheklammern
- Schere
- Sticknadel
- Kreisstanzer, ø ca. 4 cm
- Filzstift in Schwarz

Vorlage Seite 118

1 Aus den Papieren 16 große, 16 mittlere und 16 kleine Kreise ausschneiden. Dazu die Vorlage einmal im Original kopieren und außerdem einmal auf 130 Prozent und einmal auf 160 Prozent vergrößern. Für jeden Stern werden zwei Kreise in der gleichen Farbe und Größe benötigt.

2 Die Faltlinien mithilfe der Vorlage am Lineal entlang mit dem Falzbein prägen und anschließend falten. Danach die Segmente zwischen den Sternzacken bis zum Sechseck einschneiden. Ein Segment (die spätere Öffnung) bleibt ohne Einschnitt.

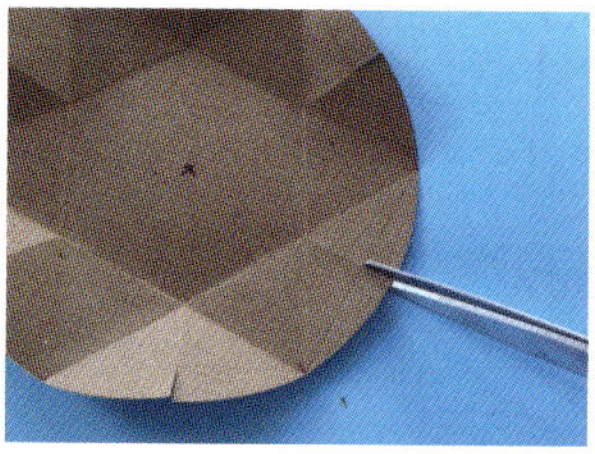

3 Die fünf eingeschnittenen Segmente nach innen falten, mit Klebstoff bestreichen und immer zwei Sterne deckungsgleich aufeinanderkleben. Zum Trocknen die Kanten mit Wäscheklammern fixieren.

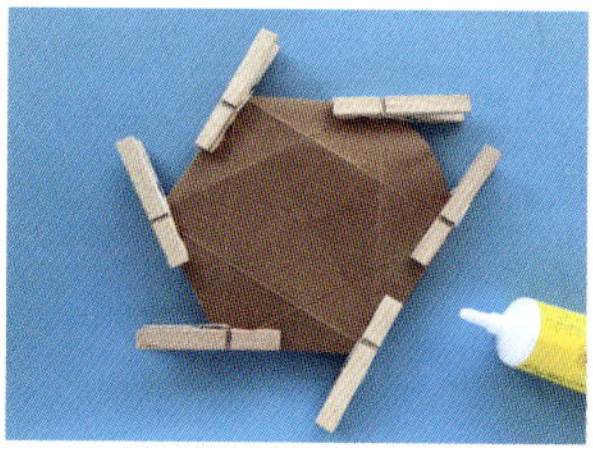

4 Nach dem Trocknen die Wäscheklammern entfernen. Die Ecken zwischen den Sternzacken eindrücken, sodass ein plastischer Stern entsteht. Die Segmente an der Öffnung ebenfalls eindrücken, sodass sie sich übereinanderlegen und die Schachtel verschlossen ist.

5 Aus den Papierresten 24 Kreise ausstanzen und mit den Zahlen 1 bis 24 beschriften. Die Zahlen auf die Sterne kleben. Die Sterne mit der Öffnung zur Seite mit dem reißfesten Faden an den Ast binden. Dazu den Faden jeweils mit der Nadel durch die Sternzacken fädeln.

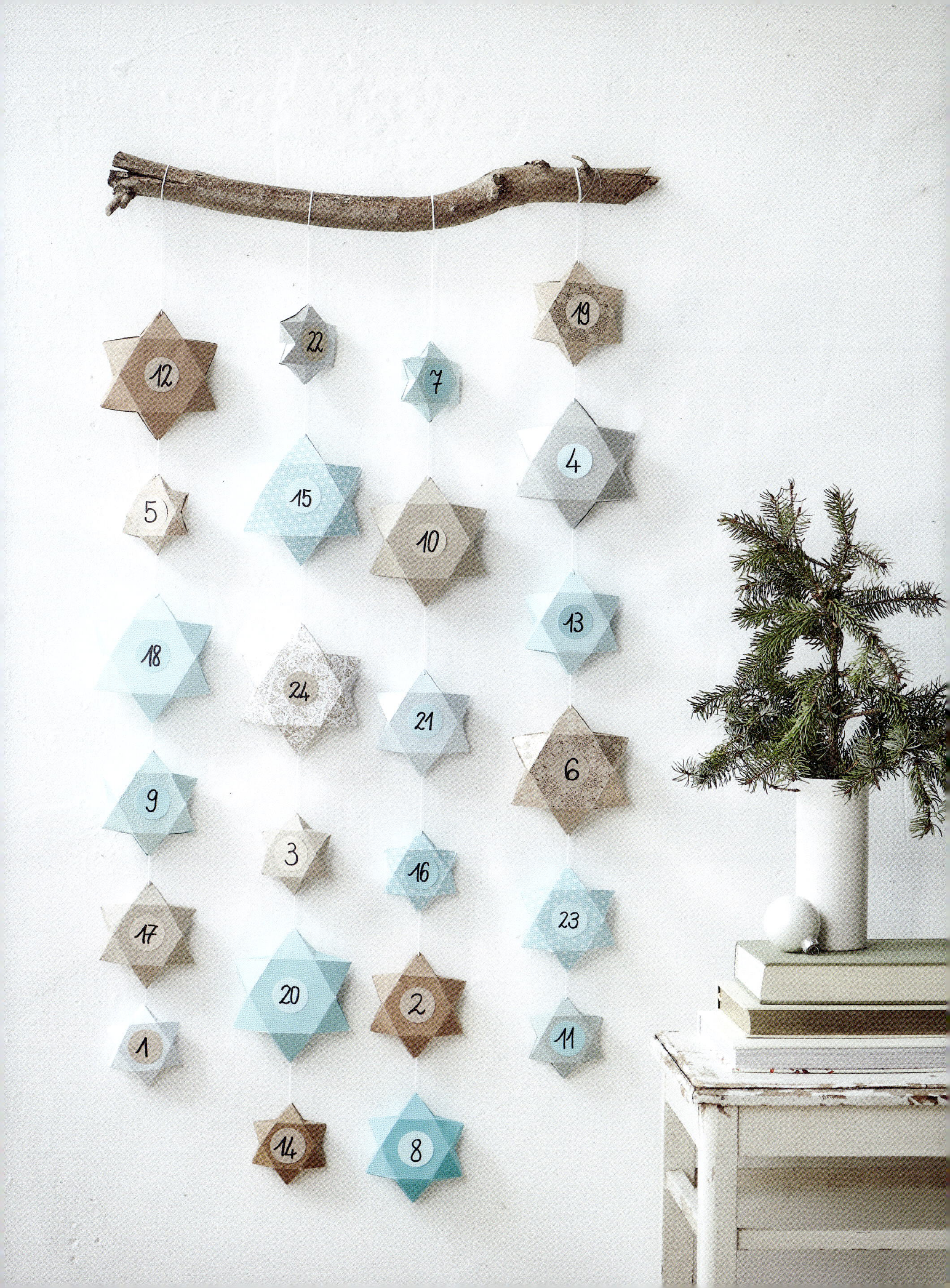
12
5
18
9
17
1
22
15
24
3
20
14
7
10
21
16
2
8
19
4
13
6
23
11

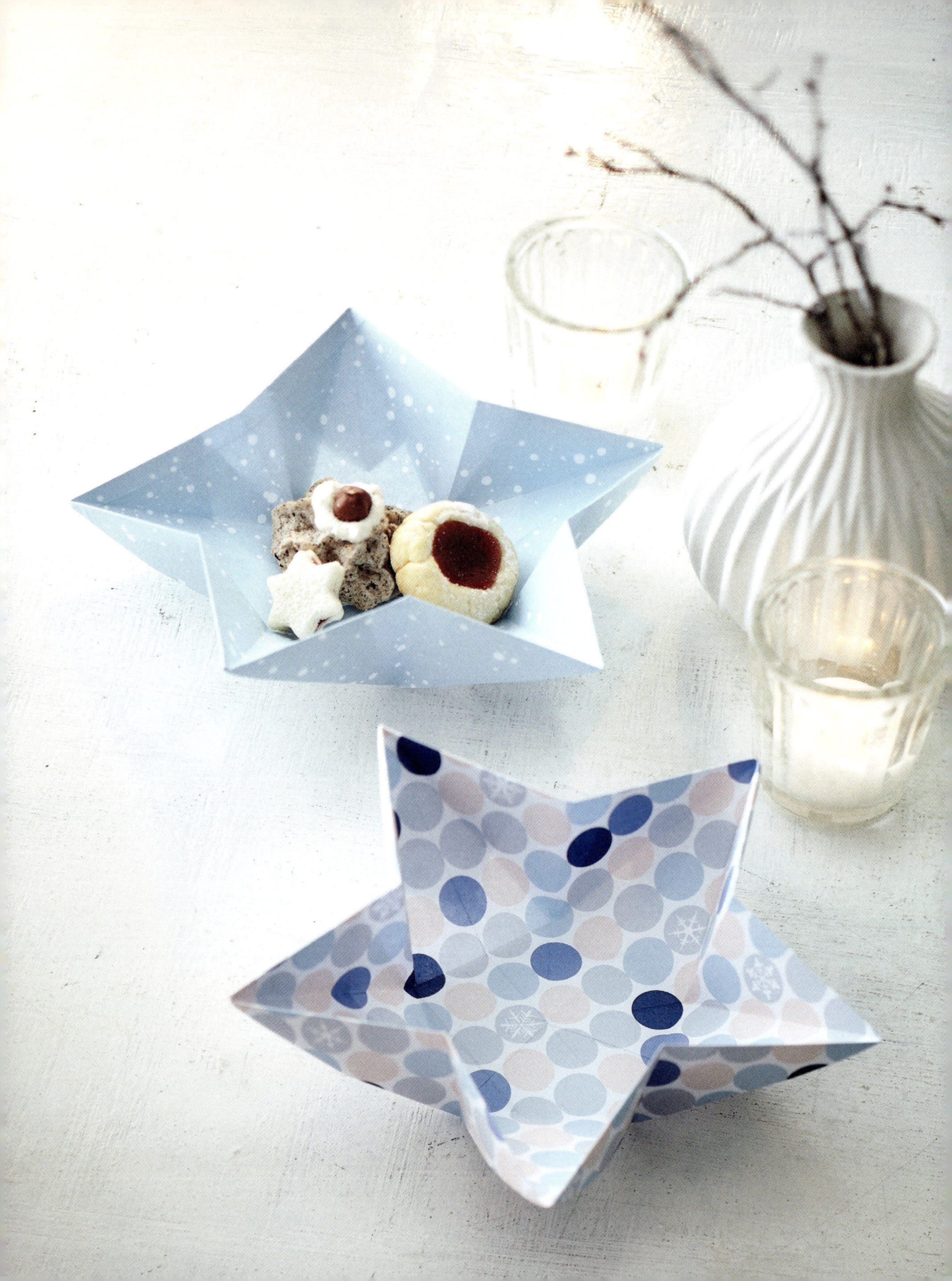

Lecker aufgetischt

Origami-Schale in Sternform

Schwierigkeitsgrad ★

Modellgröße ø 17 cm

Material pro Stern

- festes Designpapier in Blau-Weiß gemustert oder Blau-Rosa-Weiß gemustert, 30 cm x 30 cm
- Schere
- Falzbein

1 Falte die rechte Hälfte des Papierquadrats auf die linke.

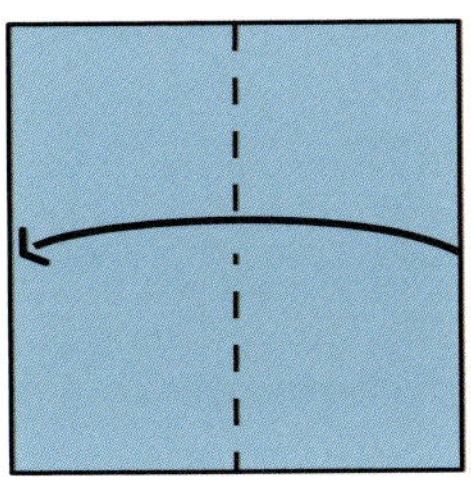

2 Falten Sie die linke obere Ecke auf die rechte Kante. Wieder öffnen und dann die rechte obere Ecke auf die linke Kante falten. Ebenfalls wieder öffnen.

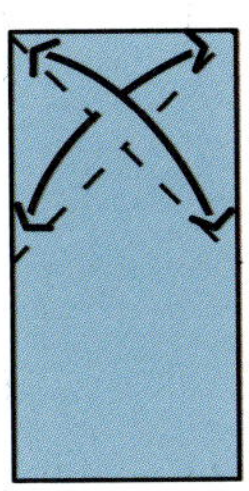

3 Die rechte untere Ecke zum Kreuzungspunkt der letzten Faltungen falten …

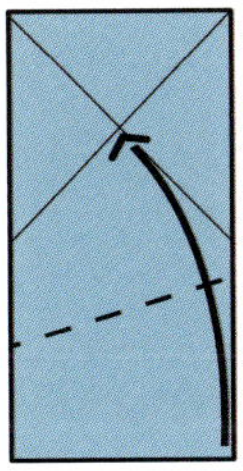

4 … und danach auf die untere Kante falten.

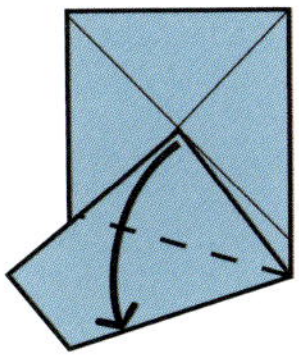

5 Die obere rechte Ecke nach unten falten, sodass Kante an Kante stößt.

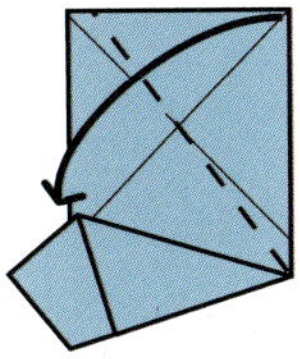

6 Das obere Teil an der Stoßkante (rote Strichlinie) nach hinten falten.

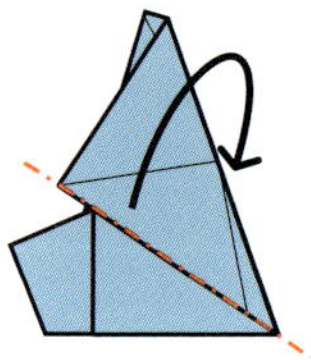

7 Das obere Teil an der Stoßkante (rote Strichlinie) nach hinten falten.

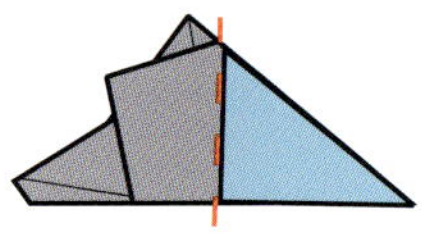

8 Das Papier öffnen, sodass es mit der Rückseite nach oben zeigt: Es ist ein gleichseitiges Fünfeck entstanden. Alle Falten glattstreichen.

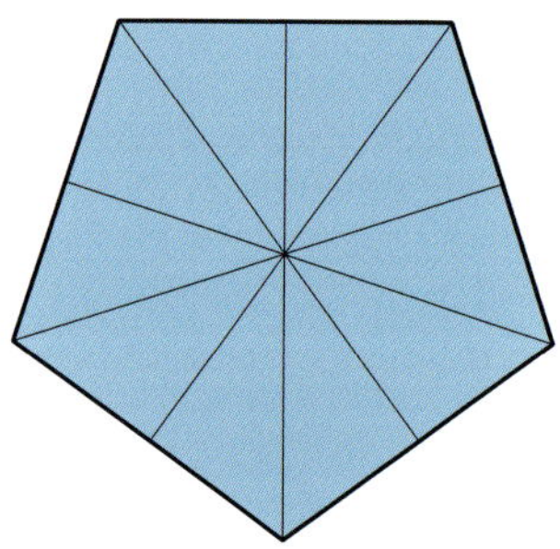

9 Eine Ecke von Faltlinie zu Faltlinie nach innen falten, sodass die Spitze zur Mitte zeigt.

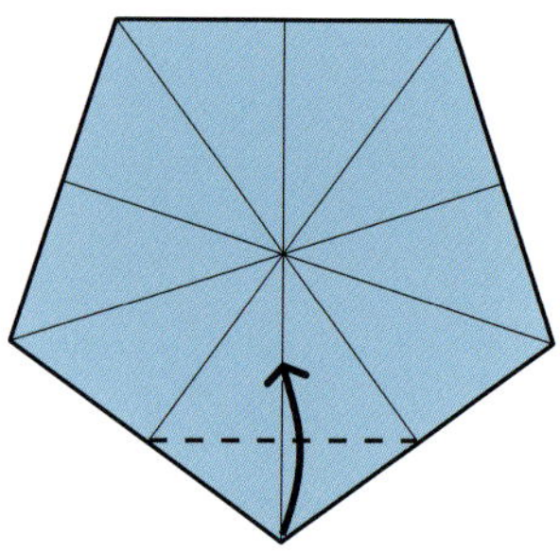

10 Die anderen Ecken reihum ebenso nach innen falten.

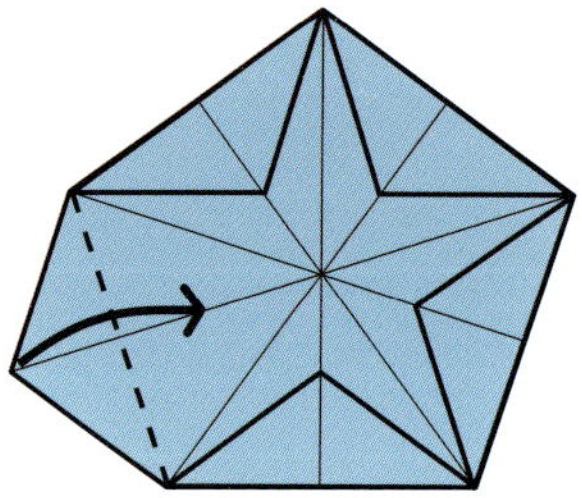

11 Wieder eine Ecke nehmen und von Faltlinie zu Faltlinie nach innen falten, sodass die Spitze zur Mitte zeigt.

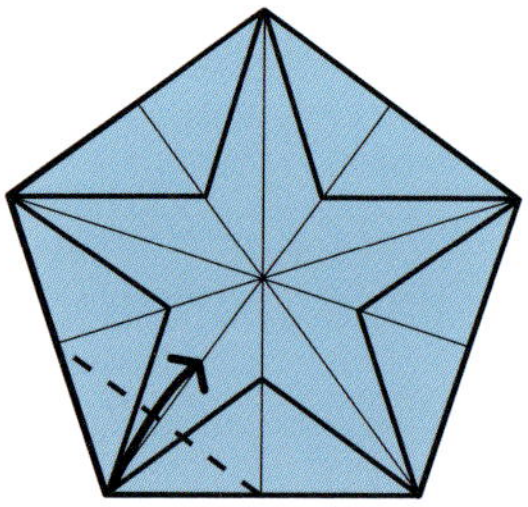

12 Diesen Schritt mit den anderen Ecken reihum wiederholen. Anschließend das Papier wenden.

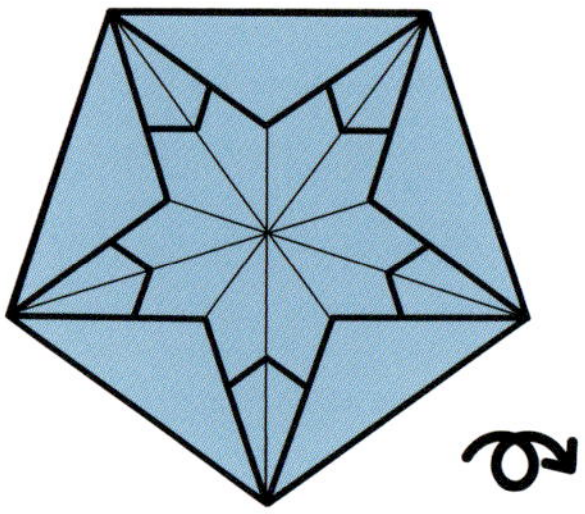

13 Eine Ecke nehmen und so nach innen falten, dass die Faltlinie zwischen den angrenzenden Ecken verläuft.

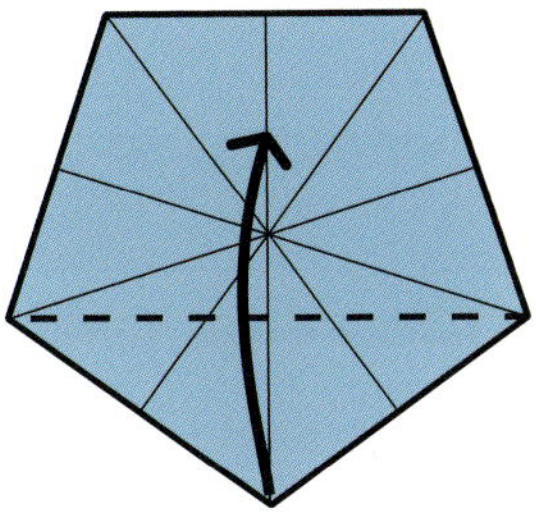

14 Die Faltung wieder öffnen und reihum mit allen Ecken wiederholen.

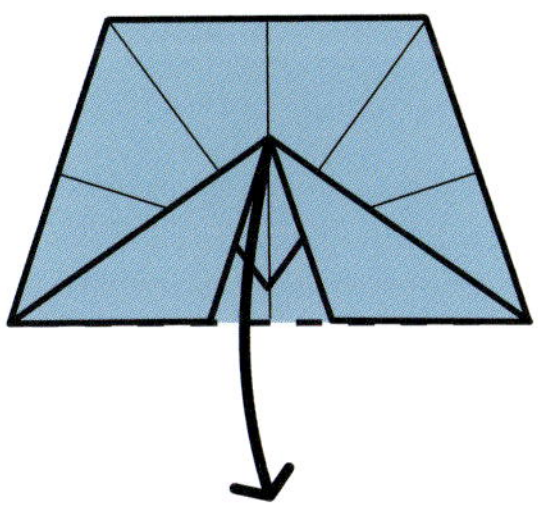

15 Auf dem Papier ist ein Sternmuster entstanden.

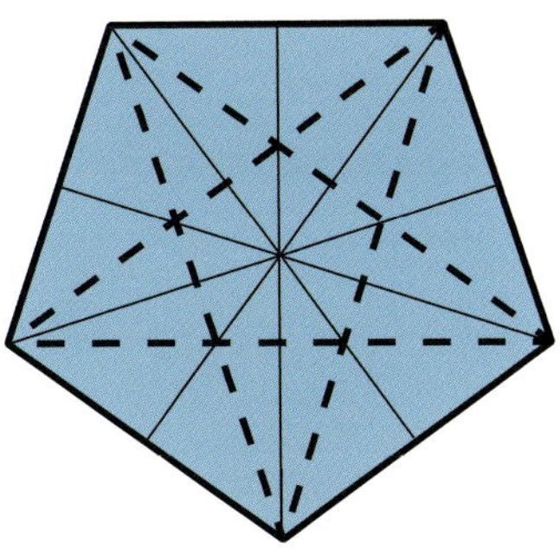

16 Das Papier zwischen den Sternzacken nach innen drücken, sodass sich der Rand des Papiers nach oben wölbt. In der Mitte des Sterns den fünfeckigen Boden sauber ausformen.

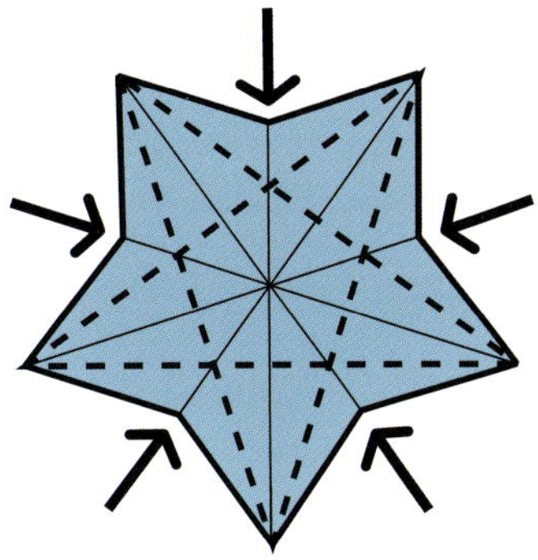

Tipp

Die Größe der Schale lässt sich einfach mit der Papiergröße variieren. Je größer die Schale gefaltet wird, desto fester sollte das Papier sein. Es können auch zwei gleich große Schalen ineinandergestellt werden, damit der Rand stabiler wird.

Kleine Glückssterne

Jeder Stern ein guter Wunsch

Schwierigkeitsgrad ★

Modellgröße ø 2,5-4 cm

Material

* Fröbelsternstreifen oder Quillingstreifen, 1 cm bis 2,5 cm breit, 50-90 cm lang
* Schere

1 An einem Ende des Papierstreifens einen einfachen Knoten machen und langsam festziehen, sodass ein gleichseitiges Fünfeck entsteht, aus dem ein langes und ein kurzes Ende herausragen.

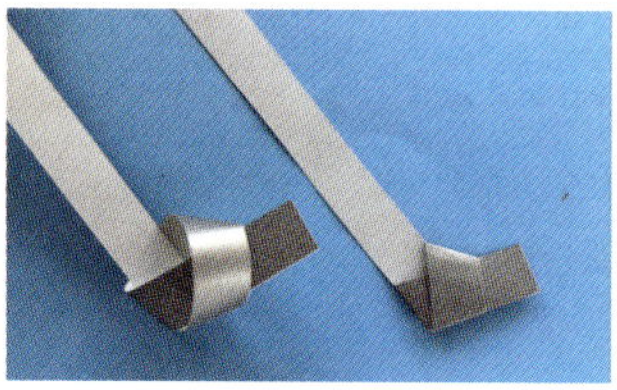

2 Das kurze Ende nach hinten umschlagen. Das lange Ende immer an den Kanten des Fünfecks entlang falten und so allmählich um das Fünfeck wickeln, bis nur noch ein kurzes Stück übrig ist.

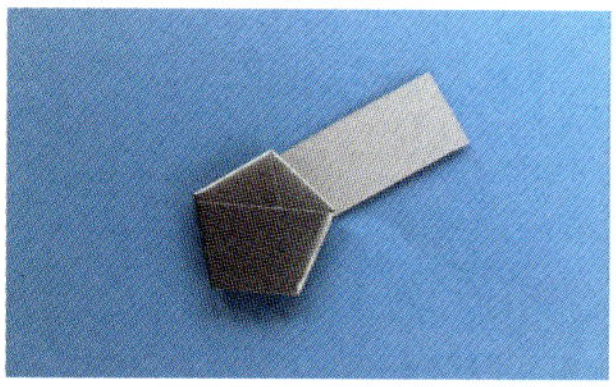

3 Den Rest des Streifens unter der obersten Papierlage durchziehen und das überstehende Ende gegebenenfalls mit der Schere abschneiden.

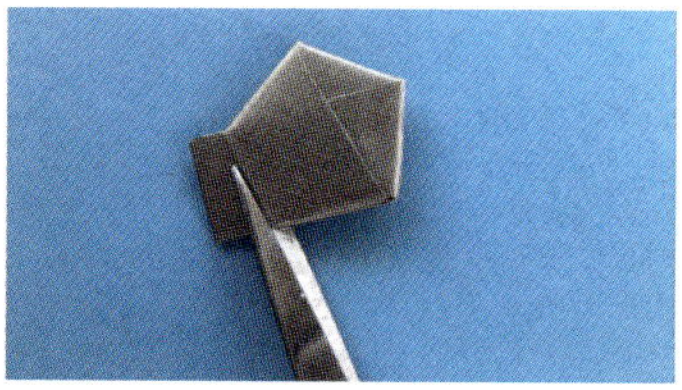

4 Die fünf Seiten des Fünfecks an einer Tischkante mittig eindrücken, sodass ein plastischer Stern entsteht.

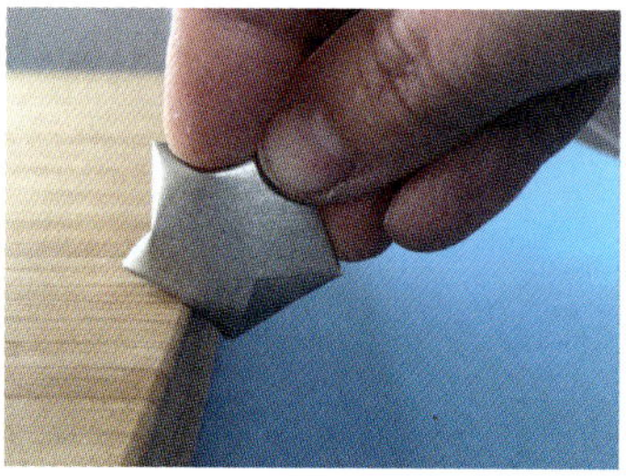

Tipp

Beschriften Sie die Papierstreifen mit guten Wünschen und verschenken Sie sie in einem Einmachglas.

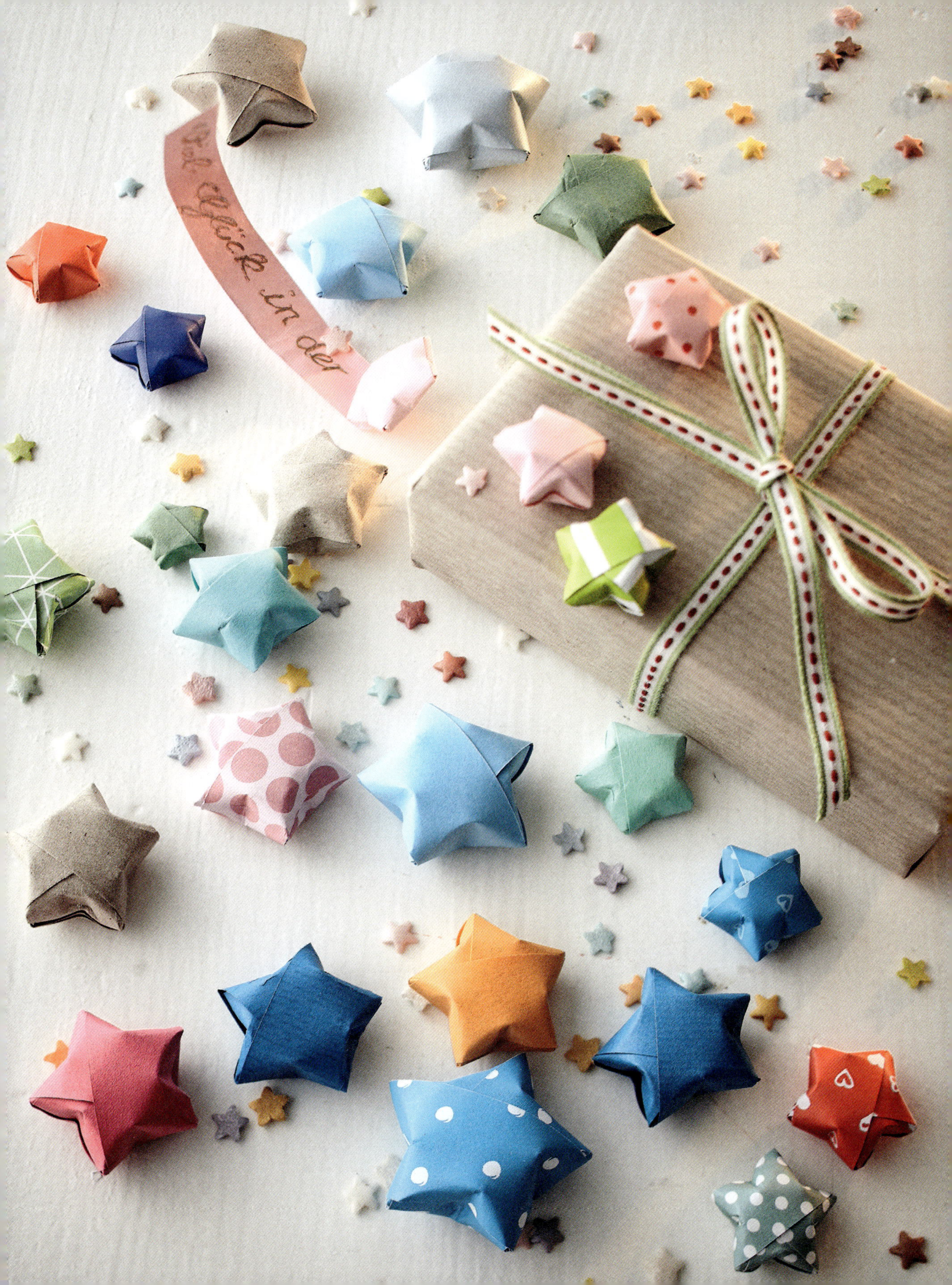
Glück in der

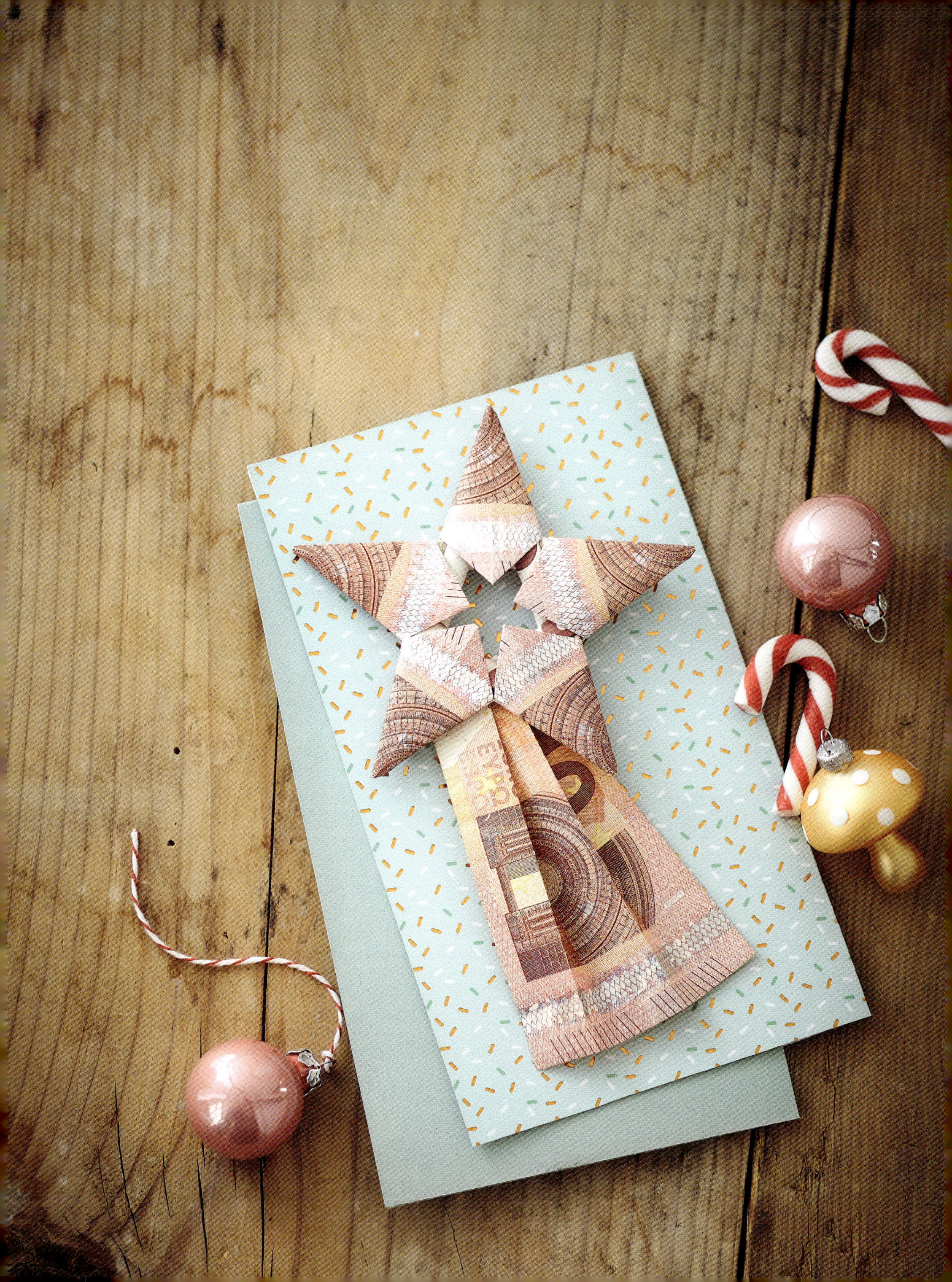

Kostbare Sternschnuppe

Geldschein-Origami

Schwierigkeitsgrad ★★

Modellgröße ø 17 cm

Material pro Stern

- 6 Geldscheine, z.B. 10-Euro-Scheine
- Designkarton in 22 cm x 18 cm
- Wiederablösbarer Klebstoff, z.B. UHU Patafix

1 Den Geldschein einmal der Länge nach mittig falten, wieder öffnen und drei Ecken diagonal zur Faltlinie falten. Dann die Spitze von der rechten Seite nach links zur eingeschlagenen Ecke falten. Die eingeschlagene Ecke wieder öffnen und den Geldschein wenden.

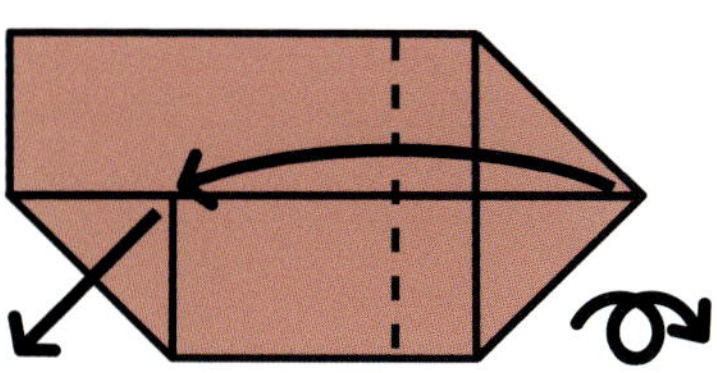

Tipp

Wenn Sie Geldscheine mit einem anderen Wert verwenden, passen Sie die Größe der Karte an.

2 Die rechten Ecken erst einmal zur Mittellinie falten (Abbildung obere Ecke), dann ein weiteres Mal zur Mittellinie falten (Abbildung untere Ecke). Danach den Geldschein wieder wenden.

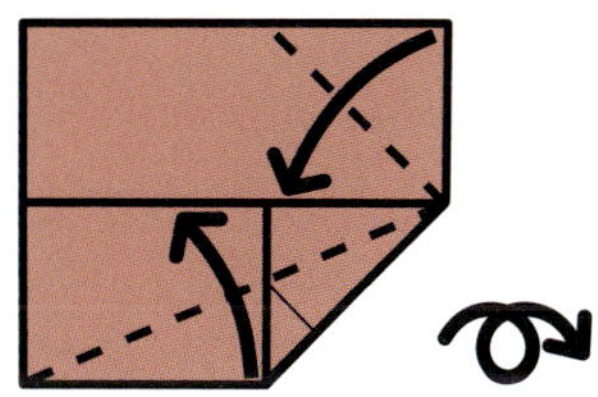

3 Die linke Kante bis unter die kleine Zacke aufrollen und flach drücken.

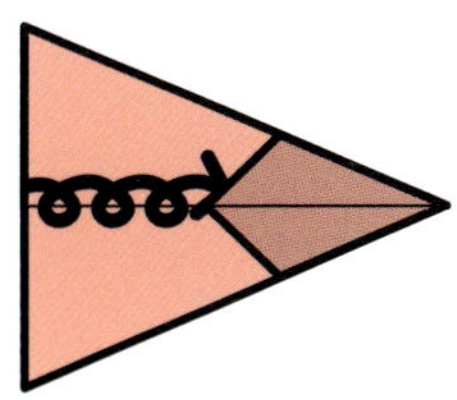

4 Die erste Sternzacke ist fertig. Vier weitere Sternzacken falten. Dabei darauf achten, dass der Geldschein immer gleich ausgerichtet ist. Die Sternzacken mit den flachen Rollen ineinanderstecken.

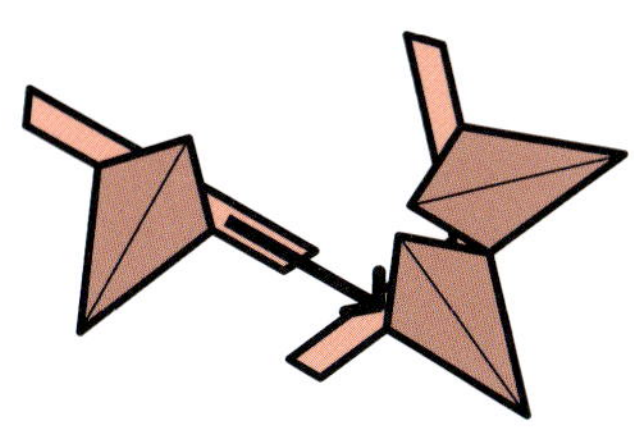

5 Für den Sternenschweif den letzten Geldschein in drei breite Falten legen. Das vordere Ende etwa 3 cm weit nach hinten umschlagen, damit der Schweif etwas kürzer wird. Den Schweif von hinten mit UHU Patafix am Stern fixieren. Den Tonkarton zur Klappkarte falten und die Sternschnuppe mit UHU Patafix darauf anbringen.

Vorlagen

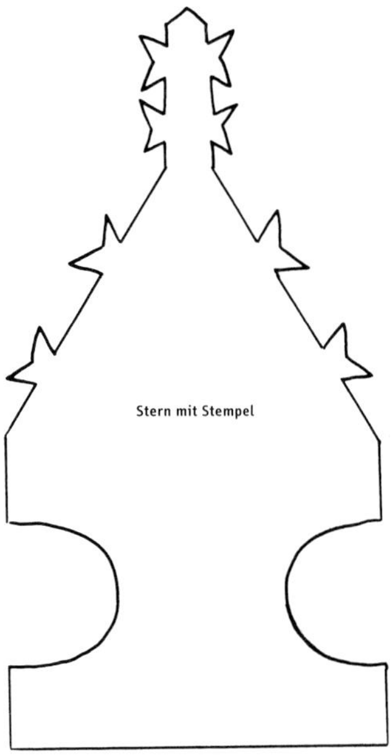

Butterbrottüten-Sterne, S.52

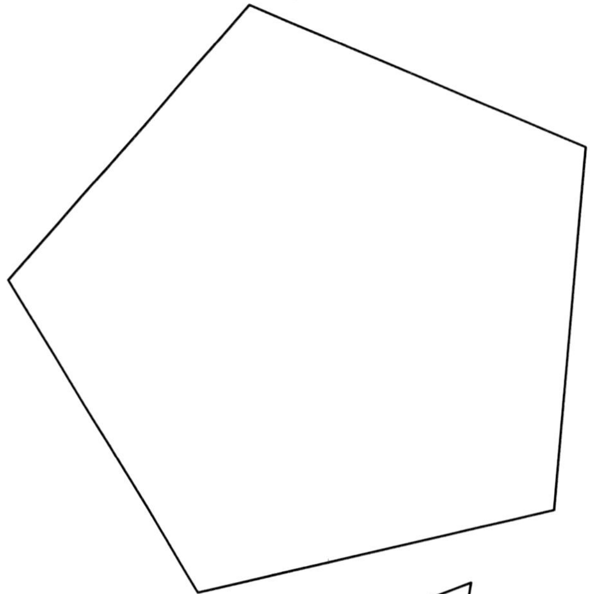

Farbenfrohe Fenstersterne, S.84

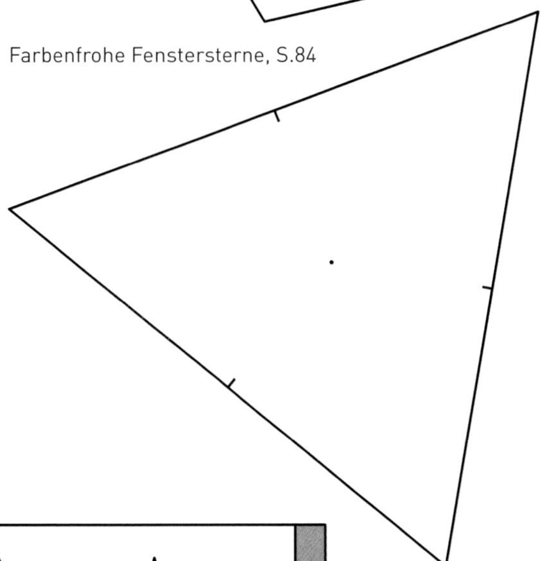

Lichterglanz zum Träumen, S.82

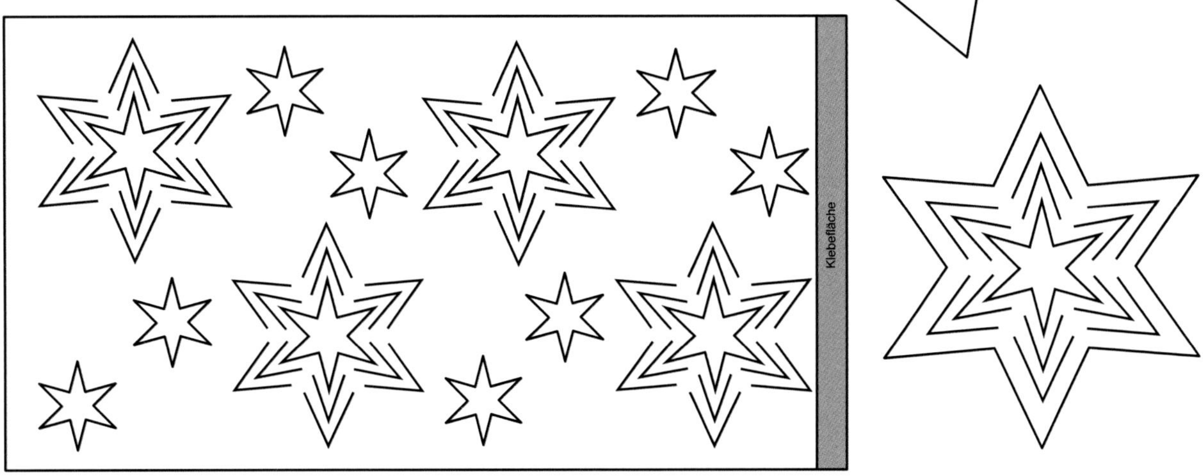

Bitte auf 250 % vergrößern.

Messina-Stern, S.70

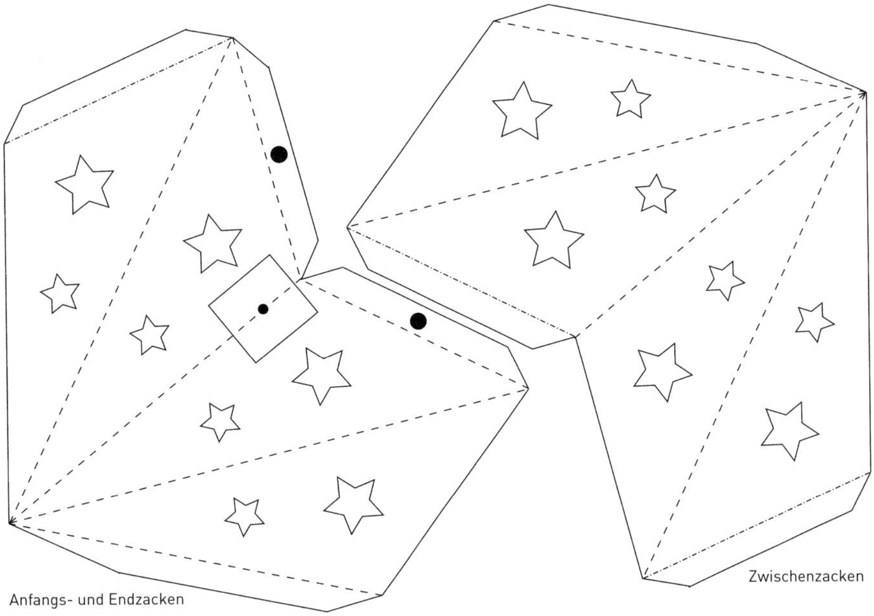

Dahlien-Stern, S.76

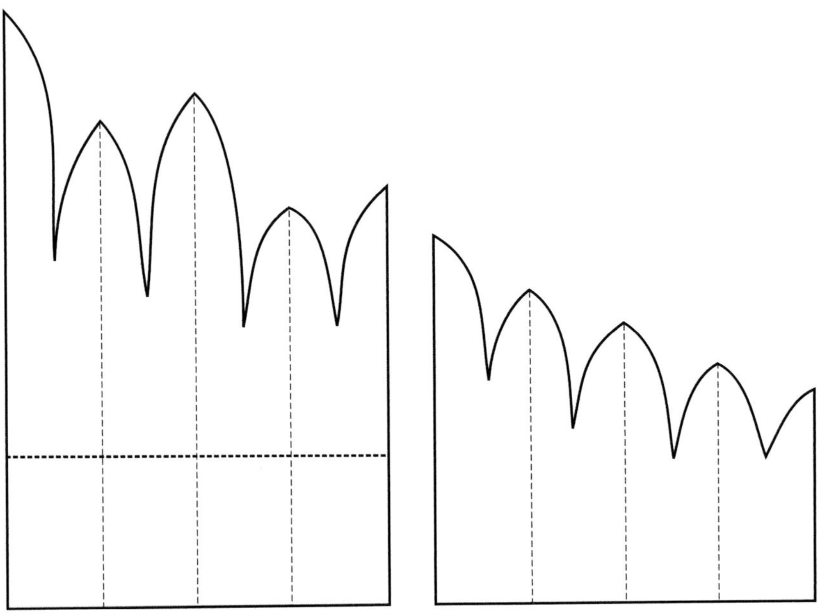

an gestrichelter Linie = mittlerer Stern
an unterer Linie = großer Stern

kleiner Stern

Bitte auf 250 % vergrößern.

Ein Himmel voller Sterne, S.96

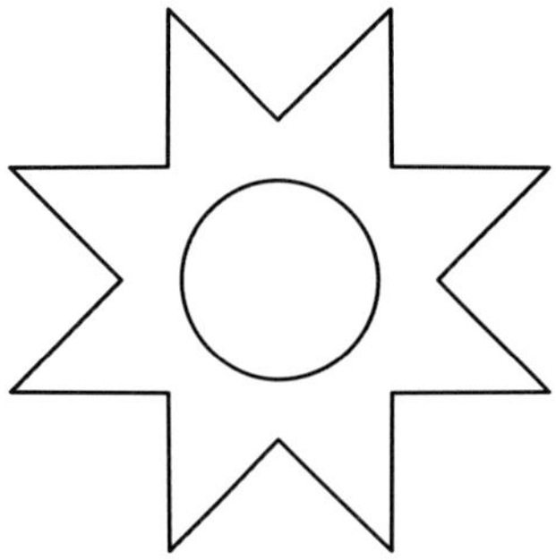

Festlicher Kugelstern, S.22

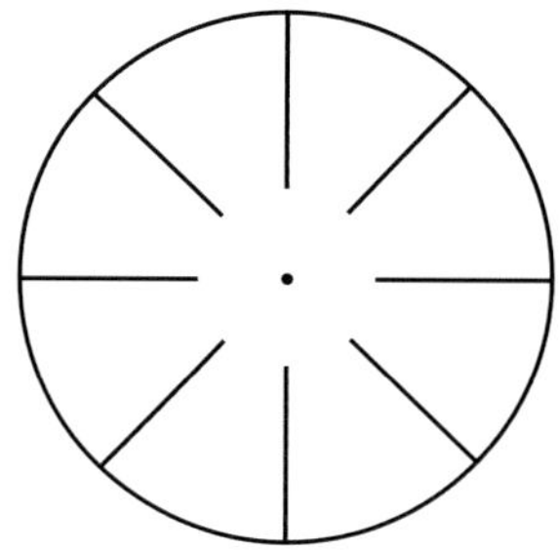

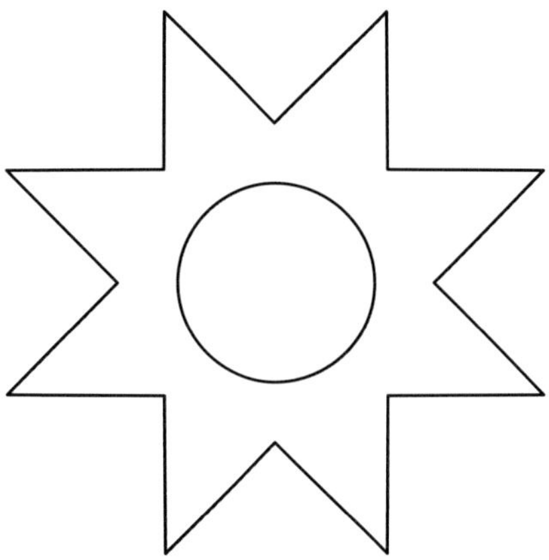

Geometrisches Windlicht, S.88

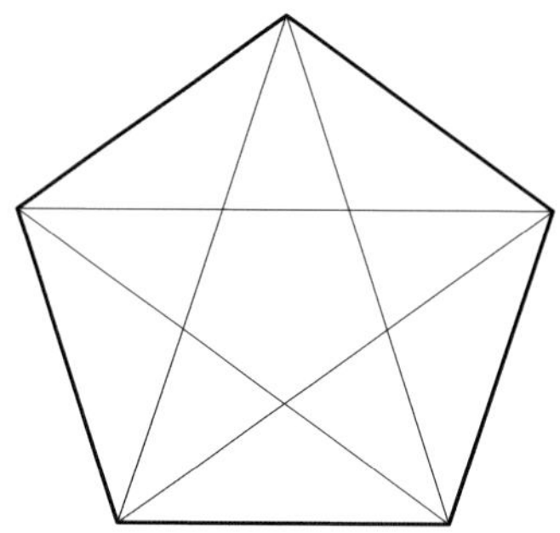

Zum Verschenken schön, S.102

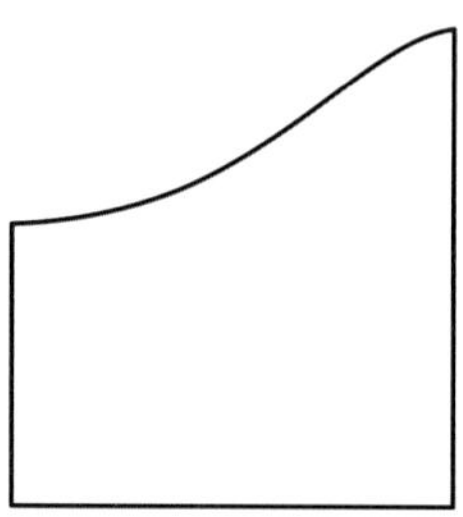

Jeden Tag ein Sternchen, S.106

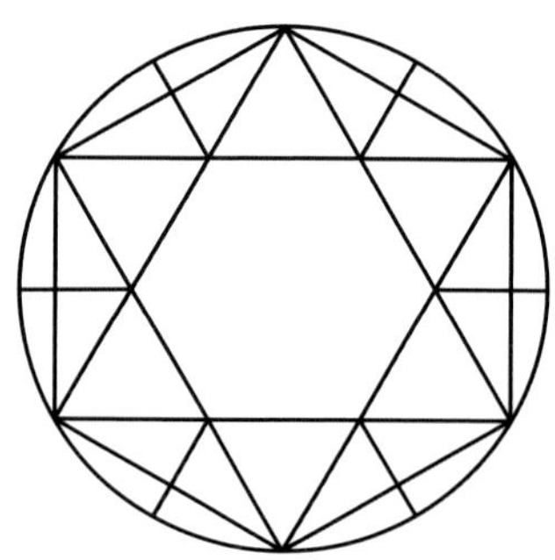

Bitte auf 250 % vergrößern.

Venezia-Stern, S.90

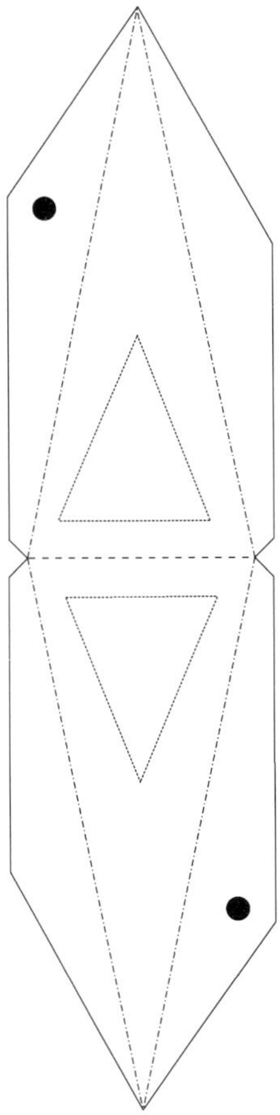

Dahlien-Stern, S.76

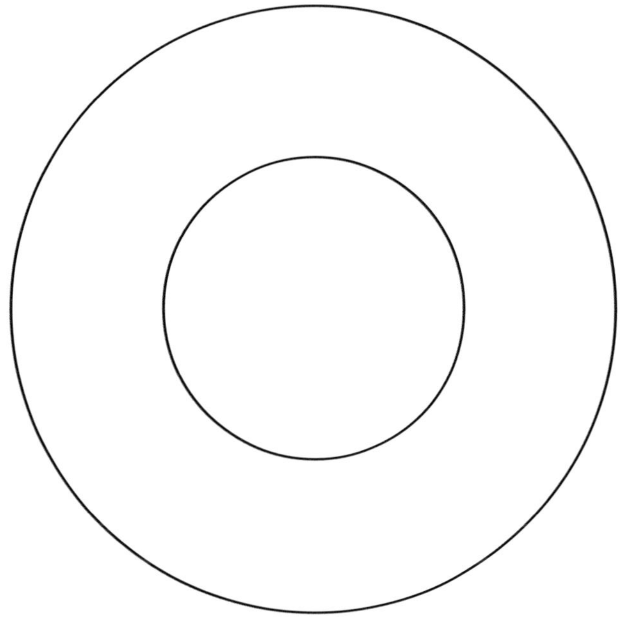

Zauberhafte Sterne, S.104

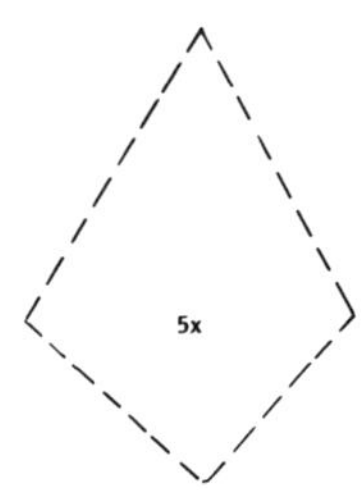

Festliche Sterngrüße, S.101

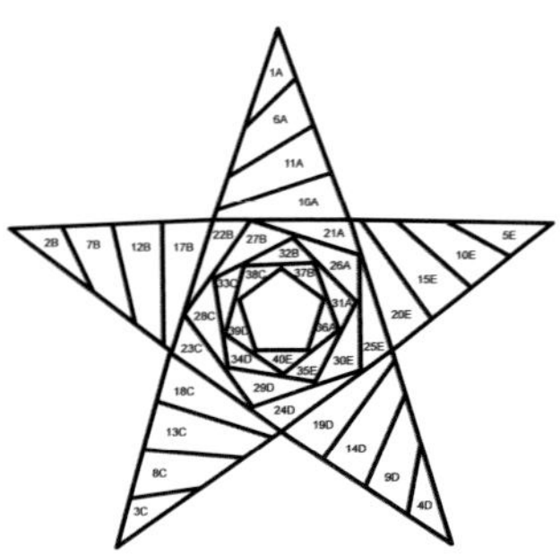

Bitte auf 250 % vergrößern.

Winterlicher Fröbelkranz, S.32

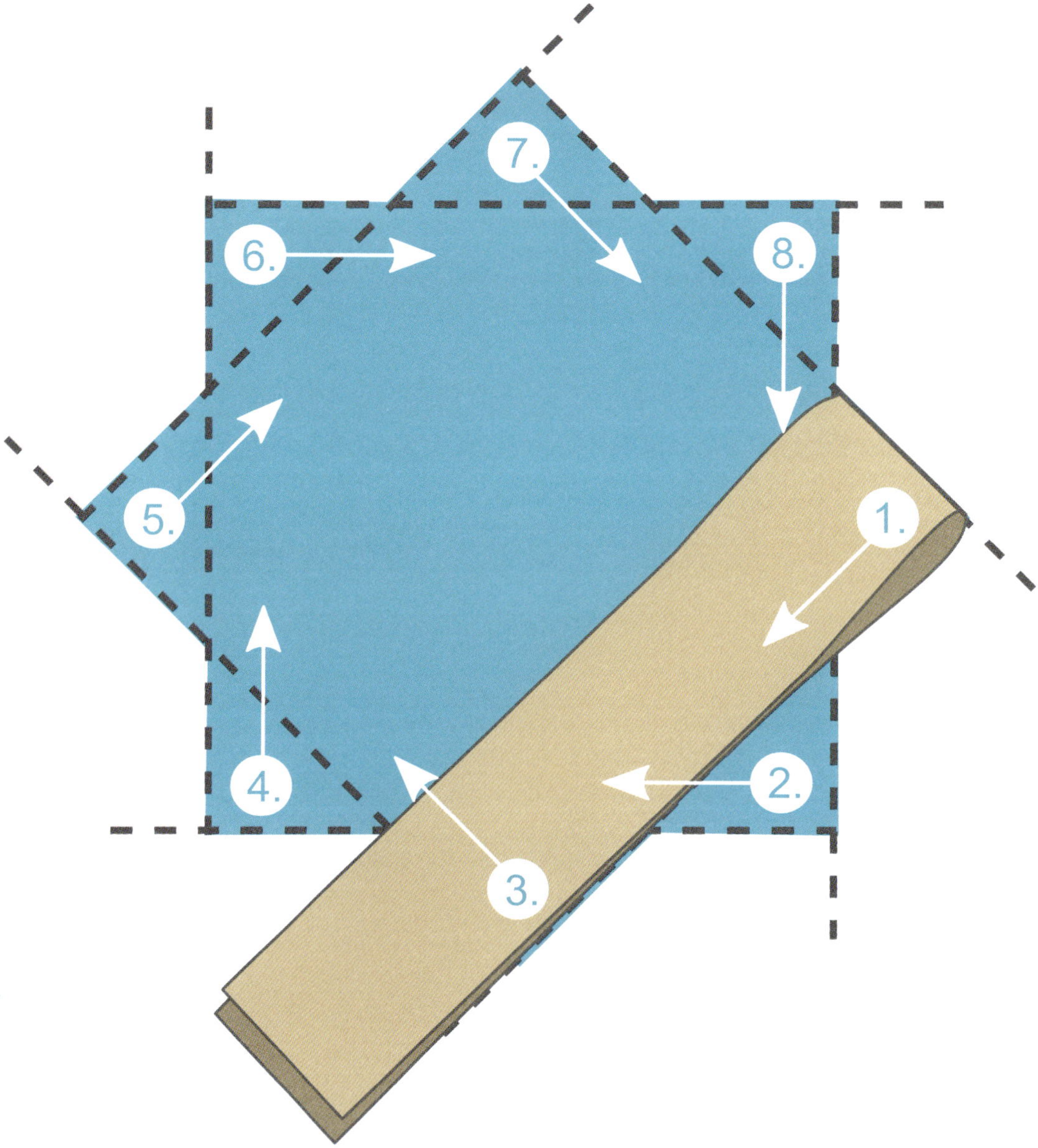

#TOPPPROJEKT

Die eigene Kreativität zeigen: TOPPprojekt mit anderen Kreativen teilen und Teil der Gemeinschaft werden.

DIY-begeistert und auf Instagram? Dann unbedingt mitmachen! Hier gibt's Tipps und Feedback zu den eigenen Projekten. Außerdem verlosen wir jeden Monat ein Überraschungspaket. Um am Gewinnspiel teilzunehmen, einfach ein Bild vom Kreativ-Projekt aus unseren Büchern mit #TOPPprojekt posten und unserem Account @frechverlag folgen. Mehr Infos auf TOPP-kreativ.de/TOPPprojekt

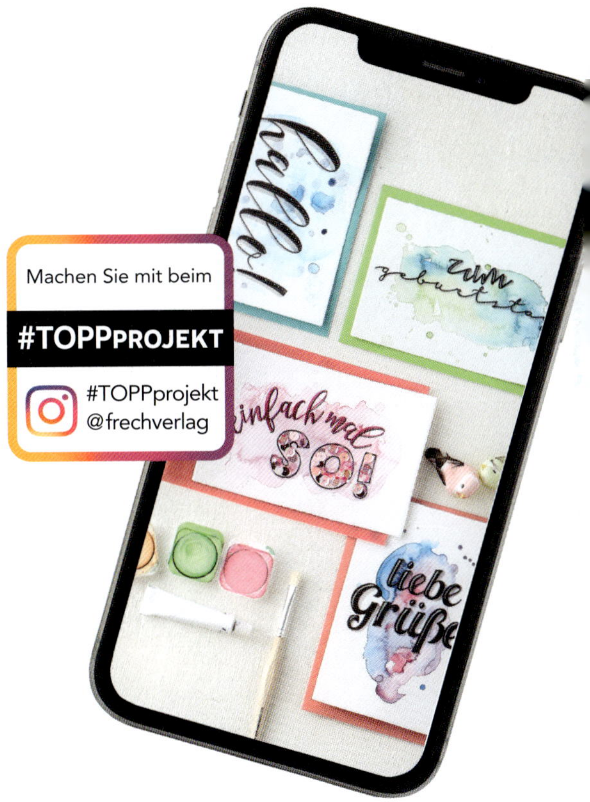

Website
Auf TOPP-kreativ.de können Sie ein riesiges Angebot von über 1.000 Kreativbüchern, Sets & mehr entdecken.

Newsletter
Gleich anmelden unter: TOPP-kreativ.de/newsletter und immer als Erstes von unseren Neuheiten und Sonderaktionen erfahren.

Instagram
@frechverlag

Pinterest
pinterest.com/frechverlag

Facebook
facebook.com/frechverlag

DigiBib
Hier finden Sie zusätzlich zu vielen unserer Bücher digitale Extras, wie Video-Tutorials, Plotter-Dateien, Vorlagen, Übungsblätter & vieles mehr. Einfach im Impressum Ihres TOPP-Buchs den Freischalte-Code nachschlagen und exklusive Inhalte freischalten. TOPP-kreativ.de/digibib

Youtube
youtube.com/frechverlag

Noch mehr zum Thema Sterne gesucht?

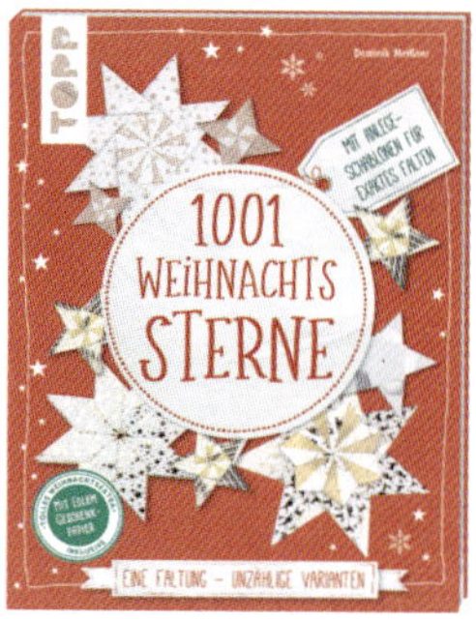

ISBN 978-3-7724-4283-4

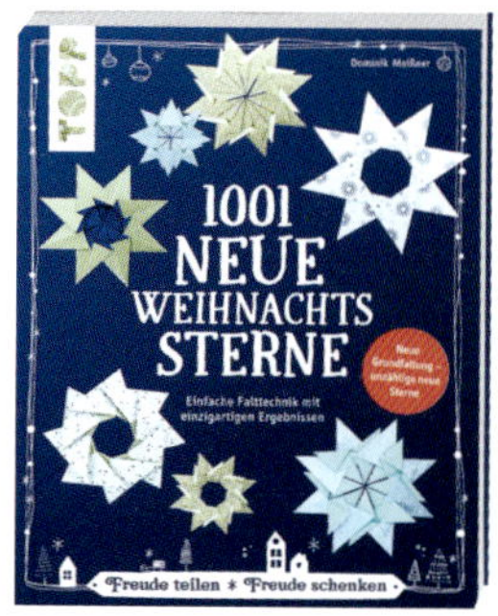

ISBN 978-3-7724-4437-1

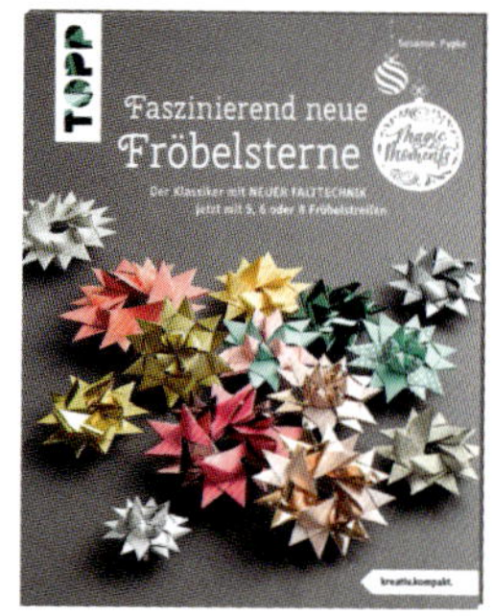

ISBN 978-3-7724-4377-0

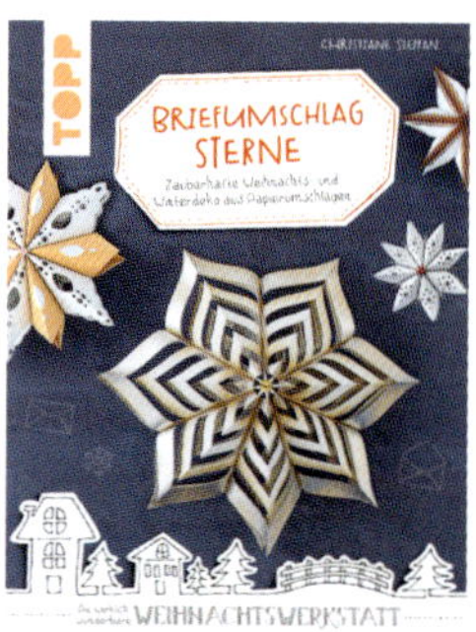

ISBN 978-3-7724-4323-7

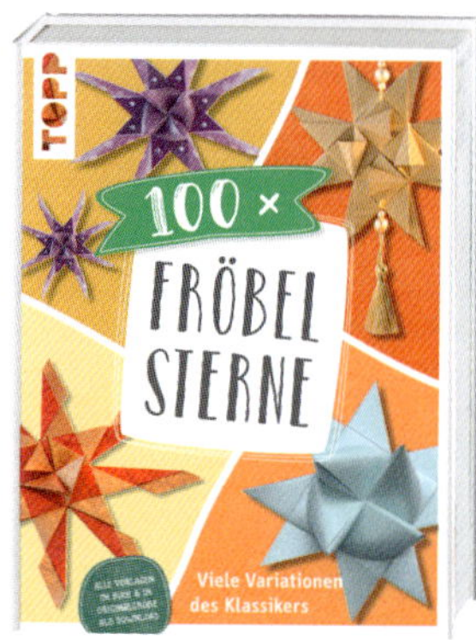

ISBN 978-3-7724-7858-1

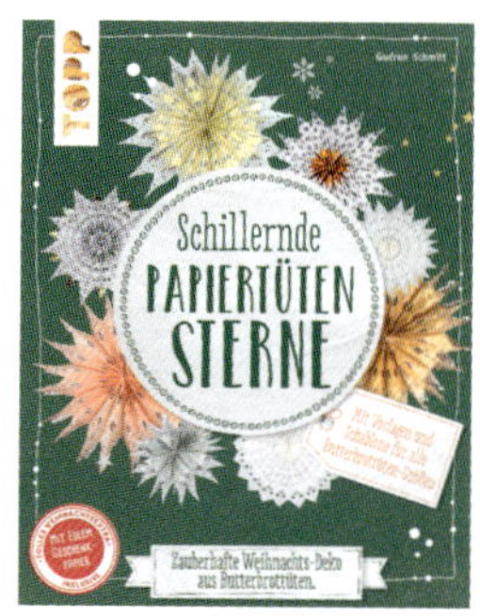

ISBN 78-3-7724-4297-1

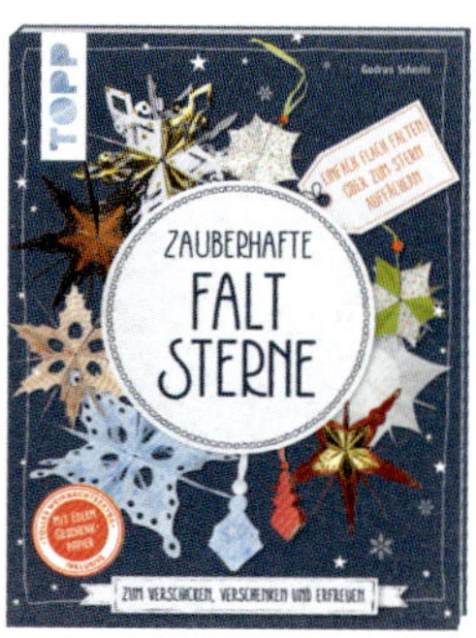

ISBN 978-3-7724-4282-7

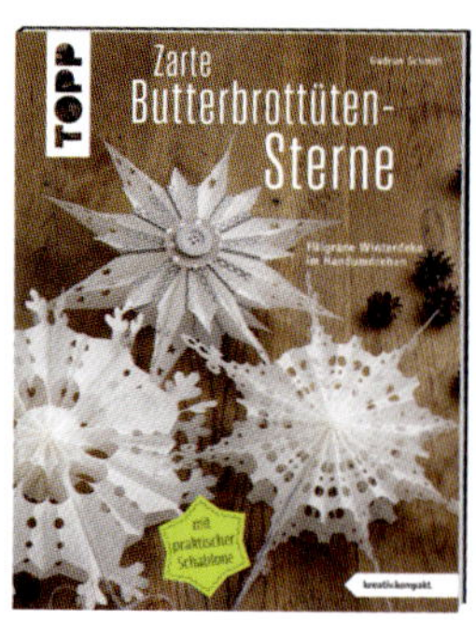

ISBN 978-3-7724-4244-5

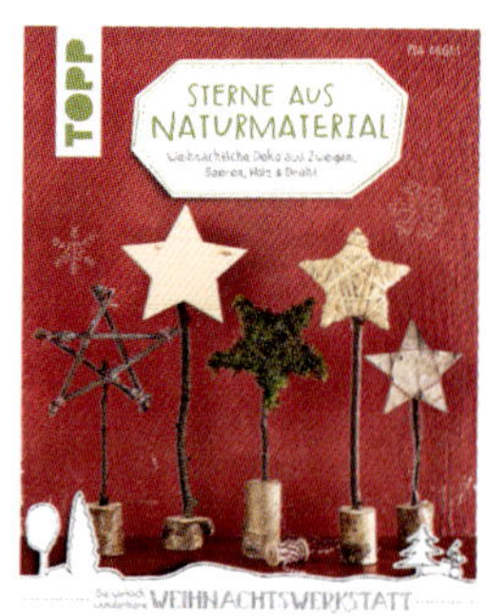

ISBN 978-3-7724-4321-3

Kreative Empfehlungen zur Weihnachtszeit

ISBN 978-3-7724-4570-5

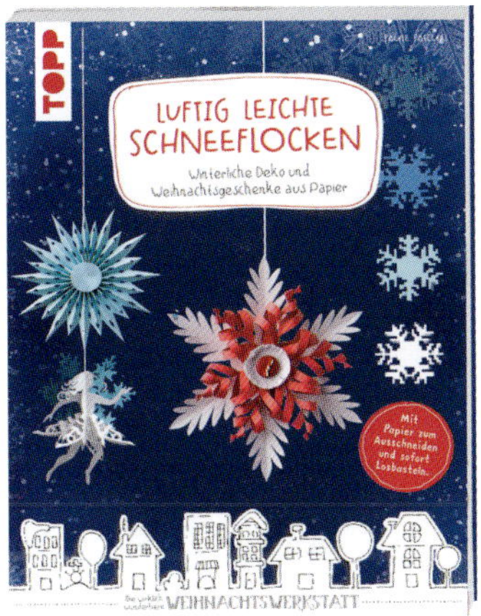

ISBN 978-3-7724-5375-5

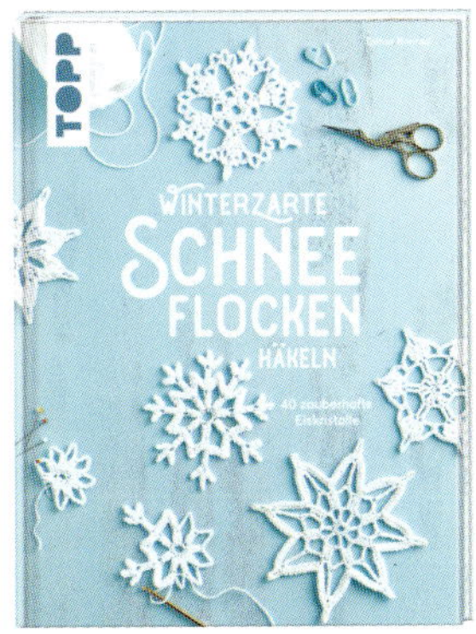

ISBN 978-3-7724-4894-2

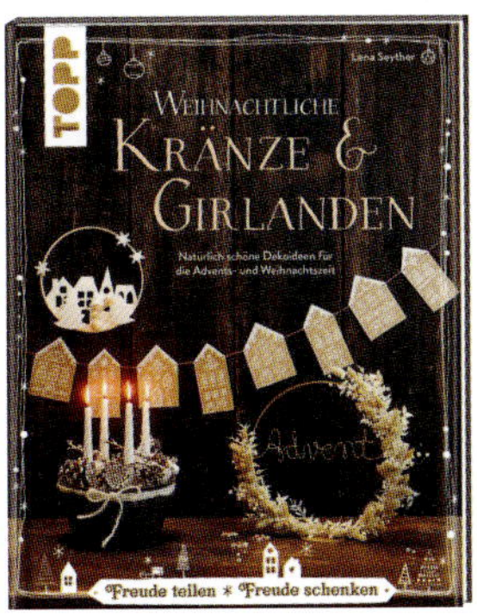

ISBN 978-3-7724-4568-2

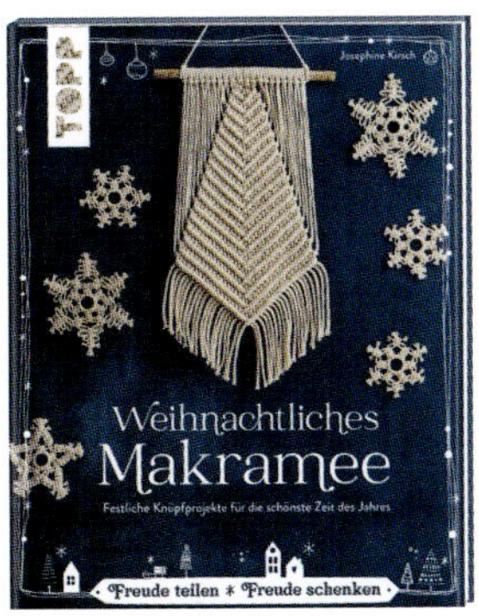

ISBN 978-3-7724-4567-5

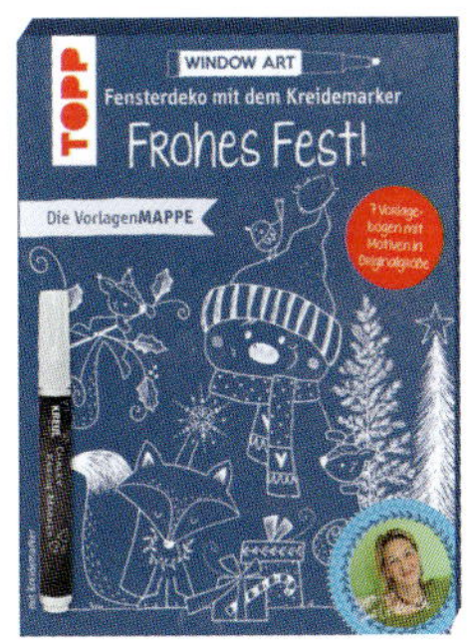

ISBN 978-3-7724-4435-7

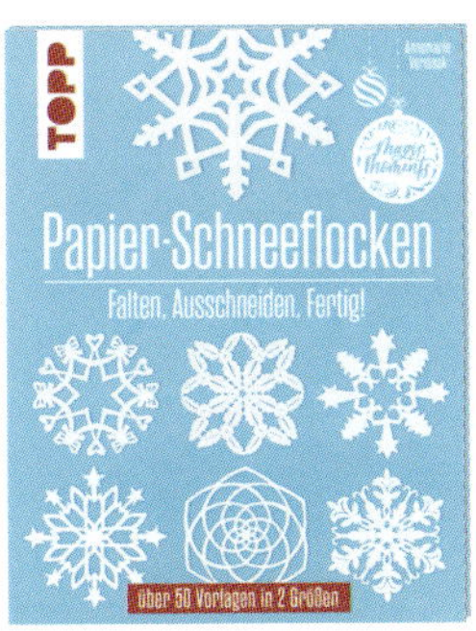

ISBN 978-3-7724-4383-1

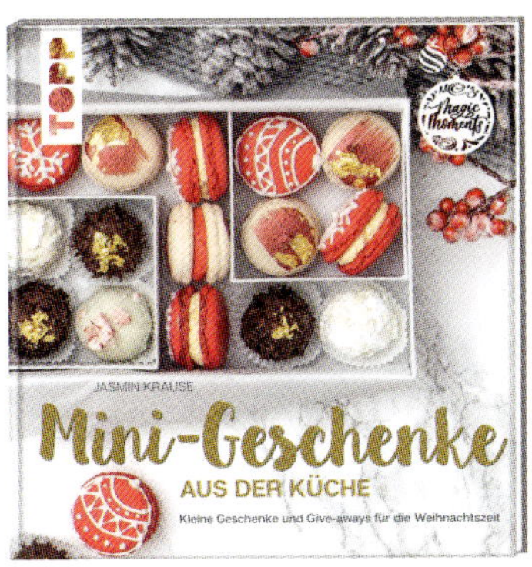

ISBN 978-3-7724-8069-0

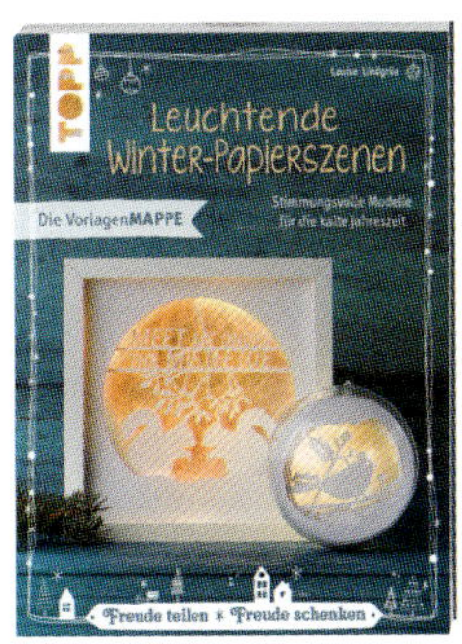

ISBN 978-3-7724-4436-4

Impressum

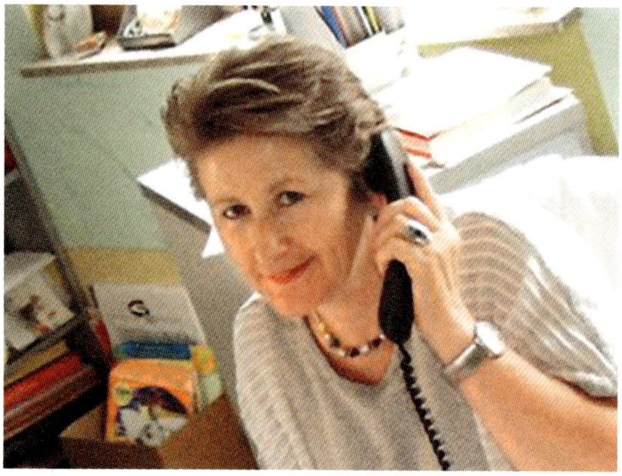

KREATIV-HOTLINE

Hilfestellung zu allen Fragen, die Materialien und Bücher zu kreativen Hobbys betreffen: Frau **Erika Noll** berät Sie. Rufen Sie an oder schreiben Sie eine E-Mail!

Telefon: 0711 / 123 757 20* *normale Telefongebühren

E-Mail: mail@kreativ-service.info

Anleitungen: Armin Täubner (S.44-49, 70-75, 90-95), Anja Ritterhoff (S. 60/61), Gudrun Schmitt (S. 52/53, 104/105), Susanne Pypke (alle übrigen)

Modellfotos: lichtpunkt, Michael Ruder, Stuttgart

Schrittfotos und Illustrationen: Armin Täubner (S.44-49, 72-75, 90-95), Susanne Pypke (alle übrigen)

Projektmanagement und Lektorat: Eva Schrecklinger

Layout und Herstellung: Alexandra Guiso

Umschlaggestaltung: Tatjana Weiß unter Verwendung eines Fotos von Michael Ruder, lichtpunkt, 70176 Stuttgart

Druck & Bindung: BALTO print, Litauen

Die Inhalte in diesem Buch wurden von den Mitarbeitern des Verlags sorgfältig geprüft. Eine Garantie wird jedoch nicht übernommen. Der Verlag kann für eventuell auftretende Fehler oder Schäden nicht haftbar gemacht werden. Das Werk und die darin gezeigten Texte und Illustrationen sind urheberrechtlich geschützt. Die Vervielfältigung und Verbreitung ist, außer für private, nicht kommerzielle Zwecke, untersagt und wird zivil- und strafrechtlich verfolgt. Dies gilt insbesondere für eine Verbreitung des Werkes durch Fotokopien, Film, Funk und Fernsehen, elektronische Medien und Internet sowie für eine gewerbliche Nutzung der gezeigten Modelle. Bei Verwendung im Unterricht und in Kursen ist auf dieses Buch hinzuweisen.

2. Auflage 2021
© 2021 frechverlag GmbH, Turbinenstraße 7, 70499 Stuttgart
ISBN 978-3-7724-4569-9 • Best.-Nr. 4569